Los derechos fundamentales y el orden jurídico e institucional de Cuba

Ricardo Manuel Rojas

  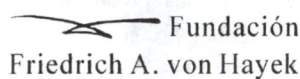

Rojas, Ricardo Manuel
   Derechos fundamentales y el orden jurídico e institucional de Cuba, Los
- 1a ed. - Buenos Aires : Fund. Cadal: Konrad Adenauer Stiftung, 2005.
288 p. ; 19x14 cm.

ISBN 987-21129-5-9

1. Cuba-Derechos Humanos I. Título
CDD 323.

Fecha de catalogación: 08/07/2005

© 2005

Diseño de tapa y armado: Fernando Jimenez

ISBN: 987-21129-5-9
Impreso en la Argentina por La Imprenta Wingord
imprentawingord@wingord.com.ar
Hecho el depósito que establece la ley 11.723

Prohibida su reproducción total o parcial, incluyendo fotocopia, sin la autorización expresa de los editores.

Julio 2005

ÍNDICE

Introducción 7

PRIMERA PARTE
LA PROTECCIÓN INTERNACIONAL DE LOS DERECHOS
FUNDAMENTALES. 11

I. La protección de los derechos del hombre. 13
Las características de los derechos humanos. 20

II. El derecho internacional de los derechos humanos. 25
La incorporación del derecho internacional de los derechos humanos
en las constituciones Latinoamericanas. 27
La Constitución Argentina de 1994. 31

III. Los derechos humanos en Cuba. 35

SEGUNDA PARTE
LA VIOLACIÓN DE LOS DERECHOS FUNDAMENTALES
EN EL SISTEMA INSTITUCIONAL Y JURÍDICO DE CUBA. 49

IV. La supremacía de los fines del Estado por sobre los derechos
fundamentales del hombre. 51
La supremacía del Estado en la Constitución de Cuba. 56
El uso de la ley penal como instrumento de control social.
La amplitud de los tipos penales. 64

La protección de los fines del Estado en el derecho penal cubano. 68
La pena de muerte por causas políticas. 71

V. La concentración del poder de los órganos del Estado. 77

VI. La ausencia de una justicia independiente e imparcial. 85

VII. La lesión severa a la libertad personal. 97
La peligrosidad como base del sistema penal. 98
El estado de peligrosidad y las medidas de seguridad pre-delictuales
en el Código Penal Cubano. 99
Las garantías de la defensa en juicio y el debido proceso. 102

VIII. Restricciones al derecho de propiedad y el control
de la actividad económica. 123
La estatización de la actividad económica. 124
El control de la actividad laboral. 130

IX. La barrera constitucional frente a la libertad de opinión,
de información y de prensa. 135
Las explícitas restricciones a la libertad de expresión y el monopolio
estatal de los medios de comunicación en Cuba. 139
La persecución del periodismo independiente. 146

X. Las restricciones a las libertades de asociación, reunión y petición. 169
La libertad de asociación. 171
La libertad de reunión. 174
El derecho de peticionar ante las autoridades. 179

XI. El manejo de la educación como herramienta de propaganda
y control social. 185
Las bibliotecas independientes. 191

XII. Las restricciones al derecho de entrar y salir del país. 197

CONCLUSIÓN. 207

ANEXO 215

CONSTITUCIÓN DE CUBA. 217
ARTÍCULOS DEL CÓDIGO PENAL DE CUBA (ley 62). 247
LEY 88 DE PROTECCIÓN DE LA INDEPENDENCIA
Y LA ECONOMÍA DE CUBA. 252
FUNDAMENTACIÓN DEL PROYECTO VARELA. 257
CUBA: 71 PRESOS DE CONCIENCIA AGUARDAN
LA LIBERTAD (Amnistía Internacional) 265

Introducción

En las últimas décadas el mundo ha tendido a la globalización en muchos aspectos. Uno de ellos es el de la protección universal de un conjunto de derechos básicos, inherentes a la persona humana, contenidos en instrumentos internacionales ratificados por la mayoría de los países, cuyas cláusulas son aplicadas incluso con preeminencia a la legislación interna.

Al mismo tiempo, el régimen político que gobierna férreamente la República de Cuba desde 1959 ha incrementado paulatinamente su aislamiento, su desmembramiento de la comunidad internacional y los niveles de represión de los derechos fundamentales de sus ciudadanos.

Estas dos marcadas tendencias –la universalización de los derechos fundamentales y la represión en Cuba- parecen llegar a un punto en el que ya nadie que defienda los principios esenciales del derecho internacional de los derechos humanos puede al mismo tiempo justificar la subsistencia del actual régimen totalitario que gobierna la isla.

Como suele ocurrir con todo régimen personalista, los argumentos en favor y en contra giran alrededor de la figura de Fidel Castro. Las discusiones de este tipo generalmente están cargadas de subjetividad, y puede afirmarse que la verdad sólo se irá descubriendo mucho después de que el régimen termine, cuando la evidencia objetiva que manejan los historiadores pueda ser masivamente examinada.

Ello no obstante, es posible analizar ciertos aspectos del orden político cubano a través del estudio de su organización institucional y legal, para concluir que ya desde sus instituciones fundamentales, el contenido de sus leyes y la interpretación que le dan los órganos judiciales, el régimen cubano está organizado sobre la base de la supremacía del poder del Estado por encima de los derechos humanos básicos, y frecuentemente los vulnera en nombre de intereses propios del gobierno.

En procura de fundar esta afirmación, el presente trabajo estará dividido en dos partes. En la primera, intentaré desarrollar brevemente las bases de lo que se denomina el derecho internacional de los derechos humanos, ese conjunto de derechos y garantías fundamentales de la persona humana que la comunidad internacional tiende a proteger y se compromete a respetar incluso por encima de su legislación interna.

En la segunda parte, intentaré explicar el modo en que esos derechos fundamentales son violados por el sistema institucional y jurídico de Cuba, y por la jurisprudencia de sus tribunales populares. Me referiré fundamentalmente a:

1) La supremacía de los fines del Estado por sobre los derechos fundamentales del hombre.
2) La concentración del poder de los órganos del Estado.
3) La ausencia de una justicia independiente e imparcial.
4) La lesión severa a la libertad personal.
5) Las restricciones al derecho de propiedad y el control estatal de la actividad económica.
6) La barrera constitucional frente a la libertad de opinión, de información y de prensa.
7) Las restricciones a las libertades de asociación, reunión y petición.
8) El manejo de la educación como herramienta de propaganda y control social.

9) Las restricciones al derecho de entrar y salir del país.

Para examinar el sistema institucional y jurídico de Cuba me basaré esencialmente en textos oficiales: sus constituciones de 1976 y 1992, el Código Penal, la ley 88/99, los discursos pronunciados por Fidel Castro y publicados por los órganos oficiales del gobierno, y las sentencias judiciales dictadas fundamentalmente por tribunales populares.

Finalmente, este libro será complementado con un anexo que contendrá la constitución y textos legales de Cuba que son analizados, así como los fundamentos del llamado «Proyecto Varela».

PRIMERA PARTE

LA PROTECCIÓN INTERNACIONAL DE LOS DERECHOS FUNDAMENTALES.

I.   LA PROTECCIÓN DE LOS DERECHOS DEL HOMBRE.

> *"La finalidad de toda asociación política es la conservación de los derechos naturales e imprescriptibles del hombre. Tales derechos son la libertad, la propiedad, la seguridad y la resistencia a la opresión"*. Declaración de los Derechos de Hombre y del Ciudadano, 1789.

La lucha por la libertad ha sido, en buena medida, la lucha por restringir el poder del Estado, fundamentalmente mediante la definición y protección de ámbitos de libertad individual, a través del orden jurídico e institucional[1]. La historia del mundo occidental está jalonada de documentos constitucionales y legales que fueron el producto de esta lucha, victorias parciales, batallas ganadas en defensa de los derechos del hombre.

Históricamente, la idea de que existen ciertos derechos básicos que emanan de la propia naturaleza del hombre y que no pueden ser alterados o restringidos por la ley positiva, fue desarrollada por las

---

[1] Sobre el poder del gobierno y su abuso, ver HAYEK, Friedrich A., *Los Fundamentos de la Libertad*, Unión Editorial, Madrid, 1978, p. 181, especialmente la bibliografía contenida en las notas 3 y 4.

distintas vertientes del jusnaturalismo, tanto la que se asentó en la idea de que tales derechos fueron otorgados al hombre por Dios, como la que se desarrolló a partir de ideas no religiosas, sino fundadas en las propias características de la naturaleza humana.

Se han utilizado varias expresiones para referirse a lo que comúnmente se conoce como derechos humanos: derechos fundamentales de la persona, derechos innatos, derechos individuales, derechos del hombre, derechos del ciudadano, derechos públicos subjetivos, libertades fundamentales, garantías individuales, etc.

Con el reconocimiento, ejercicio y protección de tales derechos, se pretende satisfacer una serie de exigencias que se consideran necesarias para el desarrollo de la vida humana[2].

A partir de dichos postulados, el liberalismo político desarrolló las limitaciones al poder del Estado, que se basan en la idea de que el reconocimiento de tales derechos por los gobiernos es su principal función y el único justificativo de su existencia[3].

La lucha por las libertades individuales se plasmó a lo largo de la historia en una serie de instrumentos políticos. Se puede tomar como punto de partida a la *Carta Magna* de 1215; y desde allí, hasta finales del siglo XVIII, se dieron una serie de documentos en Inglaterra: *Petition of Rights* (1628), *Habeas Corpus Amendment Act* (1679), *Bill of Rights* (1689). Luego en Estados Unidos la Declaración de Independencia (1776), las distintas declaraciones de derechos producidas en cada uno de los nuevos estados de la Unión, la Constitución (1787), y las primeras

---

[2] PACHECO GÓMEZ, Máximo, *Los Derechos Humanos. Documentos Básicos*, Editorial Jurídica de Chile, Santiago de Chile, 3ª edición, 2000, T. 1, p. 16.
[3] Sobre la filosofía política liberal ver ROJAS, Ricardo Manuel, *Las Contradicciones del Derecho Penal*, Ad-Hoc, Buenos Aires, 2000, p. 19 y siguientes; *Análisis Económico e Institucional del Orden Jurídico*, Abaco, Buenos Aires, 2004, p. 221 y siguientes.

diez enmiendas a esa Constitución (1791); y en Francia la Declaración de los Derechos del Hombre y del Ciudadano (1789). Este conjunto de documentos contiene los principios básicos de la protección de los derechos individuales, que han sido la base del proceso constitucional desarrollado durante el siglo siguiente.

En virtud de la Carta Magna, los Barones y el clero de Inglaterra obligaron al Rey Juan Sin Tierra a reconocer y respetar ciertos derechos esenciales, entre los cuales pueden mencionarse las garantías del debido proceso (artículo 38), la garantía contra arrestos o secuestros ilegales (artículo 39), el acceso a la justicia (artículo 40), la libertad de tránsito, de comercio y de ingreso y egreso al país (artículos 41 y 42).

La trascendencia de esta Carta radica, por una parte, en que no sólo consagró una declaración de derechos, sino que además estableció ciertos mecanismos para garantizarlos[4]. Por otro lado, porque si bien estaba orientada originariamente a proteger derechos de la nobleza y el clero, persistió y se extendió como un cuerpo de garantías frente al poder real por más de cuatro siglos, y fue ratificada en 1628 por la *Petition of Rights*, que agregó además el principio de que el Rey no podía establecer impuestos sin el consentimiento de los representantes del Pueblo.

Entre las últimas décadas del siglo XVII y finales del siglo XVIII se produjeron los mayores aportes documentales al reconocimiento y protección de los derechos individuales frente al poder estatal. Así, el *Habeas Corpus Amendment Act* de 1679 perfeccionó el funcionamiento de este procedimiento sumario para garantizar la libertad personal frente a detenciones ilegales o irrazonables.

---

[4] MANILI, Pablo Luis, *El bloque de Constitucionalidad. La recepción del Derecho Internacional de los Derechos Humanos en el Derecho Constitucional Argentino*, LA LEY, Buenos Aires, 2003, p. 11.

El *Bill of Rights* de 1689, por una parte terminó de delinear las atribuciones del Parlamento y garantizar su ubicación en el sistema constitucional, y por otra, amplió el catálogo de derechos protegidos, al disponer, por ejemplo, la no confiscatoriedad de las multas, o los derechos de petición y reunión.

En este sentido, declaró ilegal la facultad real de suspender las leyes o su cumplimiento sin autorización del Parlamento, o dispensar su cumplimiento (artículos 1 y 2), la recaudación de impuestos o el reclutamiento o mantenimiento de un ejército permanente en tiempos de paz, sin consentimiento del Parlamento (artículos 4 y 6), el derecho de peticionar al rey y la garantía de no ser apresados o enjuiciados por ese motivo (artículo 5), garantías a la libre elección de miembros del Parlamento y libertad de palabra (artículos 8 y 9), y garantías contra multas excesivas y castigos crueles y desusados (artículo 10).

Este documento fue el último de su tipo sancionado en el Reino, por lo que es considerado como la declaración de derechos de la Constitución no escrita de Inglaterra.

La lucha por los derechos emigró entonces a los Estados Unidos, donde encontramos un hito fundamental en la Declaración de Independencia.

En lo que a los derechos personales se refiere, sostuvo la Declaración de Philadelphia:

"Sostenemos como verdades evidentes que todos los hombres han sido creados iguales; que a todos confiere su Creador ciertos derechos inalienables entre los cuáles están la vida, la libertad y la búsqueda de la felicidad; que para garantizar esos derechos los hombres instituyen gobiernos que derivan sus justos poderes del consentimiento de sus gobernados".

Mientras en América del Norte, a la luz de los principios de la declaración de independencia, se sancionaba la constitución y se discutían las bases de su futura declaración de derechos, en Francia, la Revolución que derrocó a la monarquía absolutista para siempre, promulgó el 26 de agosto de 1789 la Declaración de los Derechos del Hombre y del Ciudadano.

Al distinguir entre el carácter de persona humana y el de ciudadano, esta Declaración afirma que el hombre posee derechos por el sólo hecho de haber nacido, independientemente de su condición de ciudadano de un país determinado. Ello habría revelado ya entonces una tendencia a la universalidad en materia de derechos humanos[5]. Incluso puede advertirse que la tradición revolucionaria francesa llevó su influencia hasta la propia Convención Europea de Derechos Humanos, firmada en Roma el 4 de noviembre de 1950.

Entre sus cláusulas, pueden mencionarse la declaración de que los hombres nacen y permanecen libres e iguales en derechos (artículo 1), que la finalidad de toda asociación política es la conservación de los derechos naturales e imprescriptibles del hombre, que son la libertad, la propiedad, la seguridad y la resistencia a la opresión (artículo 2), que el ejercicio de los derechos naturales de cada hombre no tiene otros límites que los que garantizan a los demás miembros de la sociedad el goce de estos mismos derechos (artículo 4), garantía contra arrestos o acusaciones arbitrarias (artículo 7), limitaciones al derecho penal (artículos 8 y 9), libertad de expresión (artículos 10 y 11), el control de la gestión del gobierno (artículos 13, 14 y 15), la división de poderes (artículo 16) y la inviolabilidad del derecho de propiedad (artículo 17).

En los Estados Unidos, unos años antes, se produjo un fértil debate filosófico respecto del modo de organizar la nueva Nación, que dio como

---

[5] MANILI, Pablo Luis, op. cit., p. 14.

resultado la Constitución de 1787. Una de las discusiones más profundas que se protagonizaron al redactar la Constitución fue precisamente la referida a la inclusión en ella de una declaración de derechos. Los federalistas se negaban a ella, opinando que su sanción podría interpretarse en adelante como una limitación a los derechos naturales que el *common law* ya reconocía o que pudiese reconocer en el futuro. Sostenían además, que la Constitución había sido concebida para organizar un gobierno nuevo, al que le daba facultades restringidas de las que no se podía apartar, y que la definición y protección de los derechos ya estaba suficientemente garantizada por su sistema legal[6]. En este contexto cuestionaba Hamilton:

"...las declaraciones de derechos y privilegios en el sentido y latitud que se pretenden, no sólo son innecesarias en la constitución propuesta, sino que aún serían también peligrosas. Ellas contendrían varias excepciones de poderes no otorgados, y por este motivo facilitarían un pretexto aparente para reclamar más de lo que estuviese concedido. Porque ¿A qué objeto declarar que no podrá hacerse una cosa, que no hay facultad de hacerla? ¿Para qué, por ejemplo, se diría que la libertad de prensa no podrá restringirse, cuando ningún poder se ha otorgado por el que puedan imponérsele restricciones? No sostendré que semejante disposición conferiría un poder reglamentario; pero es evidente que proporcionaría a los hombres dispuestos a usurpaciones un pretexto plausible para ampararse de aquel poder..."[7].

---

[6] ROJAS, Ricardo Manuel, *Análisis Económico e Institucional del Orden Jurídico*, Editorial Abaco, Buenos Aires, 2004, p. 76.
[7] HAMILTON, Alexander, *EL FEDERALISTA*, n° LXXXIV, Establecimiento Tipográfico de La Pampa, Buenos Aires, 1887, p. 585.

No obstante que esta postura era totalmente lógica a la luz del modo en que había surgido y evolucionado el derecho anglosajón, finalmente la postura anti-federalista liderada por Thomas Jefferson se impuso, y poco después se incorporaron las primeras enmiendas a la Constitución, que constituyen su declaración de derechos.

Como señala Corwin, declarada la independencia de Inglaterra, los autores de la constitución norteamericana lograron "captar" las normas del derecho natural y las formularon en el texto constitucional[8]. Las primeras diez enmiendas a la Constitución, sin la promesa de las cuáles nunca hubiese sido aprobada por el pueblo, no crearon el *Bill of Rights*; fueron una simple declaración, para mayor abundamiento, de los derechos ya protegidos bajo el *common law*. De este modo, puede afirmarse que los principios formulados por el sistema legal de Inglaterra y sus colonias desbordaron en cierta medida el contexto jurídico y sirvieron de base filosófica para elaborar el sistema político del nuevo país[9].

Dichas enmiendas fueron aprobadas el 15 de diciembre de 1791, e incorporaban al texto constitucional un catálogo de importantes derechos, tales como la libertad religiosa, de palabra, de prensa, de reunión y de petición (artículo 1); el derecho de los ciudadanos a tener y portar armas para protegerse del propio gobierno (artículo 2); la seguridad personal, del hogar, papeles y efectos privados; contra todo registro, cateo o embargo irrazonable o arbitrario (artículo 4); las garantías del imputado en causa penal (artículos 5 y 6), y las garantías contra fianzas excesivas, multas desmedidas o castigos crueles y desusados (artículo 8).

Para responder a la objeción federalista respecto de la necesidad de proteger otros derechos no incluidos en esas enmiendas, la novena

---

[8] CORWIN, Edward S., "The Higher Law Background of American Constitutional Law, 42 Harvard Law Review 149 (1928).
[9] ROJAS, Ricardo Manuel, op. cit., p. 76.

dispuso que: "La enumeración en esta Constitución de ciertos derechos, no podrá alegarse para negar o desvirtuar otros, retenidos por el pueblo".

En el siglo XX, especialmente a partir de las Constituciones de México de 1917 y Alemania de 1919, se desarrollaron los llamados derechos de segunda generación, concebidos como un modo de buscar una más positiva intervención de los estados en la protección de las personas, en aspectos tales como la salud, educación, el acceso al trabajo y la vivienda, la protección de la niñez, la ancianidad y la igualdad de derechos de la mujer.

LAS CARACTERÍSTICAS DE LOS DERECHOS HUMANOS.

Siguiendo la enumeración frecuentemente realizada por la doctrina[10], el conjunto de derechos humanos o libertades individuales, posee las siguientes características:

a) Innatos o inherentes. Todos los seres humanos nacen con derechos, y la única intervención del Estado es a efectos de reconocerlos, declararlos y protegerlos normativamente, pero no de conferirlos u otorgarlos.

La declaración de Independencia de los Estados Unidos se refiere a esta característica, al igual que varias declaraciones de derechos de los Estados de la Unión. Por ejemplo, la Declaración de Virginia de 1776 establecía que "todos los hombres tienen ciertos derechos inherentes, de los cuales, cuando entran al estado de sociedad, no pueden, por pacto alguno, privar o despojar a su posteridad". Por su parte el artículo 29, inciso c) del Pacto de San José de Costa Rica expresa que ninguna de sus disposiciones puede entenderse como negación de "otros derechos y garantías que son inherentes al ser humano".

---

[10] MANILI, Pablo Luis, op. cit., p. 37 y siguientes.

b) Necesarios. Al no depender del hecho contingente de que el Estado los conceda o no, sino que derivan de la propia naturaleza humana, deben ser considerados necesarios, es decir, que es ineludible su reconocimiento por el orden jurídico. En tal sentido, ha señalado la Corte Interamericana de Derechos Humanos que existen "ciertos atributos inviolables de la persona humana, que no pueden ser menoscabados por el poder público"[11].

c) Inalienables. Dado que estos derechos pertenecen al ser humano por su condición de tal, son inescindibles de su ser y no pueden transferirse ni renunciarse. Por ello es que no puede considerarse la idea de un ser humano privado de derechos, sin perjuicio de que, en una situación dada, determinado derecho en particular no pueda ejercerse por razones voluntarias o impuestas.

En este sentido, los Convenios de Ginebra de Derecho Humanitario de 1949 y su Protocolo I de 1977 establecen que "las personas protegidas no pueden, en ningún caso, renunciar parcial ni totalmente a los derechos reconocidos" en ellos[12].

d) Imprescriptibles. No se pierden con el transcurso del tiempo, ni con el desuso, sea que el sujeto no lo ejerza por propia voluntad o por verse impedido de hacerlo.

Al respecto, el artículo 3º común a las cuatro convenciones de Ginebra invocadas en el punto anterior establece que los actos que allí se describen, esto es, los atentados a la vida, tortura, toma de rehenes, etc., "están y quedan prohibidos en cualquier tiempo y lugar".

e) Oponibles *erga omnes*. Pueden hacerse valer frente a cualquier otro sujeto de derecho, sean personas físicas o jurídicas particulares; personas de derecho público estatales y no estatales; funcionarios, etc.

---

[11] Corte Interamericana de Derechos Humanos, Sentencia del 29 de julio de 1988, en la causa: "Velásquez Rodríguez", Serie C nº 4. También ver Opinión Consultiva nº 6, párrafo 12.
[12] Artículo 7º de los Convenios I, II y III; artículo 8º del IV y artículo 1º del Protocolo I.

Así lo entendió la Corte Interamericana de Derechos Humanos, al señalar que el Pacto de San José de Costa Rica es un instrumento que puede ser invocado "frente a su propio estado o a cualquier otro", ya que "los derechos esenciales del hombre no nacen del hecho de ser nacional de determinado estado"[13].

Por su parte, la Corte Internacional de Justicia ha resuelto que: "Vista la importancia de los derechos bajo análisis, puede considerarse que todos los estados tienen un interés jurídico en que esos derechos sean protegidos: las obligaciones de las que se trata son obligaciones *erga omnes*"[14].

De tal modo que se habla de una oponibilidad *erga omnes* bifronte, pues tanto puede invocarlo un individuo en concreto para que sus derechos sean oponibles respecto de terceros o de un estado, como por cualquier persona para hacerlos valer frente al Estado. También se ha hablado de un efecto triangular, que incluiría la obligación que cada estado asume frente a la comunidad internacional, a cada uno de los demás estados parte de la convención y frente a todos los individuos sujetos a su jurisdicción, como destinatarios de las normas[15].

f) Universales. Hasta la constitución de las Naciones Unidas, tal vez con la excepción de la Declaración Universal de los Derechos del Hombre y del Ciudadano de 1789, todas las cartas y declaraciones de derechos tenían carácter local, para regir dentro del territorio en que eran sancionadas.

A partir de la Carta de las Naciones Unidas de 1945 y especialmente la Declaración Universal de Derechos Humanos de 1948, se viene imponiendo la

---

[13] CIDH, Opinión Consultiva 2/82, párrafos 14, 31 y 33.
[14] Corte Internacional de Justicia, in re: *"Barcelona Traction Light Power Company LTD"*, año 1970.
[15] AGUIAR, Asdrúbal, "La Responsabilidad Internacional del Estado por Violación de Derechos Humanos", en *Estudios Básicos de Derechos Humanos I*, San José IIDH, 1994, p. 128. Citado por MANILI, Luis Pablo, op. cit., p. 39.

idea de universalidad, es decir, que los derechos han de regir para todas las personas, de un modo similar, independientemente del lugar en que vivan.

Esto chocó inicialmente con ciertos regionalismos o nacionalismos que se resistían a una concepción universal de los derechos. Como un intento por compatibilizar ambos valores, puede citarse la *Declaración y Programa de Acción de Viena* de 1993, que propone una síntesis entre la idea de universalidad y el respeto de las particularidades nacionales:

> "Todos los derechos humanos son universales, indivisibles e interdependientes... la comunidad internacional debe tratar los derechos humanos en forma global... Debe tenerse en cuenta la importancia de las particularidades nacionales y regionales, así como de los diversos patrimonios históricos, culturales y religiosos, pero los estados tienen el deber, sean cuales fueren sus sistemas políticos, económicos y culturales, de promover y proteger todos los derechos humanos..."[16].

g) Indivisibles e interdependientes. Los derechos humanos deben ser plenamente efectivos, sin que puedan ser jerarquizados para preferir unos sobre otros.

En tal sentido sostiene el artículo 28 de la Declaración Universal de 1948 el derecho de toda persona "a que se establezca un orden social internacional en el que los derechos y libertades proclamados se hagan plenamente efectivos".

La *Proclamación de Teherán* de 1968, al reforzar la importancia del respeto de los derechos humanos veinte años después de la Declaración Universal, sostuvo en su punto 13 que "como los derechos humanos y las libertades fundamentales son indivisibles, la realización de los derechos

---

[16] *Declaración y Programa de Acción de Viena*, adoptado el 25 de junio de 1993 por la Conferencia Mundial de Derechos Humanos, artículo 5º.

civiles y políticos sin el goce de los derechos económicos, sociales y culturales resulta imposible..."[17].

Como se verá en el capítulo siguiente, algunas Constituciones que integran como garantías constitucionales a las contenidas en los instrumentos internacionales de derechos humanos, como la Argentina, señalan que "no derogan artículo alguno de la primera parte de esta Constitución y deben entenderse complementarios de los derechos y garantías por ella reconocidos".

Es tarea de los intérpretes, y fundamentalmente de los jueces, establecer fórmulas integradoras y que permitan que todos los derechos mantengan su vigencia. El derecho internacional de los derechos humanos ha elaborado un principio interpretativo, el *pro homine*, que contribuye a hacer más fácil esta tarea integradora.

En virtud de dicho principio, se debe acudir a la norma más amplia, a la interpretación más extensiva, cuando se trata de reconocer derechos protegidos e, inversamente, a la norma o a la interpretación más restringida cuando se trata de establecer restricciones permanentes al ejercicio de los derechos o su suspensión extraordinaria. Tal principio coincide con el rasgo fundamental de los derechos humanos, esto es, estar siempre a favor del hombre[18].

Es importante tener en cuenta que este criterio no se establece esencialmente como un modo de optar entre dos normas, sino que es una guía para la protección de un derecho en cada caso particular[19]; y desde esta perspectiva ofrece una buena base para la interpretación de normas constitucionales e instrumentos internacionales en su aplicación concreta.

---

[17] Proclamada por la *Conferencia Internacional de Derechos Humanos* en Teherán, el 13 de mayo de 1968.
[18] PINTO, Mónica, "El principio *pro homine*. Criterios de hermenéutica y pautas para la regulación de los derechos humanos", en *La aplicación de los tratados sobre derechos humanos por los tribunales locales*, Editores del Puerto, Buenos Aires, 2000, p. 163 y ss.
[19] ABREGÚ, Martín, "La aplicación del Derecho Internacional de los Derechos Humanos por los tribunales locales: una introducción", en *La aplicación de los tratados...*, , p. 19.

II. EL DERECHO INTERNACIONAL DE LOS DERECHOS HUMANOS.

> *"La libertad, la justicia y la paz en el mundo tienen por base el reconocimiento de la dignidad intrínseca de los derechos iguales e inalienables de todos los miembros de la familia humana".* Declaración Universal de Derechos Humanos, 1948.

El respeto por los derechos fundamentales del hombre se desarrolló fundamentalmente a nivel nacional, en Gran Bretaña, los Estados Unidos, Francia, y otros países que siguieron su ejemplo. Las relaciones internacionales entonces se basaban en las prácticas de las "naciones civilizadas", que suponían el respeto de estos derechos; pero originalmente el derecho internacional preveía instrumentos muy excepcionales para impedir su violación, como eran el derecho de asilo o la intervención por causas humanitarias.

Sin embargo, con el advenimiento del siglo XX y la mayor difusión de la información en el mundo, se fue tomando conciencia de dos hechos importantes: Primero, que en muchas ocasiones era el propio Estado el primer y más importante violador de los derechos del hombre, como había demostrado la experiencia de los regimenes autoritarios entre las dos Guerras Mundiales. Y segundo, que existía una relación innegable entre el respeto a los derechos humanos dentro de los estados y el mantenimiento de la paz en la comunidad internacional. Las circunstancias que desencadenaron la segunda guerra mundial son también muy elocuentes al respecto.

En suma, finalizada la confrontación en 1945, los derechos humanos pasaron a integrar las exigencias más elementales de la convivencia en la sociedad internacional, y de ahí que su respeto sea una aspiración primordial del derecho internacional contemporáneo, hasta el punto de que hoy se entiende que las normas internacionales sobre protección de los derechos fundamentales de la persona humana forman parte del *ius cogens* internacional[20].

El fin de la segunda guerra dio paso a la creación de la Organización de las Naciones Unidas, cuya Carta del 26 de junio de 1945, menciona entre sus propósitos el de "...realizar la cooperación internacional... en el desarrollo y estímulo del respeto a los derechos humanos y a las libertades fundamentales de todos" (artículo 1°, inciso 3°). Entre los fines de tal cooperación está el de promover "el respeto universal a los derechos humanos y a las libertades fundamentales de todos, sin hacer distinción por motivos de raza, sexo, idioma o religión, y a la efectividad de tales derechos y libertades" (artículo 55, inc. c).

A partir de entonces proliferaron, tanto en el ámbito mundial como en el de las distintas regiones del planeta, cartas, declaraciones, convenciones y tratados, que afianzan día a día el cuerpo sólido y coherente del derecho internacional de los derechos humanos.

Por ser universales, inalienables, inherentes a la persona humana y oponibles *erga omnes*, se ha entendido que la vigencia de estos derechos

---

[20] ESCOBAR DE LA SERNA, Luis, *Derecho de la Información*, Dykson, Madrid, 1998, p. 111-112.

debe ser reconocida aún por encima de la legislación interna de cada país. Desde la sanción de la Declaración Universal de los Derechos Humanos de Naciones Unidas en 1948, y de otros instrumentos regionales básicos como la Convención Americana de los Derechos y Deberes del Hombre de 1948 o la Convención Europea de Derechos Humanos de 1950, varios países han incorporado este cuerpo de derecho internacional de los derechos humanos como normas con jerarquía constitucional, a las cuales habrá de ajustarse la legislación interna.

La incorporación del derecho internacional de los derechos humanos en las constituciones Latinoamericanas.

En las últimas dos décadas, en varios países de América Latina se ha producido esta incorporación constitucional. Por ejemplo, la Constitución de Brasil de 1988 establece en su artículo 4º que "se regirá en sus relaciones internacionales dando prioridad a los derechos humanos...".

El artículo 50 de la Constitución de Chile de 1980-1989 señala que "el ejercicio de la soberanía reconoce como limitación el respeto de los derechos esenciales que emanan de la naturaleza humana. Es deber de los órganos del estado respetar y promover tales derechos garantizados por esta Constitución así como por los tratados internacionales ratificados por Chile y que se encuentran vigentes".

La Constitución de Paraguay de 1992 dispone que "los tratados internacionales relativos a los derechos humanos no podrán ser denunciados sino por los procedimientos que rigen para la enmienda de esta Constitución" (artículo 142). "La República del Paraguay, en sus relaciones internacionales, acepta el derecho internacional y se ajusta a los siguientes principios... la protección internacional de los derechos humanos" (artículo 143); y "la República del

Paraguay, en condiciones de igualdad con otros estados, admite un orden jurídico supranacional que garantice la vigencia de los derechos humanos, de la paz, de la justicia, de la cooperación y del desarrollo..." (artículo 145).

La Constitución de Nicaragua de 1987-1995 dispone que "la administración de justicia garantiza el principio de la legalidad, protege y tutela los derechos humanos mediante la aplicación de la ley en los asuntos o procesos de su competencia" (artículo 160). Establece además que "en el territorio nacional toda persona goza de la protección estatal y del reconocimiento de los derechos inherentes a la persona humana, del irrestricto respeto, promoción y protección de los derechos humanos, y de la plena vigencia de los derechos consignados en la Declaración Universal de los Derechos Humanos, la Declaración Americana de Derechos y Deberes del Hombre, el Pacto Internacional de Derechos Económicos, Sociales y Culturales, el Pacto Internacional de Derechos Civiles y Políticos de la Organización de las Naciones Unidas y la Convención Americana de Derechos Humanos de la Organización de Estados Americanos" (artículo 46).

La Constitución de Ecuador de 1998 dispone que "el Estado garantizará a todos sus habitantes, sin discriminación alguna, el libre y eficaz ejercicio y el goce de los derechos humanos establecidos en esta constitución y en las declaraciones, pactos, convenios y demás instrumentos internacionales vigentes. Adoptará mediante planes y programas permanentes y periódicos, medidas para el efectivo goce de esos derechos" (artículo 17). "Los derechos y garantías determinados en esta constitución y en los instrumentos internacionales vigentes serán directa e inmediatamente aplicables por y ante cualquier juez, tribunal o autoridad. En materia de derechos y garantías constitucionales, se estará a la interpretación que más favorezca a su efectiva vigencia. Ninguna autoridad podrá exigir condiciones o requisitos no establecidos en la constitución o en la ley para el ejercicio de estos derechos" (artículo 18).

El artículo 46 de la Constitución de Guatemala de 1985-1994 dispone: "Se establece el principio general de que en materia de derechos humanos los tratados y convenciones aceptados y ratificados por Guatemala, tienen preeminencia sobre el derecho interno".

El artículo 7 de la Constitución de Costa Rica de 1949-1989 dispone que: "los tratados públicos, los convenios internacionales y los concordatos debidamente aprobados por la Asamblea legislativa, tendrán desde su promulgación o desde el día que ellos designen, autoridad superior a las leyes".

Dos casos que merecen cierto detenimiento son los de Perú y Venezuela.

La Constitución peruana de 1979 establecía en su artículo 101 que "los tratados internacionales celebrados por el Perú con otros estados son parte del derecho nacional. En caso de conflicto entre el tratado y la ley, prevalece el primero". Por su parte, el artículo 105 disponía que "los preceptos contenidos en los tratados relativos a derechos humanos tienen jerarquía constitucional. No pueden ser modificados sino por el procedimiento que rige para la reforma de la Constitución".

La nueva constitución de 1993 dejó de lado estos principios, disponiendo que "cuando el tratado afecte disposiciones constitucionales debe ser aprobado por el mismo procedimiento que rige la reforma de la Constitución, antes de ser ratificado por el Presidente de la República" (artículo 57).

Esta modificación ha sido considerada como un retroceso jurídico, e incluso una torpeza política, por parte de la doctrina jurídica peruana[21].

La Constitución de Venezuela de 1999, en cambio, dispone que "el estado garantizará a toda persona, conforme al principio de

---

[21] NOVAK TALAVERA, Fabián, "Los Tratados y la Constitución Peruana de 1993" en *Agenda Internacional*, Año I, n° 2, Lima, Julio-Diciembre de 1994, PUCP, p. 71 y siguientes. Citado por MANILI, Pablo Luis, op. cit., p. 111.

progresividad y sin discriminación alguna, el goce y ejercicio irrenunciables, indivisibles e independientes de los derechos humanos" (artículo 19). "Los tratados, pactos y convenciones relativos a derechos humanos, suscriptos y ratificados por Venezuela, tienen jerarquía constitucional y prevalecen en el orden interno en la medida en que contengan normas sobre su goce y ejercicio más favorables a las establecidas por esta Constitución y la ley de la República y son de aplicación inmediata y directa por los tribunales y demás órganos del poder público" (artículo 23).

Sin embargo, el comportamiento del gobierno, y especialmente la jurisprudencia de la Corte Suprema de Justicia, hacen que estas cláusulas, muchas veces, caigan en letra muerta[22].

LA CONSTITUCIÓN ARGENTINA DE 1994.

En Argentina, la primacía de los tratados de derechos humanos ratificados legalmente por sobre la legislación interna, fue reconocida por la Corte Suprema de Justicia aún antes de la reforma constitucional de 1994, al resolver dos años antes el caso "Ekmedjian c/ Sofovich" (Fallos: 315:1492). Allí sostuvo que los tratados de derechos humanos - en este caso el Pacto de San José de Costa Rica- tienen una jerarquía superior a la legislación interna, y que sus cláusulas deben aplicarse aún cuando no estén reglamentadas legalmente en el país.

La Constitución de 1994, en su artículo 75, inciso 22, segundo párrafo, enumera una serie de declaraciones, tratados y convenciones internacionales, que incluyen varios derechos y garantías que se incorporan, al decir de Bidart Campos, como instrumentos internacionales con jerarquía constitucional[23].

---

[22] MANILI, Pablo Luis, op. cit., p. 118.

Dispone la cláusula mencionada que "La Declaración Americana de los Derechos y Deberes del Hombre, la Declaración Universal de Derechos Humanos, la Convención Americana sobre Derechos Humanos, el Pacto Internacional de Derechos Económicos, Sociales y Culturales, el Pacto Internacional de Derechos Civiles y Políticos y su Protocolo Facultativo, la Convención sobre la Prevención y la Sanción del Delito de Genocidio, la Convención Internacional sobre la Eliminación de toda Forma de Discriminación Racial, la Convención sobre la Eliminación de todas las Formas de Discriminación contra la Mujer, la Convención contra la tortura y otros tratos o penas crueles, inhumanos o degradantes, la Convención sobre los Derechos del Niño; en las condiciones de su vigencia, tienen jerarquía constitucional, no derogan artículo alguno de la primera parte de esta Constitución, y deben entenderse complementarios de los derechos y garantías por ella reconocidos".

Esta incorporación permite hablar de un "bloque de constitucionalidad", integrado por la Constitución de 1853-60, con sus reformas de 1866, 1898, 1957 y 1994; por los once instrumentos internacionales mencionados en el artículo 75, inciso 22 y por la Convención Interamericana para la Desaparición Forzada de Personas, incorporada a dicho bloque por el Congreso en 1997[24].

La Corte Suprema se ha encargado de ratificar que dichos instrumentos internacionales -que constituyen el cuerpo del derecho internacional de los derechos humanos- tienen igual jerarquía al resto de las cláusulas constitucionales, e incluso se expidió sobre el valor que debe reconocerse a la jurisprudencia de los organismos internacionales

---

[23] BIDART CAMPOS, Germán José, "La Constitución y los Tratados con jerarquía constitucional", en *La Constitución y los Tratados Internacionales con jerarquía constitucional*, Cuadernos de FUNDEJUS n° 7, octubre de 2003, p. 1.
[24] MANILI, Pablo Luis, Op. cit., p. 271 y ss.

de aplicación, como fuentes para interpretar los alcances de esos instrumentos[25].

En este sentido, en "Giroldi" (Fallos: 318:514, 1995), sostuvo que los instrumentos internacionales mencionados en el artículo 75, inciso 22, deben ser aplicados en el orden interno considerando particularmente su efectiva aplicación jurisprudencial por los tribunales internacionales competentes para su interpretación y aplicación. Luego en "Bramajo" (Fallos: 319:1840, 1996) incluyó como guía de interpretación de tales instrumentos a los informes de la Comisión Interamericana de Derechos Humanos. Sin embargo, en decisiones posteriores relativizó este principio, y en "Acosta" (320:2136, 1998) aclaró que ello no equivale a consagrar como deber para los jueces de aplicarlos sin más, desde que no son decisiones vinculantes para el Poder Judicial, lo que reafirmó en "Felicetti" (Fallos: 323:4130, 2000), donde además sostuvo que una recomendación de la Comisión Interamericana a la Argentina sólo tenía efecto hacia el futuro, pero no podía generar la revisión de un fallo pasado en autoridad de cosa juzgada.

El artículo 75 inciso 22 in fine, sostiene que esos instrumentos "no derogan artículo alguno de la primera parte de esta Constitución y deben entenderse complementarios de los derechos y garantías por ella reconocidos". Se plantea entonces el interrogante de qué sucede cuando, a pesar de dicha cláusula, pareciera existir una contradicción u oposición. Esta inquietud tuvo varias respuestas en la doctrina y jurisprudencia.

En el propio seno de la Convención Constituyente se dieron dos respuestas: el convencional Rodolfo Barra sostuvo que era necesario diferenciar entre los artículos de la Constitución referidos al reconocimiento de derechos y garantías, esto es, la parte dogmática, para darle prioridad a

---

[25] Fallos: 318:514; 319:1840; 320:213; 323:4130.

esos artículos por sobre el texto de los tratados en caso de contradicción; para el resto de los artículos de la constitución, debía prevalecer el derecho internacional de los derechos humanos. Por su parte, el convencional Juan Pablo Cafiero sostuvo que en todos los casos debía prevalecer la regulación más favorable a la persona, esto es, el principio *pro homine*[26].

Por su parte, entre la doctrina, Gregorio Badeni ha entendido que al sostener el artículo 75 inciso 22 que esos instrumentos no pueden derogar la primera parte de la Constitución, está dando una jerarquía superior a ésta por sobre los tratados[27]. En la posición opuesta, se ha dicho que deben prevalecer los pactos internacionales, ya sea por aplicación del principio contenido en el artículo 27 de la Constitución, o por la remisión constitucional al Derecho de Gentes, como señala Leopoldo Schiffrin[28].

Finalmente, buena parte de la doctrina considera que no puede haber una contradicción entre la parte dogmática de la Constitución y los instrumentos sobre derechos humanos, ya sea por considerar que comparten un mismo punto de partida[29], o porque existe un juicio del constituyente en este sentido[30].

---

[26] ABREGÚ, Martín, "La aplicación del Derecho Internacional de los Derechos Humanos por los tribunales locales: una introducción", en *La aplicación de los tratados sobre derechos humanos por los tribunales locales*, Centro de Estudios Legales y Sociales, Editores del Puerto, Buenos Aires, 1997.
[27] BADENI, Gregorio, *Instituciones de Derecho Constitucional*, Buenos Aires, Ad-Hoc, p. 196 y ss.
[28] SCHIFFRIN, Leopoldo, "La primacía del derecho internacional sobre el derecho argentino", en *La aplicación de los tratados sobre derechos humanos por los tribunales locales*, p. 115 y ss.
[29] BIDART CAMPOS, Germán J., "El Artículo 75, inciso 22, de la Constitución Nacional", en *La aplicación...*, p. 77 y siguientes.
[30] MONCAYO, Guillermo R, "Criterios para la aplicación de las normas internacionales que resguardan los derechos humanos en el derecho argentino", en *La aplicación...*, p. 89 y siguientes.

Esta última postura parece haber sido recogida por la jurisprudencia de la Corte Suprema de Justicia a partir de los casos "Chocobar" (Fallos: 319:3241) y "Monges" (Fallos: 318:3248), donde indica que los constituyentes han efectuado un "juicio de comprobación" en virtud del cual han cotejado los tratados y los artículos constitucionales y han verificado que no se produce derogación alguna, juicio que no pueden los poderes constituidos desconocer o contradecir. Dicho cotejo ha de ser entendido, como sostiene Pablo Manili, en sentido figurado, pues no surge de las actas de la Asamblea Constituyente que se haya producido efectivamente[31].

Sin embargo, es de presumir, como hace la Corte, que al incorporar a la Constitución los instrumentos de derechos humanos "con jerarquía constitucional", el Constituyente ha considerado que no existe contradicción posible entre las cláusulas de los instrumentos y los de la parte dogmática, que reconocen una filosofía similar, y que sus eventuales fricciones deben ser resueltas por vía de interpretación integradora.

Esta es una tendencia que se abre paso en el mundo. Ciertas garantías individuales en materia penal, ciertas libertades políticas y civiles como el derecho a la integridad personal, la libertad de expresión, de asociación, de petición, de reunión, de ejercer los derechos políticos, de entrar y salir del territorio, etc., ya no pueden ser ignoradas so pretexto de no estar incluidas en la legislación interna de un país.

Aquellos postulados tradicionales del derecho natural como derecho común a todos los hombres con independencia del lugar que habiten, se va configurando finalmente a partir de esta integración del mundo.

---

[31] MANILI, Pablo Luis, op. cit., p. 195.

III. LOS DERECHOS HUMANOS EN CUBA.

> *"¡No hay revolución
> en el mundo, no hay país en el
> mundo que haya sido más
> estricto en el respeto a los
> derechos humanos que nuestro
> país!"*. Fidel Castro, 1988[32].

En este contexto debe ser examinada la situación institucional y legal de Cuba, pues las eventuales restricciones u omisiones contenidas en la organización jurídica interna del país, parecieran tener cada vez menos valor para limitar los principios del derecho internacional de los derechos humanos.

Existen muy pocos ejemplos en el mundo moderno, de gobiernos encarnados en una persona que hayan durado medio siglo. Tal es el caso del régimen cubano, regido desde 1959 sobre la base de un férreo culto a la personalidad de Fidel Castro. Entre sus defensores existen muchas personas que dicen revindicar los derechos humanos, y consideraron a Cuba como uno de sus paraísos.

Durante todos estos años, Fidel Castro se ha referido a los derechos humanos con frecuencia, enarbolándolos como bandera de su régimen.

---

[32] *Entrevista con la periodista María Shriver, de la cadena NBC de Estados Unidos*, La Habana, 24 de febrero de 1988, Ediciones OR, La Habana, enero-junio de 1988, p. 43.

Como puñado de ejemplos, pueden mencionarse algunas de sus afirmaciones públicas:

"...Nosotros hemos implantado la libertad, la democracia, los derechos humanos y seguiremos por esa vía..."[33].

"...El gobierno cubano ha realizado una gran contribución a la lucha por los derechos humanos, según esta definición amplia y completa, en el mundo en general..."[34].

"...Creo que este tema de los derechos humanos es una de las banderas más hermosas que pueden esgrimir los revolucionarios y los hombres progresistas y democráticos del mundo; no tienen que ser marxista-leninistas. Pero creo que nadie debiera estar por delante de un revolucionario, de un marxista, de un leninista, en la idea de la realización de los derechos humanos"[35].

"...Pero no hay país en que se hayan respetado más escrupulosamente los derechos humanos. ¡No hay revolución en el mundo, no hay país en el mundo que haya sido más estricto en el respeto a los derechos humanos que nuestro país!"[36].

Sin embargo, constantemente se acusa al Estado cubano de violar derechos fundamentales. Es más, mientras que en los noventa, otros países

---

[33] *Entrevista ante las cámaras de CMQ-TV*, La Habana, 6 de marzo de 1959. Publicado en *Discursos para la historia*, La Habana, 1959, tomo 2, p. 37.

[34] *Reunión con los representantes de las iglesias de Jamaica*, Kingston, 20 de octubre de 1977, Ediciones OR (octubre-diciembre), La Habana, 1977, p.126

[35] *La práctica consecuente de los derechos humanos constituye una de las más hermosas banderas de nuestra Revolución.* Discurso en la VIII Conferencia de la Asociación Americana de Juristas, Ciudad de La Habana, 17 de septiembre de 1988, Oficina de publicaciones del Consejo de Estado, La Habana, 1988, p. 40.

[36] *Entrevista con la periodista María Shriver, de la cadena NBC de Estados Unidos*, La Habana, 24 de febrero de 1988, Ediciones OR (enero-junio), 1988, p. 43.

del bloque comunista redefinieron sus instituciones hacia modelos republicanos y más abiertos, las restricciones constitucionales y legales se vienen intensificando en Cuba.

No obstante la recurrente invocación de los derechos humanos, es posible hallar en el régimen político, institucional y jurídico de Cuba abiertas y ostensibles contradicciones con tales derechos. Incluso se observa que la invocación de los derechos humanos, la exigencia de su respeto o su difusión pública, han sido considerados por los tribunales cubanos como evidencia de actividad subversiva.

Se pueden citar como ejemplos de esta clara oposición entre el discurso del régimen y la realidad jurídica y constitucional, algunos pasajes contenidos en sentencias de tribunales provinciales populares que condenaron sumariamente a setenta y cinco disidentes políticos tras una redada producida el 18 de marzo de 2003 a lo largo de todo el país.

Entre los delitos imputados a esas personas, estaba el de tener material bibliográfico de carácter subversivo o "contrarrevolucionario", o realizar manifestaciones públicas contrarias a los principios de la moral socialista protegida por la Constitución. De dichas sentencias se pueden extraer las siguientes menciones:

1. En el caso seguido contra el economista Alfredo Felipe Fuentes, la sentencia señala que se le secuestraron 45 folletos conteniendo la Declaración Universal de los Derechos Humanos, doce manuales de educación en Derechos Humanos, dos folletos de la declaración de independencia de los Estados Unidos; dos libros "protección Internacional de los Derechos Humanos de las Mujeres", tres libros titulados "Instrumentos Internacionales de Protección a los Derechos Humanos", 23 libros de "Estudios Básicos de Derechos Humanos", un libro sobre ética y derechos humanos, un libro "Derecho Positivo de los Derechos Humanos", un libro "Fundamento de los Derechos Humanos de

Bartolomé de las Casas", un libro "Los Derechos Humanos", de Antonio Truyol, otro "Los Derechos Humanos", de Hernando Valencia, "Derechos Humanos" de Jesús Ballesteros., "Educación en Derechos Humanos", "Las libertades de información y comunicación en Europa", "Derechos Humanos Fundamentales", "Libertades informativas e integración Europea", "Declaración de los Derechos del Niño, un libro "Programa de Principios del Partido Demócrata Cristiano de Suecia", siete cartas dirigidas a la Asamblea Nacional sobre el Proyecto Varela[37].

2. Por su parte José Miguel Martínez Hernández fue condenado a trece años de prisión. Entre el material "subversivo" secuestrado, destaca la sentencia: La declaración de independencia de Estados Unidos, la Constitución de Estados Unidos, libros titulados: Historia de los Estados Unidos, Los Tribunales de Estados Unidos, Literatura de los Estados Unidos, Gobierno de los Estados Unidos, Introducción a los Derechos Humanos, revistas de la Federación Sindical de Plantas Eléctricas, Gas y Agua de Cuba en el exilio, Qué es la Democracia, 8 de marzo, Día Internacional de la Mujer[38].

3. Manuel Ubals González y Juan Carlos Herrera Acosta fueron condenados a veinte años de prisión cada uno. Según la sentencia, entre otras cosas se secuestró en su poder doce documentos del Referéndum del "Proyecto Varela", cincuenta declaraciones universales de los Derechos Humanos y varios documentos vinculados con los derechos humanos[39].

---

[37] Sentencia dictada el 7 de abril de 2003 por la Sala de Delitos contra la Seguridad del Estado del Tribunal Provincial Popular de Ciudad de La Habana en la causa 6/03, seguida contra Alfredo Felipe Fuentes por delitos contra la independencia económica e integridad territorial del Estado. Fue condenado a 26 años de prisión.

[38] Sentencia dictada por la Sala de Delitos contra la Seguridad del Estado del Tribunal Provincial Popular de Ciudad de La Habana, el 7 de abril de 2003 en la causa seguida contra José Miguel Martínez Hernández.

[39] Sentencia de la Sala Primera en lo Penal del Tribunal Provincial Popular de Guantánamo, en la causa 2/03, dictada el 3 de abril de 2003.

4. Pedro Argüelles Morán y Pablo Pacheco Ávila fueron condenados a veinte años de prisión por infracción a los artículos 6, ap. 1 y 3, inc. b), 7 inc. 1 y 3 y 11 de la ley 88/99. Entre el material bibliográfico que les fue secuestrado figuran: Fundamentos del Periodismo, Técnicas de Enseñanza del Periodismo, Idea y Vida del reportaje. Una prensa sin ataduras, Periodismo y creatividad, dos libros de Derechos Humanos Internacionales. Ley Reguladora del Derecho de Asilo, Encuentros con las Letras, Martín Luther King, Fundamentos del Periodismo, Controlando la Corrupción, Manual para los Periodistas, Los Tribunales de los Estados Unidos, Evidencia que exige un veredicto, dos ejemplares de la Declaración de Independencia de Estados Unidos, Introducción de los Derechos Humanos, Constitución de los Estados Unidos, Dos Declaraciones Universales de los Derechos Humanos, el Proyecto Varela[40].

5. Omar Moisés Ruiz Hernández fue condenado a dieciocho años de prisión por los mismos delitos. Según la sentencia, una Comisión de Expertos actuando como peritos examinaron los libros secuestrados en su poder y dictaminaron que "no se está en presencia de una biblioteca personal y que la totalidad de estos materiales son publicados con al finalidad de brindar información sobre: 'Transiciones hacia la Democracia', 'Derechos Humanos' y 'Economía de Mercado', encaminados a provocar la subversión del orden interno del país..."[41].

6. Blas Giraldo Rodríguez fue condenado a veinticinco años de prisión por cometer actos que atentan contra la Protección de la Independencia Nacional y la Economía Cubana.

---

[40] Sentencia en la causa n° 1/03 de la Sala de los Delitos contra la Seguridad del Estado del Tribunal Provincial Popular de Camagüey, por infracciones penales a la ley 88/99, contra Pedro Argüelles Morán y Pablo Pacheco Avila.
[41] Causa n° 1/03 de la Sala de los Delitos contra la Seguridad del Estado del Tribunal Provincial de Villa Clara, seguida por actos contra la independencia e integridad territorial del Estado.

Entre las actividades subversivas que le imputó el tribunal, figura que "con el marcado interés de molestar la tranquilidad del pueblo revolucionario... en horas de la mañana del 10 de diciembre de 2002 el acusado Blas Giraldo hizo acto de presencia, conjuntamente con otras personas contrarrevolucionarias, en el parque 'Serafín Sánchez' y comenzaron a repartir a las personas que se encontraban en el lugar folletos relacionados con la Declaración Universal de los Derechos Humanos, pues precisamente ese día se conmemoraba el 51º (*sic*) aniversario de la promulgación de dicha declaración".

Se le secuestró en su casa el material "subversivo" consistente, entre otros libros, de "sesenta y nueve ejemplares de la declaración Universal de los Derechos Humanos en forma de agenda, cinco ejemplares de la referida declaración en forma de folleto, tres folletos ilustrados de la propia declaración..."[42].

7. Héctor Raúl Valle Hernández fue condenado a doce años de prisión. Se secuestraron en su domicilio, de acuerdo con la sentencia, una carta democrática interamericana, tres documentos de la plataforma del Proyecto "Una Mano Amiga", tres pancartas con consignas de los derechos humanos. El perito interviniente "concluyó que los documentos ocupados negaban la existencia de un Estado de Derecho en Cuba y proponían medidas para una supuesta transición pacífica hacia la democracia, entre otros elementos"[43].

8. A Julio Antonio Valdés Guevara se le imputó haber entregado informes sobre supuestas violaciones de los Derechos Humanos en

---

[42] Sentencia en la causa nº 4/03 de la Sala de Delitos contra la Seguridad del Estado del Tribunal Provincial Popular de Villa Clara por actos que atentan contra la Protección de la Independencia Nacional y la Economía Cubana. El error de cálculo en el aniversario de la Declaración Universal no fue del autor ni del editor, sino del tribunal.

[43] Causa nº 4/03 de la Sala de los Delitos contra la Seguridad del Estado del Tribunal Provincial Popular de Ciudad de La Habana, sentencia del 7 de abril de 2003 seguida por actos contra la independencia o la integridad territorial del Estado.

Cuba[44]. De Pedro Argüelles Morán se dijo que "desde el año 2000 hasta la fecha el acusado envió hacia esos medios un volumen de 967 denuncias de carácter y contenido contrarrevolucionario donde denunció supuestas violaciones de los Derechos Humanos...", mientras que al acusado Pablo Pacheco Avila se le imputó que "desde hace aproximadamente dos años comenzó a transmitir denuncias e infracciones de supuestas violaciones de los Derechos Humanos, para un total de 563 noticias..."[45].

Estas referencias extraídas de un puñado de sentencias, ponen en tela de juicio las rotundas afirmaciones del presidente cubano. También parece cuestionable la afirmación del Tribunal Provincial Popular de Santiago de Cuba, que en la sentencia por la cual condenó a Luis Milán Fernández a trece años de prisión por violación a la ley 88/99, sostuvo que el texto constitucional y la legislación vigentes en Cuba son "el espíritu latente de la Declaración Universal de los Derechos Humanos".

De allí que será el objeto de la siguiente parte de este trabajo examinar una serie de principios de organización política y la vigencia de los derechos fundamentales del hombre a la luz de la legislación y jurisprudencia emanadas de las instituciones políticas básicas de Cuba.

Se advierte en el texto de algunas sentencias, y fundamentalmente en los discursos de Fidel Castro, la invocación de los derechos sociales o también llamados de segunda generación, para justificar la pretensión del régimen de defender los derechos humanos.

Estos derechos han sido desarrollados básicamente durante el siglo XX a partir de las constituciones de México de 1917 y Alemania de 1919. Se vinculan con la satisfacción de ciertos requerimientos de la vida humana tales como salud, vivienda, educación, protección de las minorías, expresión cultural, etc.

---

[44] Sentencia en la causa n° 5/03 de la Sala de Delitos contra la Seguridad del Estado del Tribunal Provincial Popular de Ciudad de La Habana.
[45] Causa ya citada.

A nivel internacional, el instrumento más importante que recoge estos derechos de segunda generación es el Pacto Internacional de Derechos Sociales, Económicos y Culturales de 1966.

El régimen cubano ha invocado frecuentemente los logros en materia de educación o salud, para acallar las críticas a las violaciones a derechos humanos básicos. Como se vio al final del Capítulo I, los derechos fundamentales son indivisibles e interdependientes, por lo que resulta incongruente invocar algunos como excusa para violar otros.

Sostener que se respetan los derechos humanos en una sociedad donde cualquier ciudadano puede ser detenido sin motivo por la autoridad, no puede expresar ideas políticas, no tiene derecho a asociarse, reunirse con otros, ejercer la industria o el comercio, disponer de su propiedad, entrar y salir del país, etc.; es tanto como sostener que un esclavo goza de derechos humanos porque su amo le provee alimento, un lugar donde dormir y lo cura cuando se enferma.

Además, una interpretación racional e integradora de estos derechos sociales, debería partir de dos presupuestos: a) no sancionan resultados sino intenciones; y b) son derechos pertenecientes a las personas y no otorgan prerrogativas monopólicas a los Estados.

a) Parece un fin loable buscar los mecanismos para que las personas puedan alcanzar satisfactorios niveles en cuanto a la educación, vivienda, salud, etc. Las legislaciones internas, entonces, deberían contribuir a que se establezcan las condiciones propicias para que ello pueda conseguirse. Pero pretender de allí que las personas tienen un derecho positivo a exigir viviendas, salud, educación, es una pretensión reñida con la realidad.

Las viviendas, hospitales, escuelas, no crecen solos, no se materializan como consecuencia de un decreto del gobierno, requieren recursos que nadie más que otras personas pueden aportar, en forma voluntaria o compulsiva. Una ley no puede torcer este hecho.

Por ello, más allá de que en ciertos casos los gobiernos utilicen parte de los recursos extraídos compulsivamente a los particulares para contribuir directamente con estas aspiraciones, su tarea fundamental radica en crear las condiciones legales e institucionales aptas para que los propios particulares puedan desarrollarse con integridad.

Puede advertirse un paralelismo con la cláusula de la Declaración de Independencia de los Estados Unidos, que afirma el derecho a la "búsqueda de la felicidad" como un derecho fundamental del hombre. Esto significa que debe dejarse libre a los hombres para que persigan sus propias metas por aquellos medios que consideren más propicios, y es tarea del gobierno crear las condiciones para que esto pueda suceder. Pero ello no significa que exista un derecho humano a ser felices, que el gobierno deba efectivamente garantizar.

b) Entonces, la satisfacción de requerimientos básicos para la vida del hombre tales como alimento, vivienda, salud, educación, deben ser alentados, facilitados, propiciados por las legislaciones locales. Esto supone dejar abiertas todas las alternativas posibles para lograr estos fines, y fundamentalmente, hacerlo de un modo que no suponga violar los derechos de unos para satisfacer los de otros.

En este contexto, pretender que la satisfacción de los derechos sociales se logra a través del monopolio estatal de actividades tales como la educación o la salud, supone un contrasentido y un peligro por tres motivos fundamentales:

1) Porque, como todo monopolio, cierra las puertas a la actividad de las personas para alcanzar esos objetivos por medios particulares. Es contradictorio pretender una mejor y mayor educación o salud, monopolizando esta actividad exclusivamente en manos de los funcionarios del gobierno.

Por el contrario, el monopolio estatal garantizará por propia definición un peor servicio, pues deja fuera de la prestación a la parte fundamental de la sociedad.

2) Cuando el Estado monopoliza una actividad y pretende prestar un servicio en forma directa, sólo puede hacerlo por medios compulsivos. Serán los impuestos u otros medios de extraer dinero a los ciudadanos, los que se utilicen para satisfacer necesidades de otros.

Esta redistribución compulsiva en algún punto lesiona los llamados derechos de primera generación, la propiedad, la libertad personal, la libertad de ejercer industria o comercio, el derecho de asociarse con fines útiles, etc.

Por el contrario, cuando son los particulares quienes realizan estas actividades, deben recurrir a medios persuasivos y no compulsivos, pues –a menos que actúen como concesionarios monopólicos del Estado-, no tienen facultad para imponer acuerdos o quitar dinero por la fuerza a los demás. El aliento a formas privadas de prestar servicios de salud, educación, construcción de viviendas, etc., recurriendo a la iniciativa privada, a la formación voluntaria de cooperativas, mutuales, etc., constituye un mecanismo más apto para compatibilizar los derechos fundamentales, siguiendo el principio *pro homine* en la interpretación de las cláusulas.

3) Finalmente, y como demuestra con crudeza el caso de Cuba, la invocación de los derechos sociales para establecer monopolios estatales, generalmente es una de las formas que los regímenes totalitarios encuentran para extender su control sobre la comunidad o justificar sus atropellos.

En este libro se verán dos casos muy ilustrativos de ello: la educación y el trabajo. Los logros en educación que invoca el Estado, en cuanto al alto porcentaje de niños en las escuelas y el desarrollo educativo en todos los niveles, esconde la realidad de que estos establecimientos educativos son, en primer término, instrumentos para controlar las ideas que estarán al alcance de los ciudadanos, e impedir que tengan acceso a otras, consideradas peligrosas.

La estatización de la propiedad y de la actividad económica hace del Estado casi el único empleador, y se invoca el pleno empleo y el trabajo como una conquista social del régimen. Sin embargo, la dependencia de todos los ciudadanos a un único empleador, y la consideración del "desempleo" o "vagancia" como manifestaciones de un estado de peligrosidad que justifican la prisión, en realidad colocan a los ciudadanos bajo la dependencia económica absoluta del Estado.

Por ello, debe rechazarse la pretensión de justificar las violaciones a algunos derechos fundamentales, en la búsqueda de satisfacer otros; y especialmente en el caso de Cuba, donde, como se verá a lo largo de este trabajo, la invocación de los derechos sociales es una excusa para concentrar el poder en manos del gobierno totalitario.

Por otra parte, la tutela efectiva de los derechos fundamentales depende en buena medida del funcionamiento de las instituciones políticas, y este será el primer aspecto que habré de abordar en la segunda parte.

Si bien desde 1959 hasta la fecha ha habido una sucesiva transformación constitucional y legislativa, la autoridad absoluta y excluyente del régimen, Fidel Castro, ha insistido en los últimos tres lustros, y especialmente en sus discursos recientes, en que luego de la caída del muro de Berlín y el desmoronamiento del comunismo en los países de la Europa oriental, Cuba no sólo no ha abandonado esa contradictoria "revolución permanente", sino que se ha aferrado con mayor fuerza a los postulados del marxismo-leninismo, convirtiendo a Cuba, según se dice, en el último bastión del auténtico comunismo en el mundo.

La Constitución de 1992, actualmente vigente, ha sido un *aggiornamiento* de su antecesora de 1976, incorporando algunas cláusulas como la del artículo 8° que reconoce y garantiza la libertad religiosa, pero en sustancia no significa una modificación a la estructura política imperante hasta entonces.

En este sentido, en la edición del 22 de septiembre de 1992 del periódico oficial *Granma*, donde se publicó la nueva constitución bajo el sugestivo título de: "*Nuestras reformas ratifican el rumbo de nuestra Revolución democrática y socialista*", se dijo:

"Ahora bien, y nadie puede llamarse a engaño, los debates y como resultado de ellos las modificaciones incorporadas, no implican retrocesos en nuestros principios, ni asomo de vueltas al pasado, ni debilidad en nuestro ideario martiano y marxista-leninista. El saldo final consolida nuestros criterios de perfeccionamiento de la sociedad que construimos adecuándolos a la realidad del mundo en que vivimos, reafirma conceptos y aspiraciones, enmarca –desde su primer artículo- los preceptos inalterables de cómo concebimos nuestro Estado..."[46].

Por ello, si bien este trabajo estará centrado fundamentalmente en la Constitución de 1992, debe tenerse en cuenta que la mayoría de las instituciones y prácticas políticas instituidas por el régimen, lo fueron a la luz de su antecesora de 1976, que era mucho más cruda respecto de los auténticos propósitos del gobierno comunista cubano.

También debe ponderarse al examinar las instituciones políticas de Cuba, que a partir de la reforma constitucional se ha modificado parte de la legislación vigente, acentuando la represión a los derechos fundamentales. Mientras la tendencia en el resto de América Latina fue incorporar con jerarquía constitucional el derecho internacional de los derechos humanos en la isla, desde fines del siglo pasado, y especialmente

---

[46] *Granma* del 22 de septiembre de 1992, pág. 2, con nota de Susana Lee.

a partir de la sanción de la ley 88/99 de Protección de la Independencia Nacional y la Economía de Cuba, las violaciones a derechos humanos básicos se han intensificado en forma exponencial.

Como todo régimen totalitario, los atropellos a los derechos, a las formas de democracia republicana, de control y límites al poder del Estado y de respeto a las elementales garantías judiciales de los ciudadanos, van mucho más allá en los hechos que en los textos legales y constitucionales. Ello no obstante, el propósito del presente trabajo es mostrar de qué modo, aún en los textos, el régimen jurídico-político de Cuba viola la mayoría de las garantías básicas plasmadas en todos los instrumentos internacionales que se han suscripto en las últimas décadas, y que en la actualidad forman parte del derecho internacional de los derechos humanos.

SEGUNDA PARTE

LA VIOLACIÓN DE LOS DERECHOS FUNDAMENTALES EN EL SISTEMA INSTITUCIONAL Y JURÍDICO DE CUBA.

IV. LA SUPREMACÍA DE LOS FINES DEL ESTADO POR SOBRE LOS DERECHOS FUNDAMENTALES DEL HOMBRE.

> *"Teníamos leyes revolucionarias y leyes rigurosas, pero jamás fue sancionado un hombre en este país sin la actuación de un tribunal revolucionario y bajo las prescripciones de las leyes revolucionarias. Ha seguido nuestra Revolución una conducta verdaderamente intachable en sus métodos y en sus procedimientos"*. Fidel Castro, 1977[47].

Suele señalarse que el estado de derecho es aquel que está regido por la ley, no por el capricho de los gobernantes. Se entiende entonces por ley al conjunto de normas objetivas, impersonales, destinadas a establecer las reglas dentro de las cuáles se desarrolla la convivencia humana y el progreso. Un conjunto de reglas a las que debe someterse el propio gobierno al igual que cualquiera de los ciudadanos.

Sin embargo, la ley, la legalidad, frecuentemente son invocadas en los regímenes totalitarios como una excusa para sus abusos. En la

---

[47] *Conclusiones del segundo período de sesiones de la Asamblea Nacional del Poder Popular*, La Habana, 24 de diciembre de 1977, Ediciones OR, octubre-diciembre de 1977, p. 191.

medida en que sus decisiones se basen en normas establecidas por los cuerpos competentes, forman parte de la legalidad sin importar su contenido.

El impulso tomado por la protección de los derechos humanos en el mundo, que culminó con la creación de las Naciones Unidas y otros organismos que se interesaron en ello, tuvo como antecedente inmediato el surgimiento de regímenes totalitarios que desencadenaron e intensificaron la crueldad de la segunda guerra mundial. Fue la época del Nacional-socialismo alemán, del Fascismo italiano, del Stalinismo soviético.

La idea fuerza de estos movimientos totalitarios fue la exacerbación de la nacionalidad, la idea de que por encima de los individuos está la Nación, el Estado, el Pueblo, el Proletariado o determinada Raza. Precisamente el derecho internacional de los derechos humanos se ha desarrollado para luchar por el respeto de las garantías fundamentales de la persona frente al propio gobierno o a cualquier grupo.

Para estos regímenes, la ley no era más que el instrumento para alcanzar los fines del Estado, siguiendo los principios filosóficos sobre los que se asentaban.

En el caso del régimen soviético, el fundamento era el mantenimiento de la "conciencia revolucionaria o socialista", asentada en la lucha de clases y la consecuente superioridad del Proletariado sobre la Burguesía.

Para el nacional-socialismo alemán, el sistema se asentaba en la nacionalidad, en la supremacía del pueblo alemán por encima de los demás, y por lo tanto, las normas y su aplicación por los jueces, debían basarse en el "sano sentimiento del pueblo alemán".

Para el fascismo, la base era la defensa de la Nación, encarnada por el Estado italiano, cuya supremacía y seguridad debía ser legalmente protegida.

En este contexto, el derecho positivo entendido como un ciego apego a la ley, ha sido una eficaz herramienta al servicio del totalitarismo. Entiendo de gran importancia mencionar el caso del filósofo alemán

Gustav Radbruch, quien luego de la segunda guerra mundial viró su posición positivista y relativista, para afirmar que lo legal y lo jurídico no siempre están unidos[48].

Originalmente Radbruch tuvo una prolífica producción en el campo de la filosofía del derecho y del derecho penal. En un discurso pronunciado en Lyon en 1934[49], basaba la fuerza del positivismo jurídico en el relativismo, como oposición a la validez *a priori* de cualquier principio o norma que no emanara de la ley. Lo decía con estas palabras:

"El relativismo es la única base posible de la fuerza obligatoria del derecho positivo. De existir un derecho natural, esto es, una verdad jurídica evidente, reconocible y comprobable, sería imposible concebir por qué el derecho positivo, que estuviere en contradicción con esa verdad absoluta, pudiese tener fuerza obligatoria; debería desaparecer como el error puesto al desnudo frente a la verdad al descubierto. La fuerza obligatoria del derecho positivo puede ser fundada, precisamente, sobre el hecho de que el derecho justo no es ni conocible ni comprobable... Dado que es imposible establecer lo que es justo, se debe establecer al menos lo que es conforme al derecho. En lugar de un acto de verdad, que resulta imposible, se impone un acto de autoridad. El relativismo desemboca en el positivismo"[50].

---

[48] Lo que sigue está tomado de ROJAS, Ricardo Manuel, *Las Contradicciones del Derecho Penal*, Editorial Ad-Hoc, Buenos Aires, 2000, p. 93-96.
[49] "El relativismo en la filosofía del derecho", publicado en *Archives de Philosophie du Droit*, n° 1/2, 1934. Editado en español en una serie de conferencias y artículos del autor publicadas bajo el nombre de *El hombre en el derecho*, Depalma, Buenos Aires, 1980, p. 95 y ss.
[50] Op. cit., p. 97.

El surgimiento del régimen Nazi y los procesos penales realizados al acabar la Segunda Guerra, generaron en Radbruch un cambio de opinión, en el sentido de que las leyes pueden ser injustas *a priori* e incluso criminales, y que entonces hay principios absolutos por encima de ellas, que le ponen límites a su contenido. Si bien Radbruch no lo admitió, tal vez la mayor impresión que el régimen dejó en él estuvo fundada en el hecho de que expresiones como la reproducida en el párrafo anterior vinieron como anillo al dedo a quienes justificaron el totalitarismo legal y a través de él cometieron todos los abusos imaginables[51].

Fue así como en la primera toma de posición después de la guerra, manifestada en un discurso pronunciado con motivo de la reinauguración de la facultad de derecho de Heidelberg en 1946, Radbruch dijo:

"Una orden es una orden, tal cosa vale para los soldados. La ley es la ley, dice el jurista. Mientras que para el soldado el deber y el derecho cesan de requerir obediencia cuando él sabe que la orden persigue un crimen o una falta, no conoce el jurista, desde que hace unos cien años se extinguieron los últimos jusnaturalistas entre los juristas, ninguna excepción respecto de la validez de la ley y la obediencia de los sometidos a la ley. La ley vale porque es ley, y es ley cuando ella, en la generalidad de los casos, tiene el poder de imponerse.

"Esta concepción de la ley y su validez (nosotros la llamamos doctrina positivista) ha vuelto tanto a los juristas como a los pueblos indefensos frente a las leyes, por más arbitrarias, crueles o criminales que ellas sean"[52].

---

[51] Sobre este tema, ver el excelente libro de Leonard Peikoff, *The Ominous Parallels*, Stein & Day, New York, 1982.
[52] Op. cit., p. 121.

Poco después publicó un brillante ensayo titulado: *Arbitrariedad legal y derecho supralegal*[53], donde para reforzar la conclusión anterior citó varios ejemplos de procesos criminales iniciados con motivo de las atrocidades cometidas por aplicación del orden jurídico nazi.

Mencionó el caso del comerciante Göttig, denunciado por un tal Puttfarken por haber escrito en un baño público: "Hitler es un asesino de masas y culpable de la guerra". Göttig fue detenido, juzgado y condenado a muerte. Un año después de terminada la guerra, el fiscal general de Turingia acusaba a Puttfarken como cómplice del homicidio de Göttig, y como autores a los jueces que lo condenaron. Sostuvo el fiscal que en la justicia penal, durante la época de Hitler, no existía ni legalidad, ni búsqueda de la justicia, ni seguridad jurídica, y que quien en esos años denunciaba a otro debía saber que no entregaba al acusado a un procedimiento judicial legal con garantías jurídicas para el esclarecimiento de la verdad y para un juicio justo, sino a la arbitrariedad. Puttfarken fue finalmente condenado a prisión perpetua por el Jurado de Nordhausen en 1946.

Citó también otros casos. Dos verdugos del régimen nazi fueron condenados a muerte por su participación en numerosas ejecuciones dispuestas por un tribunal de Halle, sobre la base de que no podían considerar que su trabajo fuese el cumplimiento de una legislación que debiera ser acatada. Un soldado desertor de las filas alemanas, que fue posteriormente capturado y que mató a un guardia con alevosía para poder escapar, fue sobreseído después de la guerra por un tribunal de Sajonia, pues se consideró que actuó en un estado de necesidad para sobrellevar una situación que no tenía justificativo, en la que corría peligro su vida[54].

Estos procesos traían aparejada la idea de que no cualquier cosa que una legislatura sancione puede tener fuerza de ley, que el derecho es

---

[53] ""Süddeutsche juristenzeitung", en *El hombre en el derecho*, p. 127 y ss.

algo más que la mera disposición legislativa, y ello tiene especial importancia en materia penal, por su vinculación con el principio de legalidad. Como sostuvo Radbruch, se entabló en todas partes una lucha contra el positivismo, desde el punto de vista de la arbitrariedad legal y del derecho supralegal, frases ambas contradictorias en un sistema positivista[55].

Puede decirse que ese derecho supralegal, ese conjunto de principios que están por encima de la legislación y de los intereses del Estado, no es otro que el conjunto de derechos fundamentales del hombre, aquellos que a partir de esa misma época comenzaron a ser reconocidos y protegidos internacionalmente.

La supremacía del Estado en la Constitución de Cuba.

"...Todos somos parte de algo mucho mayor que nosotros, que es la patria, el pueblo; nuestras vidas son parte de la vida infinita e inmortal de la nación cubana y de nuestro pueblo revolucionario" Fidel Castro, 1977 [56].

---

[54] Este último caso hace recordar al de Normando Pérez Alvarez y su hijo mayor Normando Leandro. En 1992, Pérez Alvarez y su familia se encontraban en su casa, cuando llegaron agentes de la seguridad del estado, penetraron en la vivienda con sus armas en las manos y comenzaron a agredirlo invocando que lo iban a detener. Su hijo mayor entonces salió en defensa del padre, forcejeando con un policía cuya arma se disparó, hiriendo al propio agente del gobierno que más tarde murió. En la causa n° 68/92 el Tribunal Provincial Popular de Villa Clara condenó a ambos por homicidio, a Normando a la pena de veinticinco años de prisión, y a su hijo a la pena de muerte.
[55] Op. cit., p. 134.
[56] *Discurso en la inauguración de la Escuela de Indicación Deportiva Escolar (EIDE)*, Ciudad de La Habana, 6 de octubre de 1977, Ediciones OR, La Habana, 1977, p. 31

Cuando se examina la Constitución de Cuba, se advierte que por encima de todos los derechos y garantías que formalmente pueda reconocer, se encuentran los intereses del estado socialista, que son definidos por el propio gobierno. En tal sentido, dispone el artículo 62:

"Ninguna de las libertades reconocidas a los ciudadanos puede ser ejercida contra lo establecido en la Constitución y las leyes, *ni contra la existencia y fines del Estado socialista, ni contra la decisión del pueblo cubano de constituir el socialismo y el comunismo*. La infracción a este principio es punible".

Resulta claro entonces que las frecuentes contradicciones entre los artículos de esta Constitución serán siempre resueltos dando prioridad a los principios del comunismo encarnados por el gobierno (único ente capaz de deducir cuál puede ser la "decisión del pueblo cubano" a la que se refiere la norma), por sobre los derechos y garantías individuales que han sido ya reconocidos por las naciones civilizadas del planeta.

Esta supremacía del proletariado supone una visión clasista del orden jurídico, típica de regímenes totalitarios como el soviético, el fascista y el nacional-socialista, y también es reconocida por la Constitución de Cuba.

En este sentido, el artículo 10 de la Constitución dispone que todos los órganos del Estado, sus dirigentes, funcionarios y empleados, actúan dentro de los límites de sus respectivas competencias y tienen la obligación de observar estrictamente la legalidad socialista y velar por su respeto en la vida de toda la sociedad.

El profesor Juan Vega Vega explica esta visión clasista de la legalidad al comentar en su obra el artículo 10 de la Constitución cubana:

"La Constitución y las leyes de Cuba revolucionaria son expresión jurídica de las relaciones socialistas de producción y de los intereses y la voluntad del pueblo trabajador. Es decir, el derecho es, por su misma naturaleza, clasista. La ciencia jurídica socialista plantea, siguiendo a los fundadores del marxismo-leninismo, que toda legalidad es de naturaleza clasista y que la legalidad correspondiente al régimen socialista es obra de los trabajadores y es promulgada para defender los intereses y los derechos de los obreros, de los campesinos, de los intelectuales revolucionarios y de los demás trabajadores. La legalidad socialista se destina de modo claro a la protección de los trabajadores y a la destrucción de la clase burguesa. Es por eso que la legalidad socialista debe ser respetada por todos los trabajadores y defendida por todos los medios"[57].

"El derecho –y por ende, la legislación- como sistema regulador de relaciones sociales tiene una vinculación indisoluble con las clases política y económicamente dominantes. La naturaleza clasista del derecho es la más importante expresión de su esencia, porque en esa cualidad se encuentran sus rasgos y propiedades fundamentales. El derecho interpreta las necesidades sociales de la dirección de la vida productiva, cultura, científica y de otras categorías, siempre a través de la voluntad de la clase dominante. Esta es la posición socialista: el derecho expresa la voluntad clasista de los que dominan en la sociedad y en las condiciones del socialismo, la voluntad de los obreros y del resto de los trabajadores, lo que ya en Cuba es la voluntad de todo el pueblo.

---

[57] VEGA VEGA, Juan, *Cuba: Su historia constitucional. Comentarios a la constitución cubana de 1992*, Ediciones Endimión, Madrid, 1998, p. 163

"Y como el pueblo cubano ha decidido construir la sociedad socialista, no es admisible –es más, es punible– que se ejerza cualquiera de las libertades que la Constitución establezca, contra lo establecido en el resto de la Ley Fundamental o en cualquier otra ley o contra el Estado"[58].

Hay que tener en cuenta estos principios cada vez que la Constitución remite a lo que indique una ley especial. No se tratará de una ley objetiva, general e imparcial, sino una ley teñida de una ideología parcial, difusa, que en última instancia dependerá de la voluntad de quien tiene el poder para decidir qué considera que es lo mejor para el "pueblo".

Los tribunales cubanos han intentado minimizar las directas implicaciones de este principio. Por ejemplo, el Tribunal Provincial Popular de Santiago de Cuba, al condenar a José Daniel Ferrer, Jesús Mustafá Felipe, Alexis Rodríguez Fernández, Leonel Grave de Peralta Almenares y Ricardo Enrique Silva Gual, sostuvo lo siguiente:

"La Revolución puso en práctica el programa de transformaciones económicas y sociales que se había fijado, primero en el famoso alegato jurídico *'La Historia me absolverá'* y luego para la materialización de los pasos necesarios para la edificación de una sociedad socialista, recogidos en la Constitución de la República donde se establecen los derechos y libertades fundamentales, se expresan las garantías para su ejercicio libre y enuncian los principios que sirven de base para ello, como son derechos económicos y sociales, derechos y libertades políticas, los derechos humanos, recogidos todos en la Carta Magna. Tiene igual rango constitucional el principio de que el ejercicio

---

[58] Op. cit., p. 278

de estos derechos humanos no puede ni debe contribuir a que en aras de su preservación resulten puestas en peligro la integridad de la sociedad y su régimen socialista de gobierno; en este sentido se pronuncia el artículo 62 de la Carta Magna, con ello no se hace más que recoger lo declarado en el artículo 29.2 de la Declaración Universal de los Derechos Humanos, en lo referido a que en el ejercicio de los derechos y el disfrute de las libertades, toda persona está sujeta a las limitaciones establecidas por la Ley, con el fin de asegurar el reconocimiento y el respeto de los derechos y libertades de los demás, y de satisfacer las justas exigencias de la moral, el orden público y del bienestar general..."[59].

Es bueno recordar que de acuerdo con lo consignado en la propia sentencia, estas personas fueron condenadas por participar en una reunión de ocho personas con carteles, a increpar en otra ocasión a policías que los inspeccionaban con frases tales como: "Abajo la Dictadura", "Esbirros de Castro", "Policías que viven del Pueblo", "Libertad", y tener en su poder material literario que se consideró subversivo. Por estos hechos fueron condenadas a penas de entre 10 y 25 años de prisión, por cometer actos contra la independencia económica y la integridad territorial del Estado.

Evidentemente, el espíritu de la cláusula mencionada de la Declaración Universal, interpretada a la luz del principio *pro homine*, no es el de subordinar los derechos de los individuos a las decisiones caprichosas del Estado, sino a poder conciliar los derechos de todas las personas, definiéndolos de tal modo que su ejercicio no ponga en colisión los de unos con los de otros.

---

[59] Sentencia n° 7/03 del 7 de abril de 2003 de la Sala de Delitos contra la Seguridad del Estado del Tribunal Provincial Popular de Santiago de Cuba, en la causa n° 4/03.

En este sentido, el artículo 28 dispone el principio de que "toda persona tiene derecho a que se establezca un orden social internacional en el que los derechos y libertades proclamados en esta Declaración se hagan plenamente efectivos"; y agrega el artículo 30 que "nada en la presente Declaración podrá interpretarse en el sentido de que confiere derecho alguno al Estado, a un grupo o a una persona, para emprender y desarrollar actividades o realizar actos tendientes a la supresión de cualquiera de los derechos y libertades proclamados en ella".

En sentido similar, el artículo XXVIII de la Convención Americana sostiene que "los derechos de cada hombre están limitados por los derechos de los demás, por la seguridad de todos y por las justas exigencias del bienestar general y del desenvolvimiento democrático". Es decir que esas limitaciones tienen en miras la protección de iguales derechos de los demás, no la satisfacción de los intereses de los gobernantes.

Sin embargo, la visión clasista del derecho y del Estado ha llevado al establecimiento de una determinada moral que debe ser adquirida por la conciencia revolucionaria propia del proletariado, o impuesta por la acción del gobierno. En tal sentido ha dicho Fidel Castro:

"...cuando haya un trabajador que no tenga conciencia revolucionaria, nuestro deber es hacerle conciencia revolucionaria... Y a los trabajadores hay que enseñarlos a pensar como clase, hay que enseñarlos a pensar como trabajadores y no como sector; hay que enseñarlos a pensar no sólo en los obreros de su sector, sino en los de otros sectores..."[60].

"Nosotros no debemos hacer nada jamás que vaya contra el desarrollo de esta conciencia colectivista y esta

---

[60] *Discurso en la clausura del Congreso de Trabajadores de la Construcción*, La Habana, 29 de mayo de 1960, Obra Revolucionaria,1960, p. 6-7.

conciencia comunista. Por el contrario: tenemos que seguirla desarrollando siempre cada vez más. Tenemos que empeñarnos en la búsqueda de un desarrollo de la conciencia que nos conduzca hacia el comunismo"[61].

"Y naturalmente que esa conciencia hay que crearla en el hombre no ya desde el primer grado, hay que crearla en el hombre desde que empieza a hablar, desde que empieza a decir papá y mamá. Y no se puede aspirar a educar nuevas generaciones con esas ideas sin el maestro"[62].

Una característica de los regímenes totalitarios ha sido el de inculcar la idea del sacrificio individual en nombre del conjunto, la renuncia a cualquier aspiración personal a favor de la masa. Ha dicho Fidel Castro:

"La Revolución ha hecho que los niños y los jóvenes se conviertan casi en su razón de ser, porque son el objetivo de la Revolución, los continuadores de la Revolución... Pero hay algo respecto a los jóvenes que de vez en cuando me preocupa... Que, a pesar de la influencia de la educación, la Revolución ha brindado tantas y tantas oportunidades a los jóvenes, que en algunos casos puede decirse que la vida para ellos ha sido demasiado fácil..."[63].

"...Todos somos parte de algo mucho mayor que nosotros, que es la patria, el pueblo; nuestras vidas son parte de la vida infinita e inmortal de la nación cubana y de nuestro pueblo revolucionario"[64].

---

[61] *Discurso por el Día Internacional de los Trabajadores*, la Habana, 1° de mayo de 1971, Ediciones COR, La Habana, 1971, p. 38.
[62] *Discurso en el acto de la escuela para maestros primarios "Manuel Ascunce Doménech"*, Las Villas, 18 de julio de 1966, Ediciones OR, La Habana, 1966, p. 11.
[63] *Discurso en el IV aniversario de la integración del movimiento juvenil cubano*, Las Villas, 21 de octubre de 1964, Obra Revolucionaria, La Habana, 1964, p. 12

"La Revolución con su inmensa carga de humanidad, igualdad, fraternidad, moral y belleza es la más extraordinaria de las proezas del hombre. Ella nos hace a todos elevarnos hasta llegar a ser superiores a nosotros mismos"[65].

"El revolucionario vive entregado a la obra de la Revolución y enamorado de la obra de la Revolución. Con ese mismo ardor cada revolucionario defenderá la obra que es su obra..."[66].

"Nosotros sí hemos pedido sacrificios y, en ocasiones, el martirio, el heroísmo, la entrega de la vida. Y yo digo que tiene un mérito grande cuando un hombre entrega su vida por una idea revolucionaria y lucha sabiendo que puede venir la muerte, y aunque sepa que después de la muerte no venga más nada, tiene en tan alta estima esa idea, ese valor moral, que lo defiende al precio de todo lo que tiene, que es la vida, sin esperar un premio o sin esperar un castigo"[67].

Sobre la base de esa idea de sacrificio individual en aras del crecimiento del Estado, se toman constantemente decisiones que involucran la libertad, el patrimonio y los derechos de los ciudadanos, sin que estos sean siquiera consultados. Así, ha dicho Fidel Castro:

"Nosotros no le pagaremos a los soviéticos la ayuda que ellos nos dan. La cadena de la historia es larga y continua. Nosotros lo que hemos recibido de ayuda técnica, se lo pagaremos a otros pueblos...hasta que en el último pueblo

---

[64] *Discurso en la inauguración de la Escuela de Indicación Deportiva Escolar (EIDE)*, Ciudad de La Habana, 6 de octubre de 1977, Ediciones OR, La Habana, 1977, p. 31
[65] *Discurso por el XX aniversario del triunfo de la Revolución*, La Habana, 1º de enero de 1979, Ediciones OR, La Habana, 1979, p. 17.
[66] *Conferencia en el ciclo de la Universidad Popular Educación y Revolución*, La Habana, 9 de abril de 1961, Obra Revolucionaria, La Habana, 1961, p. 30.
[67] *Conversaciones con Frei Betto*, Ciudad de La Habana, 10 al 26 de mayo de 1985, *Fidel y la Religión*, Oficina de Publicaciones del Consejo de Estado, La Habana, 1985, p. 135.

de la tierra se haya establecido el socialismo y hayan triunfado las ideas marxista-leninistas"[68].

"Aunque un país pequeño y pobre todavía, no debe dolernos en lo más mínimo de quitarnos algo de nuestros recursos para ayudar a otros pueblos revolucionarios que son todavía más pobres que nosotros"[69].

Por supuesto que los esfuerzos y sacrificios no fueron hechos por Fidel Castro ni los funcionarios del Estado, sino por el pueblo cubano cuyo futuro y bienestar se hipotecó sin consultar.

El uso de la ley penal como instrumento de control social. La amplitud de los tipos penales.

> *"Aquí no se ha sancionado nunca a nadie porque sean disidentes o tengan otros criterios diferentes a los de la Revolución. Los hechos por los cuales se puede sancionar a un ciudadano están definidos con toda precisión en las leyes penales...".* Fidel Castro, 1985[70].

La supremacía de los intereses del Estado por sobre los derechos fundamentales requiere necesariamente el ejercicio del poder físico

---

[68] *Discurso en el acto de despedida a los komsomoles soviéticos que trabajaron en Cuba*, La Habana, 14 de mayo de 1965, Ediciones OR, La Habana, 1965, p. 12.
[69] *Discurso en la clausura del XIII Congreso de la CTC*, La Habana, 15 de noviembre de 1973, Ediciones OR, La Habana, 1973, p. 34.
[70] *Nada podrá detener la marcha de la Historia*, Editora Política, La Habana, 1985, p. 233. Entrevista concedida al legislador Mervin Dymally y al académico Jeffrey Elliot, en la ciudad de La Habana, los días 17, 18 y 19 de marzo de 1985.

efectivo sobre aquellas personas que no cumplan con los requerimientos de tales intereses. Por ello, los regímenes totalitarios contienen en sus legislaciones penales, dos características fundamentales: a) una gran amplitud de los tipos penales, con frecuentes referencias a la analogía, o cuanto menos a una interpretación extensiva de las normas; b) un largo catálogo de delitos contra la integridad o supremacía del Estado, que generalmente contiene penas muy altas, que incluyen la de muerte.

Los legisladores autoritarios de la Rusia soviética y del Reich alemán rechazaron la tipicidad objetiva por cuanto limitaba las facultades del Estado y no le permitía atrapar en su origen, en sus manifestaciones primarias, lo que pueda ser un ataque al orden jurídico-político[71].

Así, los códigos penales soviéticos desde 1922 despreciaron el principio de legalidad y desarrollaron la analogía en materia penal. Los jueces estaban facultados a imponer sanciones por conductas que no estaban definidas ni penadas por la ley, siempre que se hallaren definidas y penadas por alguna figura delictiva similar[72].El derecho penal era clasista, había un distinto tratamiento de acuerdo con la clase a la que pertenecía el procesado, y los jueces debían juzgar conforme con la conciencia jurídica socialista[73].

En la Alemania Nazi fue instaurado un principio similar a partir de la reforma del artículo 2º del Código Penal por la ley del 28 de junio de 1935. Dicho artículo quedó redactado de la siguiente forma:

"Será castigado quien cometa un hecho que la ley declara punible o que merezca castigo según el concepto

---

[71] SOLER, Sebastián, "Derecho penal liberal, soviético y nacionalsocialista", en *Cursos y Conferencias*, Buenos Aires, julio de 1937, p. 372.
[72] JIMÉNEZ DE ASÚA, Luis, "El Derecho penal totalitario en Alemania y el 'Derecho voluntarista'", en *EL CRIMINALISTA*, Buenos Aires, 1947, Tomo VII, p.69
[73] CUELLO CALÓN, Eugenio, *El derecho penal de las dictaduras (Rusia, Italia, Alemania)*, Bosch, Barcelona, 1934, p. 31.

básico de una ley penal y según el sano sentimiento del pueblo (*gesundes Wolksempfinden*). Si ninguna ley penal determinada puede aplicarse directamente al hecho, éste será castigado conforme a la ley cuyo concepto básico corresponda mejor a él".

Según la interpretación oficial de esta norma hecha por Leopold Schaefer, el juez que conozca de un delito debe disponer de la facultad de franquear los límites de la ley escrita, convirtiéndose, de este modo, en "aliado comprensivo del legislador".[74]

La referencia al "sano sentimiento del pueblo" en que se basaban los jueces alemanes, constituye una idea vaga e imprecisa tanto como la "conciencia revolucionaria" o "socialista", de la que se valía el juez ruso para aplicar el Código Penal soviético.

En cambio el código penal italiano de Mussolini conservó nominalmente la legalidad de delitos y de penas, repudiando la analogía. Ello seguía la fuerte tradición jurídica heredada del derecho romano.

Georg Dahm señaló que las diferencias entre las legislaciones de Alemania e Italia se originó en la índole propia de sus concepciones fundamentales. La "nación" es la base del orden legal en Italia, mientras que en el Reich es el "pueblo", la "comunidad primitiva", quien determina la legislación. En consecuencia, el Código Penal italiano, conforme a las tradiciones del Derecho de Roma, liga el juez a la ley y el principio *nulla poena sine lege* sigue en vigor, limitándose la interpretación a la regla escrita. Un modo de pensar totalmente distinto imperó en Alemania, donde se hicieron esfuerzos por crear un Derecho conforme a las tradiciones populares. Por eso las leyes penales sólo pueden servir a título de

---

[74] Según la colección oficial de leyes alemanas, publicada desde 1933 por los Secretarios de Estado Pfundtner y Neubert: *Das neue Reichsrecht*, Berlin, 1935. Citado por JIMÉNEZ DE ASÚA, op. cit., p. 126.

indicación y el principio de legalidad no tiene ya razón para existir, puesto que la equidad viene a ser la medida del enjuiciamiento. Estos principios, concluye Dahm, conducen a dos concepciones distintas del delito: en Italia es "un atentado a la idea nacional"; en Alemania, "una traición a la comunidad"[75].

No obstante esta conservación nominal del principio de legalidad en la Italia fascista, la amplitud de los tipos penales, especialmente aquellos contra la seguridad del Estado, en la práctica condujeron a soluciones arbitrarias y antojadizas del mismo modo que en la Unión Soviética y Alemania, y a las que hoy se advierten en Cuba.

Para el fascismo, la justificación del derecho de castigar no es más que "un derecho de conservación y defensa del estado, que nace con el estado mismo, análogo pero sustancialmente diverso del derecho de defensa del individuo y encaminado al fin de asegurar y garantizar las condiciones fundamentales e indispensables de la vida en común"[76].

El Código Penal italiano de 1931 prevé frecuentemente la pena de muerte para los delitos contra la seguridad del Estado (atentados contra el rey, el regente, la reina, el príncipe heredero, artículo 276; atentado contra el jefe de Gobierno, artículo 280; la insurrección armada contra los poderes del Estado, artículo 284; los delitos de devastación, saqueo y daños cometidos con fines políticos, artículo 285; suscitar la guerra civil, artículo 286; atentado contra los jefes de Estado extranjeros, artículo 295); para algunos de los cometidos contra la seguridad exterior del Estado, delitos a base de traición que el código italiano denomina "delitos contra la personalidad internacional del Estado" (atentados contra la

---

[75] DAHM, *Greog, Nationalsocialistisches und faschistisches Strafrecht*, Berlin, 1935. Citado por JIMÉNEZ DE ASÚA, op. cit., p. 141.
[76] *Relazione a S. M. il Re del Ministro Guardasigili*, 1. Citado por CUELLO CALÓN, op. cit., p. 49.

integridad, la independencia o la unidad del Estado, artículo 241; ciudadano que toma las armas contra el estado italiano, artículo 242; ayuda militar al enemigo, artículo 247; destrucción o sabotaje de obras militares, artículo 253; falsificación o destrucción de documentos relativos a la seguridad del Estado, artículo 255; adquisición de noticias concernientes a la seguridad del Estado, artículo 256; revelación de noticias con fines de espionaje político o militar, artículo 262; utilizar en provecho propio secretos de Estado, artículo 263).

Algunos de estos delitos, como la ayuda al enemigo, atentados contra la integridad o independencia del Estado, o adquisición o revelación de información concerniente a la seguridad del Estado, como se verá más adelante, también existen en la legislación penal cubana, y han sido invocados frecuentemente por los jueces populares de la Isla para justificar el encarcelamiento prolongado de disidentes políticos.

LA PROTECCIÓN DE LOS FINES DEL ESTADO EN EL DERECHO PENAL CUBANO.

Vimos que el artículo 62 de la Constitución cubana –que reproduce textualmente el artículo 61 de la anterior Constitución de 1976-, declara la supremacía de la existencia y fines del Estado socialista sobre las libertades individuales. La última frase de este artículo dispone que "la infracción a este principio es punible".

Esto supone que la propia Constitución impone un tipo penal excesivamente abierto, al modo del estado de peligrosidad de los regímenes totalitarios antes examinados.

Por su parte, el artículo 1º del Código Penal dispone entre sus objetivos: "contribuir a formar en todos los ciudadanos la conciencia del respeto a la legalidad socialista, del cumplimiento de los deberes y de la correcta observancia de las normas de convivencia socialista".

La segunda parte de este artículo ordena que a estos efectos, el Código "especifica cuáles actos socialmente peligrosos son constitutivos de delito y cuales conductas constituyen indicios de peligrosidad, y establece las sanciones y medidas de seguridad aplicables en cada caso".

Por lo tanto, si bien el artículo 2º consagra el principio de legalidad en los términos en que ha sido elaborado por el derecho penal liberal, la excesiva amplitud de los tipos penales y los criterios de interpretación y evaluación de la prueba por los tribunales populares, a la luz de los objetivos del Código Penal, finalmente deja en manos de los jueces la determinación de lo que es o no es delito.

Incluso la idea de peligrosidad propia de los derechos penales totalitarios, se encuentra consagrada en su artículo 8.1, que define al delito como "toda acción u omisión *socialmente peligrosa*, prohibida por la ley bajo conminación de una sanción penal".

Por otra parte, no es casual que la Parte Especial del Código comience con la descripción de los delitos contra la seguridad del Estado, bien jurídico que para el régimen es más importante, incluso, que la vida humana.

La idea fuerza que se ha mantenido durante más de cuarenta años, de considerar a Cuba en estado de guerra contra los Estados Unidos, y la vigencia de una "revolución" que se mantiene a lo largo del tiempo, ha justificado la inclusión en el Código Penal de normas que generalmente se prevén para las situaciones de guerra. Por ejemplo, los delitos de actos contra la independencia o la integridad territorial del Estado (artículo 91), ayuda al enemigo (artículo 94) y la propaganda enemiga (artículo 103), el primero de los cuales prevé la pena de muerte.

Los disidentes políticos son colocados fácilmente en la categoría de "agentes del enemigo"; sus actividades tendientes a promover cambios políticos y sociales son consideradas como actos contra la integridad del Estado o propaganda enemiga.

La difusión del turismo como medio de originar recursos para el régimen, trajo aparejada la posibilidad de un mayor contacto de los ciudadanos cubanos con extranjeros, lo que ha sido visto con preocupación por el gobierno. Por ello se ha incluido una nueva figura penal, que es la del "asedio al turista", que reprime con pena de multa o prisión al ciudadano cubano que tiene contacto con un extranjero en la calle.

Por ejemplo, la sentencia por la que se condenó a Lorenzo Enrique Copello Castillo, de 31 años de edad, a la pena de muerte, por la participación en el intento de desviar un barco hacia los Estados Unidos con el propósito de escapar de Cuba, señaló al evaluar sus condiciones personales: "de pésima conducta social, ha sido advertido en 29 ocasiones, casi todas por asediar a los turistas". El Tribunal Supremo Popular, que confirmó la condena a muerte al día siguiente, aclaró que una de esas advertencias lo fue por "actividad económica ilícita".

Un párrafo aparte merece la ley 88/99 de Protección de la Independencia Nacional y la Economía de Cuba, sancionada el 16 de febrero de 1999, "Año del 40 Aniversario del Triunfo de la Revolución". De acuerdo con el artículo 1º, dicha ley tiene como finalidad "tipificar y sancionar aquellos hechos dirigidos a apoyar, facilitar o colaborar con los objetivos de la Ley 'Helms-Burton, el bloqueo y la guerra económica contra nuestro pueblo, encaminados a quebrantar el orden interno, desestabilizar el país y liquidar el Estado Socialista y la independencia de Cuba". A partir de allí describe todas las acciones punibles.

El examen de las sentencias dictadas por los tribunales populares contra disidentes políticos permite advertir que en muchos casos se los condenó por aplicación de esta ley. Sin embargo, en ningún caso se escribió un párrafo siquiera para demostrar el elemento subjetivo contenido en la norma. Este fue siempre presupuesto por los jueces.

LA PENA DE MUERTE POR CAUSAS POLÍTICAS.

"Yo siempre dije que en el futuro no habría venganza, porque habría justicia. La justicia quiere decir llenar los requisitos elementales del procedimiento, aunque hay casos en que todo el mundo sabe que no queda otra alternativa que aplicarle la pena de muerte (...) y en esos casos, pues, serán los Tribunales Revolucionarios los que decidan de acuerdo con las leyes revolucionarias".

Fidel Castro, 1959[77].

Durante las últimas décadas se han producido varios intentos por erradicar la pena de muerte de aquellos países que la contemplan en sus legislaciones internas. Así, por ejemplo, el *Protocolo a la Convención Americana sobre Derechos Humanos relativo a la abolición de la pena de muerte*[78].

El artículo 4.3 del Pacto de San José de Costa Rica dispone que no se reestablecerá la pena de muerte en los Estados que la hayan abolido, y respecto de aquellos que la mantienen, tanto el resto de los puntos de dicho artículo 4°, como asimismo el artículo 6° del Pacto Internacional de Derechos Civiles y Políticos, restringen su aplicación a los delitos más graves. El artículo 4.4 del primero de dichos instrumentos internacionales sostiene que en ningún caso se puede aplicar la pena de muerte por delitos políticos ni comunes conexos con los políticos.

---

[77] *Entrevista por la CMQ*, Camagüey, 4 de enero de 1959. Versión taquigráfica de las Oficinas del Primer Ministro, La Habana, 1959, p. 3.
[78] AG/RES. 1042 (XX-0/90), aprobado en la octava sesión plenaria, celebrada el 8 de junio de 1990.

Las *Salvaguardias para Garantizar la Protección de los Derechos de los Condenados a la Pena de Muerte*[79] han establecido algunas pautas para limitar su imposición. El artículo 1° dispone que "sólo se impondrá como sanción para los delitos más graves, entendiéndose que su alcance se limitará a los delitos intencionales que tengan consecuencias fatales u otras consecuencias extremadamente graves".

Establece además prescripciones respecto de las garantías al ofrecimiento de pruebas, del debido proceso, fundamentación de la sentencia y posibilidades de apelación.

La lectura del Código Penal cubano y otras leyes complementarias, permite advertir que existen aproximadamente 60 figuras penales que contemplan la pena de muerte, muchas de las cuales están incluidas en tipos especialmente abiertos, que dan pie para la arbitrariedad de las autoridades políticas que ejercen funciones jurisdiccionales en Cuba.

Si bien los episodios ocurridos en la isla no tienen la difusión adecuada debido a la falta de libertad de prensa e información, se calcula que desde los inicios de la revolución han sido ejecutadas por fusilamiento entre 5.000 y 6.000 personas.

En el caso de Bárbaro Sevilla García, Lorenzo Copello Castillo y Jorge Luis Martínez Isaac, fusilados tras un juicio sumario, ocho días después de que participaran en el intento de secuestro de una embarcación para escapar del país rumbo a Estados Unidos, parece claro que estas previsiones no se han cumplido.

En primer lugar, el episodio no produjo víctimas fatales ni heridos, y más allá del descrédito que para el régimen cubano significó un nuevo episodio de personas intentando escapar del país por cualquier medio, no parece un caso distinto a una privación ilegal de libertad e intento de

---

[79] Aprobadas por el Consejo Económico y Social en su Resolución 50/84 del 25 de mayo de 1984.

robo. Aunque por tratarse de una embarcación, el Código Penal reprime con penas que llegan hasta la muerte por el delito de piratería.

Sin embargo, no fue esta la calificación legal escogida por el tribunal, sino la de actos de terrorismo. Ni la sentencia del tribunal provincial popular, ni su confirmación al día siguiente por el tribunal supremo popular, desarrollaron una línea para explicar dicho encuadre jurídico.

Invocaron como circunstancias agravantes, por una parte, "el grave perjuicio económico ocasionado", que ascendió a 2,658 dólares producto del traslado de la lancha Baraguá desde Mariel a La Habana y el alquiler del remolcador, y por otro, el haberse tomado como rehenes a turistas francesas que circunstancialmente viajaban en la embarcación, "que como se conoce, el turismo es una actividad priorizada para el país"[80].

La misma sentencia explica los pormenores de este hecho. Se trató de un grupo más numeroso de personas, que incluía mujeres y menores de edad. Cada uno de ellos ingresó al barco como pasajero, llevando bolsos en cuyo interior tenían botellas con combustible con el que intentarían alcanzar el destino anhelado. Sin embargo, este acto de desesperación careció de preparación y cálculos elementales, pues con el contenido de dichas botellas apenas pudieron abandonar el puerto y quedaron a la deriva bastante cerca de la costa.

Por otro lado, uno de los imputados llevó un revólver, con el cual efectuó un par de disparos al aire a modo de intimidación al momento de tomar el control de la nave, y lo arrojó de inmediato a las aguas cuando se hizo presente la patrulla costera, una vez que la embarcación quedó a la deriva sin combustible, y no tenían forma de escapar.

---

[80] Sentencia nº 11/03 de la Sala de Delitos contra la Seguridad del Estado del Tribunal Provincial Popular de La Habana, en la causa nº 17/03, dictada el 8 de abril de 2003; confirmada al día siguiente por la sentencia nº 1/03 de la Sala de Delitos contra la Seguridad del Estado del Tribunal Supremo Popular.

Parece claro que lo desusado de la pena en función de la gravedad del hecho, y la celeridad con que fue aplicada, sólo pudieron tener como fundamento la represión de la disidencia política.

La forma sumaria en que se llevó a cabo este proceso, que en seis días tuvo debate y sentencia, y en los dos días siguientes, sendas apelaciones al Tribunal Supremo Popular y al Consejo de Estado, para ser ejecutados de inmediato los fusilamientos, podría considerarse incluso como violatorio a los *Principios Relativos a una eficaz prevención e investigación de las Ejecuciones extralegales, arbitrarias o sumarias*[81].

El primer principio de prevención establecido en estas recomendaciones, señala que "los gobiernos prohibirán por ley todas las ejecuciones extralegales, arbitrarias o sumarias y velarán por que todas esas ejecuciones se tipifiquen como delitos en su derecho penal y sean sancionables con penas adecuadas que tengan en cuenta la gravedad de tales delitos. No podrán invocarse para justificar esas ejecuciones circunstancias excepcionales, como por ejemplo el estado de guerra o de riesgo de guerra, la inestabilidad política interna, ni ninguna otra emergencia pública (...) Esta prohibición prevalecerá sobre los decretos promulgados por la autoridad ejecutiva".

En este caso, el intento de tomar el barco se produjo el 2 de abril de 2003. el 8 de abril se llevó a cabo el juicio sumario donde se dispusieron las condenas a muerte y prisión para los demás involucrados. Al día siguiente todo ello se confirmó por el tribunal supremo popular y al otro, la sentencia fue avalada por el Consejo de Estado, presidido por Fidel Castro. Ese mismo 10 de abril por la noche se ejecutaron los fusilamientos.

La excesiva amplitud de los tipos penales vinculados con los delitos contra la seguridad del Estado, la aún mayor amplitud que por vía de

---

[81] Recomendados por el Consejo Económico y Social en su resolución 1989/65, del 24 de mayo de 1989.

interpretación le dan los tribunales, y la celeridad -desusada en otros casos- con que se produjo este proceso, permiten presumir fundadamente que se trató de ejecuciones selectivas, producidas como modo de enviar un mensaje a la comunidad interna e internacional. Sobre todo porque en las cárceles de Cuba –como ocurre en otras partes del mundo- están alojadas muchas personas sobre las cuáles pesan condenas a muerte, cuyas apelaciones a veces tardan años en resolverse.

Puede mencionarse como ejemplo de ello el caso de los ciudadanos salvadoreños Raúl Ernesto Cruz León y Otto René Rodríguez Llerena, quienes fueron detenidos el 4 de septiembre de 1997 y el 10 de junio de 1998, respectivamente, y condenados a muerte por actos de terrorismo por tribunales populares cubanos. Sin embargo, sus sentencias se encuentran suspendidas a la espera de que se resuelvan las apelaciones ante el Tribunal Supremo Popular.

V. LA CONCENTRACIÓN DEL PODER DE LOS ÓRGANOS DEL ESTADO.

> *"Hay división de funciones, pero no hay división de poderes. El poder es uno, el del pueblo trabajador que se ejerce a través de la Asamblea Nacional y de los organismos del Estado que de ella dependen".* Fidel Castro, 1976[82].

No obstante que el artículo 2° de la Constitución sostiene que el nombre del país es "República de Cuba", lo cierto es que el sistema de gobierno que esa constitución organiza dista mucho de ser una república.

El sistema republicano de gobierno se caracteriza por una serie de principios básicos a partir de los cuáles se organizan instituciones y mecanismos políticos que tienden a garantizar un límite al poder del gobierno y el establecimiento de controles y contrapesos para evitar abusos o concentración de poder. Entre estos elementos se hallan: el reconocimiento del carácter limitado de las atribuciones del gobierno, la división de poderes, la organización de las instituciones políticas de un modo tal que produzcan su recíproco control, la periodicidad en las

---

[82] *Discurso en la sesión solemne de constitución de la Asamblea Nacional del Poder Popular*, La Habana, 2 de diciembre de 1976, Ediciones OR (octubre-diciembre), La Habana, 1976, p. 34.

funciones, la responsabilidad de los funcionarios, la publicidad de los actos del gobierno.

Las limitaciones institucionales al poder del gobierno, elaboradas desde el siglo XVII por Algernon Sydney, John Locke, Montesquieu, tuvieron su expresión en la declaración de independencia de los Estados Unidos –en cuanto limitaba el poder del gobierno al cumplimiento de su finalidad de proteger los derechos-, en la Declaración de los Derechos del Hombre y del Ciudadano –cuyo artículo 16 dispone que "toda sociedad en la cual no esté establecida la garantía de los derechos, ni determinada la separación de poderes, carece de Constitución"-, y en la Constitución de los Estados Unidos, en tanto organizó un gobierno alrededor de la limitación, separación y recíproco control de los poderes del Estado.

Veamos entonces cómo está organizado el gobierno en la Constitución cubana:

El artículo 1° de la Constitución de 1992 sostiene que "Cuba es un Estado socialista de trabajadores...organizado con todos y para el bien de todos...". El artículo 3°, por su parte, dispone que "En la República de Cuba la soberanía reside en el pueblo, del cual se deriva todo el poder del Estado. Ese poder es ejercido directamente o por medio de las Asambleas del Poder Popular y demás órganos del Estado que de ellas se derivan, en la forma y según las normas fijadas por la Constitución y las leyes".

El artículo 5° dispone:

"El Partido Comunista de Cuba, martiano y marxista-leninista, vanguardia organizada de la nación cubana, es la fuerza dirigente superior de la sociedad y del Estado, que organiza y orienta los esfuerzos comunes hacia los altos fines de la construcción del socialismo y el avance hacia la sociedad comunista".

Más adelante será examinada la cuestión de la falta de libertad de expresar ideas políticas distintas de las sostenidas por el régimen, pero aquí es necesario recalcar que de acuerdo con el orden constitucional cubano, el poder absoluto reside en el pueblo, que se expresa, organiza y orienta dentro del Partido Comunista; y la institución que concentra para sí todo ese poder es la Asamblea Nacional del Poder Popular.

El artículo 68 pareciera introducir ciertos elementos del sistema republicano de gobierno, al decir que los órganos representativos de poder del Estado son electivos y renovables (inciso a), y que los elegidos tienen el deber de rendir cuenta de su actuación y pueden ser revocados de sus cargos en cualquier momento (inciso c). Pero no obstante ello, lo cierto es que el mismo artículo contiene cláusulas que anulan la posibilidad de límites y controles recíprocos al poder propios de un sistema republicano.

En este sentido, el inciso e) dispone que los órganos estatales inferiores responden ante los superiores y les rinden cuentas de su gestión, lo que significa en los hechos la base para una organización piramidal de poder, encima de la cual, como se vio, se encuentra la Asamblea Nacional del Poder Popular. También se puede mencionar el inciso f) en cuanto dispone el principio de subordinación de la minoría a la mayoría en todos los órganos estatales colegiados.

Es decir que cuando la Constitución establece el deber de los funcionarios de rendir cuentas y que pueden ser revocados de sus cargos en cualquier momento, no garantiza un control republicano, sino que refuerza la férrea estructura piramidal y jerárquica dentro del mismo régimen, robusteciendo de ese modo el poder de la cúpula.

Entonces, por más que la Constitución y las leyes cubanas organicen una serie de instituciones y les pretendan dar el carácter de representativas del pueblo, por encima de todas ellas existe un poder real y legal, sobre el cual el Presidente Fidel Castro tiene un control absoluto, y que al concentrar en sí todo el poder real del país destruye cualquier intento de considerar a Cuba una República como sostiene su constitución.

El examen de las atribuciones de la Asamblea Nacional del Poder Popular, contenidas en el artículo 75 de la Constitución, permite advertir la concentración de poder en este órgano: reforma la constitución (inc. a); aprueba, modifica o deroga leyes (inc. b); decide acerca de la constitucionalidad de las leyes, decretos-leyes, decretos y demás disposiciones generales (inc. c); revoca en todo o en parte los decretos dictados por el Consejo de Estado (inc. ch); elige a los miembros del Consejo de Estado (inc. l); elige a los jueces del Tribunal Supremo Popular (inc. m); elige al Fiscal General y vice-fiscales de la República (inc. n); y, en fin, ejerce la más alta fiscalización sobre los órganos del Estado y del Gobierno (inc. p).

Por su parte, el Consejo de Estado es, de acuerdo con sus atribuciones y funcionamiento, el órgano ejecutivo más importante. Como se vio está subordinado a la Asamblea Nacional del Poder Popular, y por otro lado tiene atribuciones de directo control sobre la actividad judicial, como las contenidas en el artículo 90, inciso ch): dar a las leyes vigentes, en caso necesario, una interpretación general obligatoria; inciso h): impartir instrucciones de carácter general a los tribunales a través del Consejo de Gobierno del Tribunal Supremo Popular; e i): impartir instrucciones a la Fiscalía General de la República.

De este modo, se advierte sin dificultades que la Asamblea Nacional del Poder Popular concentra, en sí o a través del control que ejerce sobre el Consejo de Estado, las atribuciones constituyentes, legislativas, ejecutivas y judiciales.

El régimen, basado en la estructura vertical propia de las organizaciones comunistas, ha desechado expresamente a la división de poderes por ser opuesta a la idea de un gobierno centralizado y unívoco, director de las vidas y los actos de los ciudadanos.

Así, el profesor cubano Juan Vega Vega, al comentar el artículo 3º de la Constitución de 1992, expresa:

"La obra determinante en la teoría de la división de poderes fue la de Montesquieu, quien elaboró la tesis de la posible existencia de poderes estatales autónomos que debían ser el legislativo, el ejecutivo y el judicial. Montesquieu mantuvo que la garantía de la libertad se hallaba no sólo en la existencia de esos tres poderes, sino también en que encarnaran en sujetos diferentes.

"Esta división de poderes ha sido siempre una falacia. En el Estado, en cualquier Estado, existe realmente un solo poder, que en el caso de la República de Cuba es el poder del pueblo trabajador.

"El pueblo cubano ejerce este poder a través de los órganos llamados Asambleas del Poder Popular y de los demás órganos estatales que de ellas se derivan. Es un solo poder traducido en diversas funciones que realizan distintos órganos estatales"[83].

La insistencia en sostener que el poder reside en el "pueblo trabajador" es la verdadera falacia intelectual a través de la cual se pretende minimizar la importancia del principio republicano de la división de poderes.

Por su parte, es importante advertir que si bien la Asamblea Nacional del Poder Popular es el órgano supremo de gobierno, se nutre de los funcionarios y de las directivas elaboradas en el seno del Partido Comunista de Cuba.

---

[83] Juan Vega Vega, *Cuba: Su historia Constitucional. Comentarios a la Constitución Cubana reformada en 1992*, Ediciones Endymion, Madrid, 1998, p. 145.

Ha dicho Fidel Castro respecto del Partido:

"El Partido es el más formidable instrumento de la Revolución: es lo que le da dirección, solidez y continuidad histórica a la Revolución. Revolución que no es de nadie en particular. Revolución que no depende de ningún hombre, ni de hombres, sino Revolución que depende del Pueblo.

"Los hombres pasan –como dijimos en una ocasión– el Partido es inmortal. El Partido es el alma revolucionaria del pueblo que con sus organizaciones de masa abarcando a todo el pueblo, incluidos los niños, lleva adelante la Revolución"[84].

"...y los cuadros administrativos, en el seno del Partido, tienen que pensar siempre, primero que nada, como militantes del Partido. Hay el Estado y hay el Partido, pero en el seno del Partido somos, primero que nada, Partido, y las preocupaciones deben ser comunes, deben ser iguales. Y el Partido tiene que preocuparse por todos los problemas económicos, de la administración general, y los cuadros que sean militantes del Partido tienen que preocuparse por los problemas del Partido primero que nada...

"...Si tenemos un Partido de calidad, tendremos Revolución de calidad por mucho tiempo..."[85].

"El Partido lo resume todo. En él se sintetizan los sueños de todos los revolucionarios a lo largo de nuestra historia; en

---

[84] *Discurso por el XXII aniversario del asalto al Cuartel Moncada*, Las Villas, 26 de julio de 1975, Ediciones OR, La Habana, 1975, p. 40-41.
[85] *Versión de las palabras pronunciadas en la clausura de la asamblea de balance del trabajo, renovación y ratificación de mandatos del Comité Provincial del Partido en La Habana*, 20 y 21 de octubre de 1975, Ediciones OR, La Habana, 1975, p. 8 y 16.

él se concentran las ideas, los principios y la fuerza de la Revolución; en él desaparecen nuestros individualismos y aprendemos a pensar en términos de colectividad; él es nuestro educador, nuestro maestro, nuestra guía y nuestra conciencia vigilante, cuando nosotros mismos no somos capaces de ver nuestros errores, nuestros defectos y nuestras limitaciones...
El Partido es hoy el alma de la Revolución Cubana"[86].

Si los fines del Estado están por sobre los derechos de los habitantes, si ese Estado concentra el poder absoluto, y si en su seno no existe una separación y control de los distintos órganos que lo detentan, sino una organización piramidal que lo concentra en su cúpula, prácticamente es imposible pensar en la protección y respeto de los derechos fundamentales.

Por si quedaba alguna duda de ello, luego de que se presentara el denominado "Proyecto Varela", elaborado por el disidente Oswaldo Payá Sardiñas, tendiente a una pacífica reforma constitucional y democratización del sistema político, la respuesta del gobierno fue diametralmente opuesta. La ley de Reforma Constitucional, dada en la Sala de Sesiones de la Asamblea Nacional del Poder Popular el 26 de junio de 2002, "Año de los Héroes Prisioneros del Imperio", modificó el artículo 3º de la Constitución, agregando un último párrafo que dispone que "el socialismo y el sistema político y social revolucionario establecido en esta Constitución... es irrevocable, y Cuba no volverá jamás al capitalismo".

También reformó el artículo 137, disponiendo que "esta Constitución puede ser reformada por la Asamblea Nacional del Poder Popular... excepto en lo que se refiere al sistema político, económico y social, cuyo carácter irrevocable lo establece el artículo 3º...".

---

[86] *Informe presentado al I Congreso del Partido Comunista de Cuba*, La Habana 22 de diciembre de 1975, Ediciones OR, La Habana, 1975, p. 144.

VI. La ausencia de una justicia independiente e imparcial.

> "...*Quiero que la ciudadanía exprese su deseo, quiero que la ciudadanía decida sobre esta cuestión, y que los que estén de acuerdo con que se reestablezcan los Tribunales Revolucionarios que levanten la mano...*" (La multitud, con la mano en alto exclama: '¡Paredón!'*)*". Fidel Castro, 1959[87].

Una derivación de la falta de un sistema republicano de división de poderes, es la inexistencia de un poder judicial independiente capaz de garantizar el goce de los derechos de los cubanos aun frente a los avances del poder del Estado.

En este sentido, los *Principios Básicos Relativos a la Independencia de la Judicatura*, confirmados por la Asamblea General de las Naciones Unidas en 1985, señalan, entre otros aspectos, los siguientes:

> "1. La independencia de la judicatura será garantizada por el Estado y proclamada por la Constitución o la legislación del país. Todas las instituciones gubernamentales y de otra índole respetarán y acatarán la independencia de la judicatura.

---

[87] *Discurso ante la magna concentración popular frente al Palacio Presidencial*, La Habana, 26 de octubre de 1959. Versión taquigráfica de las Oficinas del Primer Ministro.

2. Los jueces resolverán los asuntos de que conozcan con imparcialidad, basándose en los hechos y en consonancia con el derecho, sin restricción alguna y sin influencias, alicientes, presiones, amenazas o intromisiones indebidas, sean directas o indirectas, de cualesquiera sectores o por cualquier motivo.

3. La judicatura será competente en todas las cuestiones de índole judicial y tendrá autoridad exclusiva para decidir si una cuestión que le haya sido sometida está dentro de la competencia que le haya atribuido la ley.

4. No se efectuarán intromisiones indebidas o injustificadas en el proceso judicial, ni se someterán a revisión las decisiones judiciales de los tribunales. Este principio se aplicará sin menoscabo de la vía de revisión judicial ni de la mitigación o conmutación de las penas impuestas por la judicatura efectuada por las autoridades administrativas de conformidad con lo dispuesto en la ley.

5. Toda persona tendrá derecho a ser juzgada por los tribunales de justicia ordinarios con arreglo a procedimientos legalmente establecidos. No se crearán tribunales que no apliquen normas procesales debidamente establecidas para sustituir la jurisdicción que corresponda normalmente a los tribunales ordinarios.

6. El principio de la independencia de la judicatura autoriza y obliga a la judicatura a garantizar que el procedimiento judicial se desarrolle conforme a derecho, así como el respeto de los derechos de las partes"[88].

---

[88] *Principios Básicos Relativos a la Independencia de la Judicatura*. Adoptados por el Séptimo Congreso de las Naciones Unidas sobre Prevención del Delito y Tratamiento del Delincuente, celebrado en Milán del 26 de agosto al 6 de septiembre de 1985, y confirmados por la Asamblea General en sus resoluciones 40/32 del 29 de noviembre de 1985 y 40/146 de diciembre de 1985.

En Cuba, como se vio, la Asamblea Nacional del Poder Popular concentra en sí todo el poder político y controla las demás instituciones del gobierno. Modifica la Constitución, elige a los jueces del Tribunal Supremo Popular, aprueba, modifica y deroga leyes, decretos-leyes, decide sobre la constitucionalidad de las normas y fiscaliza a los órganos del Estado.

Por su parte, el Consejo de Estado –subordinado a la Asamblea Nacional y presidido por Fidel Castro- tiene la facultad de dar a las leyes vigentes una interpretación general obligatoria para los jueces (art. 90, inc. ch), e imparte instrucciones de carácter general a los tribunales a través del Consejo de Gobierno del Tribunal Supremo Popular (inc. h).

Además, es la última instancia de apelación para determinados delitos, lo que garantiza la total subordinación del Poder Judicial al poder único encabezado por el Presidente Castro.

La garantía de ser juzgado por un juez imparcial e independiente es recurrente en los instrumentos internacionales. Así, la Declaración Universal de los Derechos Humanos, artículo 10; Pacto Internacional de Derechos Civiles y Políticos, artículo 14.1; Pacto de San José de Costa Rica, artículo 8.1; Convención Europea de Derechos Humanos, artículo 6.1.

Es posible hacer una distinción entre los conceptos de imparcialidad e independencia, referidos a la judicatura. Ha dicho en tal sentido la Corte Europea de Derechos Humanos que la independencia se refiere a la forma de designación de los miembros de un tribunal y a la duración de sus mandatos, a la existencia de garantías contra presiones externas y la cuestión de si el órgano presenta una apariencia de tal independencia[89]. Por su parte, la imparcialidad se refiere a la ausencia de prejuicio o favoritismo[90]. Significa que el juez no tiene opinión formada sobre el

---
[89] *Campbell and Fell v. United Kingdom*, sentencia del 28 de junio de 1984, Serie A, n° 80.
[90] *Piersack v. Belgium*, sentencia del 1° de octubre de 1982, Serie A n° 53.

caso que debe juzgar, que no se encuentra "contaminado" por una intervención anterior en la causa o por hechos extracausídicos[91]. En términos de los tribunales internacionales, un juez no es imparcial cuando tiene una idea preconcebida acerca de la culpabilidad del acusado[92].

De acuerdo con la jurisprudencia de la Corte Europea, la independencia debe verse desde una perspectiva estructural y funcional. Desde el punto de vista de la función, la independencia se manifiesta en la actuación exenta de presión o injerencia de otros poderes. La independencia estructural se evalúa teniendo en cuenta el método de elección de los jueces, el término de sus mandatos, la inamovilidad de sus cargos, su preparación profesional, las incompatibilidades entre el ejercicio de la judicatura y otras funciones, etc.[93].

No parece que se pueda hablar de imparcialidad e independencia respecto de un tribunal que es controlado directamente por el gobierno central, cuya doctrina interpretativa de la ley puede serle impuesta por un órgano ejecutivo, y que puede recibir además instrucciones de carácter general.

La existencia de tribunales independientes de la administración central ha sido uno de los pilares del sistema republicano y liberal de gobierno, una de las mayores garantías con las que puede contar un ciudadano para evitar la concentración y abuso del poder por parte del Estado. Este apartamiento del principio básico que contiene la

---

[91] Caso *De Cubber*, sentencia de 2 de octubre de 1984, Serie A nº 86.
[92] Caso *Saint-Marie*, sentencia del 1 de diciembre de 1992, Serie A nº 253, párr. 50; caso *Brinceat*, sentencia del 2 de noviembre de 1992, Serie A, nº 249. También la Comisión Interamericana de Derechos Humanos, al opinar en el caso *Maqueda*. Ver en este sentido DEL LUCA, Javier, "El principio del juez imparcial y el procedimiento penal nacional", en *Nueva Doctrina Penal*, Buenos Aires, 1998/B, p. 753-773.
[93] *Sramek vs. Austria, Campbell and Fell vs. United Kingdom, Ringeinsen vs. Austria, Engel vs. Netherlans, Schesser vs. Switzerland*; también la Corte Interamericana de Derechos Humanos en el caso *Loayza Tamayo*, del 17 de septiembre de 1997. Citados por DE LUCA, Javier, op. cit., p. 75..

Constitución Cubana, ha sido explicado por el profesor Vega Vega de la siguiente manera:

"Ha quedado atrás la concepción de la existencia de un llamado Poder Judicial, aislado del resto del poder estatal. El doctor Osvaldo Dorticós Torrado, al referirse a la antigua y desacreditada doctrina de los tres poderes, la llama la vieja mentira de los tres poderes, afirmando a continuación que en un país como el nuestro, revolucionario, la administración de justicia ha de ejercerse siempre en función del poder revolucionario, en función de los objetivos históricos de la Revolución, y que toda actuación de interpretación de la ley, todo esfuerzo hermenéutico debe estar presidido, en primera instancia, por los principios cardinales de la Revolución (Osvaldo Dorticós Torrado: "Discurso en el acto de toma de posesión del Consejo de gobierno del Tribunal Supremo Popular", *Revista Cubana de Derecho*, p. 81, número 6, julio-diciembre de 1973)".

"En la muy reciente Constitución de Nicaragua figura todavía el reconocimiento a la existencia del Poder Judicial. Sobre esta cuestión, el compañero Tomás Borge, Comandante de la Revolución Sandinista, expresó: 'Quien no tenga conciencia de que en una revolución hay un solo poder, el poder revolucionario, no ha entendido nada de nada. Quien no comprenda que todos y cada uno de los diferentes Organos Estatales, no importa el nombre, las siglas o adjetivos que lleven, está fuera de la realidad revolucionaria. Locke y Montesquieu, ideólogos de la burguesía, conjuntamente con la concepción de la división de poderes de la que han redituado tanto los teóricos de la democracia formal, ya están más fuera de moda que los cinturones de castidad' (Tomás Borge: *Nicaragua: Justicia y Revolución*, p. 45, Ediciones Centauro, Caracas, Venezuela, 1986)".

"Hasta el doctor Alejandro Serrano Caldera, presidente de la Corte Suprema de Justicia de Nicaragua y defensor de la inclusión del Poder Judicial en la Constitución de ese país, ha expresado que: 'en consecuencia, la separación de poderes que establece la Constitución Política no tiene que producir una fragmentación del poder de la base, pues no afecta de ninguna manera sus articulaciones principales ni su estructura esencial, sino que, por el contrario, representa una forma particular de organización y una división técnica del trabajo que no lleva implícita una división social del mismo' (Alejandro Serrano Caldera: *Sobre la separación de poderes en Montesquieu*, Publicación de la Corte Suprema de Justicia de Nicaragua, Managua, 1987, p. 17)".

"Es decir que, en cualquier país y en toda época histórica, la pretendida división de poderes no es más que una mentira como dijera el Doctor Dorticós, y la realidad es que la función de impartir justicia es una división técnica del trabajo estatal que no lleva implícita la división del único poder, que en Cuba es el poder del pueblo"[94].

No obstante esta opinión, lo cierto es que la independencia del poder judicial frente a la administración es considerada como una garantía fundamental para la libertad. Incluso la propia Constitución Cubana

---

[94] Op. cit., pág. 332-334.

pareció no haber querido desconocer este principio al establecer en el artículo 122 un postulado que aparece como contradictorio con los anteriores y posteriores: "Los jueces, en su función de impartir justicia, son independientes y no deben obediencia más que a la ley".

Curiosamente, el profesor Vega Vega no hace ningún comentario a este artículo en el libro antes mencionado.

Los pactos internacionales sobre derechos humanos son claros a la hora de postular la existencia de tribunales auténticamente independientes. Es más, han exigido incluso que existan al menos dos instancias de jueces, independientes tanto del poder central como entre sí, para que examinen los pleitos judiciales.

Esta falta de independencia es notable especialmente respecto del juzgamiento de aquellas causas penales en que se acusa a personas por delitos contra la seguridad del Estado o por las figuras penales contenidas en la ley 88/99.

En estos casos, la distribución de tareas entre investigadores, fiscales, jueces e incluso defensores oficiales, no es suficiente para garantizar la protección efectiva de los derechos de los acusados. La lectura de las sentencias dictadas en casos de delitos contra la seguridad del Estado por los tribunales populares, muestra una tendencia a emitir proclamas políticas más que fallos judiciales. Sobre ello volveremos en los siguientes capítulos, al examinar los argumentos de dichas sentencias.

Sin embargo, a modo de ejemplo se pueden citar estos dos párrafos extraídos de entre muchos otros similares contenidos en las sentencias que vengo examinando.

Al describir la conducta imputada a José Daniel Ferrer García, Jesús Mustafá Felipe, Alexis Rodríguez Fernández, Leonel Grave de Peralta Almenares y Ricardo Enrique Silva Gual, sostuvo el tribunal provincial popular de Santiago de Cuba:

"...venían desempeñándose como mercenarios al servicio del gobierno de los Estados Unidos de América, enemigo histórico de Cuba, que acrecienta cada día su hostilidad contra el país, en su intento de arrebatar la soberanía conquistada por la heroica lucha del pueblo cubano, con el propósito de que Cuba pierda su autonomía, destruir la Revolución Cubana y el régimen socialista, mediante el debilitamiento de sus bases ideológicas, para alcanzar el fracaso de la economía y eliminar la independencia y soberanía de Cuba..."[95].

En la causa seguida contra Julio César Gálvez Rodríguez, Edel José García Díaz, Manuel Vázquez Portal y Jorge Olivera Castillo, sostuvo el tribunal de La Habana:

"A partir de 1991, en distintos años, se fueron vinculando con la prensa amarilla extranjera, principalmente la radicada en el Estado de la Florida, auto-titulándose 'periodistas independientes', lo que llevaron a cabo exponiendo sus criterios subversivos tendientes a desacreditar el Sistema de Gobierno Cubano, sus Instituciones y dirigentes, buscando desestabilizar y destruir desde adentro a la Revolución Cubana siguiendo el fin que recoge la macabra Ley Helms Burton y tratar de enturbiar las relaciones económicas con los países amigos, así como la integración a los distintos Tratados en el orden regional e intercontinental para contribuir con el pretendido estrangulamiento económico

---

[95] Sentencia del 7 de abril de 2003 en la causa 4/03 dictada por la Sala de los Delitos contra la Seguridad del Estado del Tribunal Provincial Popular de Santiago de Cuba, contra las personas mencionadas, por infracción a la ley 88/99. Estos procesados fueron condenados cada uno a veinticinco años de prisión.

y poner a nuestro pueblo de rodillas ante el Imperio del Norte, olvidándose que este pueblo sólo se pone de rodillas como bien dijo el legendario Comandante de la Revolución, Camilo Cienfuegos, ante la tumba de nuestros hermanos caídos en la lucha, para decirles que la Revolución está hecha y su sangre no se derramó en vano'"[96].

Este lenguaje político emparentado con el habitual en los discursos del gobierno, siguiendo los lineamientos de su líder, está lejos de ser el exigido por la tarea judicial. La supuesta vinculación de los disidentes políticos con actos de espionaje o sabotaje al servicio de potencias extranjeras, o su propósito de eliminar la independencia o la soberanía de Cuba, sólo aparecen en las declamaciones y arengas de los jueces populares, pero no se apoyan en evidencia obtenida y valorada de modo objetivo, a la manera en que están obligados a hacerlo los jueces en las sociedades republicanas. Sobre este tema volveré en el capítulo siguiente.

Este es un punto esencial en la discusión sobre el efectivo reconocimiento y protección de los derechos humanos, respecto de los cuáles el problema más grande no es el de fundamentarlos, sino el de protegerlos. En este sentido Pacheco Gómez cita a Norberto Bobbio en cuanto ha dicho que "no se trata tanto de saber cuáles y cuántos son estos derechos, cuál es su naturaleza y fundamento, si son derechos naturales o históricos, absolutos o relativos, sino cuál es el modo más seguro para garantizarlos, para impedir que a pesar de las declaraciones solemnes, sean continuamente violados"[97].

Aún cuando se adopten todos los recaudos de protección nacionales e internacionales conducentes, siempre estará presente en la defensa de

---

[96] Sentencia del 5 de abril de 2003 en la causa nº 14/03 de la Sala de los Delitos contra la Seguridad del Estado del Tribunal Provincial Popular de La Habana.
[97] PACHECO GÓMEZ, Máximo, op. cit., T. I, p. 33.

los derechos humanos la personalidad del juez concreto que debe decidir sobre el amparo judicial de esos derechos, de manera que la eficiencia del sistema dependerá de cómo los jueces entiendan su misión tutelar, en los términos previstos en la Constitución Política o en las Convenciones Internacionales.[98]

La falta de independencia de los jueces pone en serio riesgo la posibilidad de que actúen efectivamente en protección de los derechos fundamentales. En el caso de Cuba parecieran aplicables las palabras de Sebastián Soler, a finales de los años 30', al referirse a la justicia hitleriana:

"La ley es un arma y el juez, con la ley en sus manos, es un soldado más de la revolución; el sujeto que está adelante no es tratado como semejante, como persona en el sentido íntegro y formal de la palabra, por cuanto no se le reconoce, en ese juicio, la calidad de sujeto activo posible del mismo... Las dos partes no juzgan; luchan"[99].

Por otro lado, en este contexto es una ficción la garantía contenida en los instrumentos internacionales de derechos humanos vinculada con la posibilidad de que las sentencias sean revisadas por un tribunal superior e independiente.

El Pacto Internacional de Derechos Civiles y Políticos sostiene que toda persona declarada culpable de un delito tendrá derecho a que el fallo

---

[98] PACHECO GÓMEZ, Máximo, op. cit., T. I, p. 36-37. Citando a Piero Calamandrei, sostuvo que se necesita imprescindiblemente de los jueces "una conciencia viva, sensible, vigilante, humana. Es precisamente este calor vital, este sentido de continua conquista, de vigilante responsabilidad, que es necesario apreciar e incrementar en el juez, porque, sin duda, el peligro mayor que amenaza a los jueces en una democracia y, en general, a todos los funcionarios públicos, es el peligro del hábito, de la indiferencia burocrática, de la irresponsabilidad anónima. Para el burócrata los hombres dejan de ser personas vivas y se transforman en números, cédulas y fascículos: en un 'expediente', como se dice en el lenguaje de las oficinas, esto es, una carpeta bajo cuya cubierta están agrupados numerosos folios protocolizados y, en medio de ellos, un hombre disecado".
[99] SOLER, Sebastián, *Derecho penal liberal, soviético y nacionalsocialista*, Buenos Aires, 1938, p. 39.

condenatorio y la pena que se le haya impuesto sean sometidos a un tribunal superior, conforme a los prescripto por la ley (artículo 14.5), mientras que el Pacto de San José de Costa Rica reconoce más escuetamente el derecho de recurrir del fallo ante juez o tribunal superior (artículo 8.2.h).

Como un medio extra de resguardar al ciudadano de los abusos o errores de un juez, se intenta garantizar la posibilidad de que al menos dos tribunales independientes entre sí deban estar de acuerdo con una condena.

Sin embargo, la falta de independencia de criterios de los jueces populares cubanos hace que la apelación a un tribunal superior se convierta en una mera formalidad.

Esto se ve con claridad en algunos casos de particular relevancia, como el ya mencionado de Bárbaro Sevilla García, Lorenzo Copello Castillo y Jorge Luis Martínez Isaac, quienes formaron parte de un grupo que intentó secuestrar una nave para dirigirse hacia Estados Unidos el 2 de abril de 2003. Su juicio se realizó el 8 de abril, siendo condenados a muerte. Contra esta sentencia sumaria, más que apelación ante un tribunal superior e independiente se produjeron rutinarias ratificaciones, al día siguiente por el Tribunal Supremo Popular y al otro por el Consejo de Estado –presidido por Fidel Castro-, para ejecutarse las penas ese mismo 10 de abril.

Esto contraría notoriamente la interpretación que los tribunales internacionales hicieron de esta garantía. En este sentido, la Corte Interamericana de Derechos Humanos en la causa *"Herrera Ulloa vs. Costa Rica"*, ha resuelto que corresponde adecuar el control casatorio garantizando una más plena revisión de la decisión recurrida de manera de conciliar mejor los principios en juego[100].

---

[100] Decisión de la CIDH del 2 de julio de 2004. Los principios largamente expresados en esta resolución, fueron aplicados en Argentina a partir de la decisión de la Sala IV de la Cámara Nacional de Casación Penal, al resolver la causa *"López, Fernando Daniel"* (causa n° 4807, del 15 de octubre de 2004), donde realiza a su vez una extensa explicación de los argumentos de la Corte.

VII.   LA LESIÓN SEVERA A LA LIBERTAD PERSONAL.

> *"Yo no acepto la idea de que haya alguien preso por ser adversario político, porque realmente hay personas presas por actividades contra el Estado socialista, contra la Revolución, en virtud de hechos sancionados por las leyes. No hay nadie preso simplemente por ser adversario político de la Revolución; eso no se puede afirmar. Tenemos y tendremos presos contrarrevolucionarios..."*
>
> Fidel Castro, 1988[101].

La supremacía de los intereses del Estado por sobre los derechos fundamentales, la concentración de poder en los órganos superiores y la ausencia de jueces independientes, tiene un efecto directo sobre las garantías individuales frente a la acción de la justicia penal.

Las garantías a no ser detenido arbitrariamente, el principio de inocencia, la posibilidad de ejercer una defensa adecuada, a que se respeten las reglas del debido proceso, etc., se ven seriamente lesionadas.

---

[101] MINÁ, Gianni, *Un encuentro con Fidel*, Oficina de Publicaciones del Consejo de Estado, La Habana, 1988, p. 41.

En este sentido, conviene examinar dos aspectos vinculados con la seguridad personal: a) el vinculado con el estado de peligrosidad y consiguiente aplicación de medidas de seguridad pre-delictuales; y b) el tratamiento por los tribunales populares de las garantías judiciales en materia penal.

LA PELIGROSIDAD COMO BASE DEL SISTEMA PENAL.

El criterio de peligrosidad como elemento autónomo de aplicación de normas penales, ha sido desarrollado a principios del siglo XX por la llamada escuela positiva encarnada por Ferri, en el convencimiento de que los delincuentes debidamente clasificados podían llegar a constituir tipos psico-físicos lo suficientemente precisos como para predecir y prevenir su conducta.

Esta idea vino como anillo al dedo a los regímenes totalitarios de la primera mitad del siglo XX, como el soviético, nazi y fascista, que emplearon estos criterios pseudo-científicos para perseguir a sus opositores.

Así, el artículo 6º del Código Penal soviético de 1926 sostenía que "se reputará peligrosa toda acción u omisión contra la estructura del Estado Soviético, o que lesione el orden jurídico creado por el régimen de los trabajadores y campesinos para la época de transición a la organización social comunista".

Sebastián Soler, defendiendo el derecho penal liberal en pleno auge de estos sistemas totalitarios, escribió:

"La peligrosidad general, único criterio científicamente accesible, es o puede ser excelente para organizar internamente un manicomio, pero es muy evidente su inconveniencia para organizar una sociedad.

"Es decir que al trasladarse ese criterio al plano de lo social, muestra en primer término su contenido político indeterminado e indeterminable, dando al término político el significado de valorativo. A ello, pues, contraponemos, como base de organización pacífica de la sociedad, el contenido político concreto, y preestablecido en las incriminaciones específicas o figuras delictivas..."[102].

El estado de peligrosidad y las medidas de seguridad pre-delictuales en el Código Penal Cubano.

El Código Penal cubano contiene algunas cláusulas que literalmente facultan al gobierno a detener y mantener en prisión a cualquier persona de manera discrecional y arbitraria, violando el derecho primario básico recogido por todas las cartas de derechos, a que su libertad personal no sea restringida sin motivo razonable.

Fundamentalmente, la facultad de aplicar medidas de seguridad pre-delictuales, se ha convertido en una virtual autorización para detener a cualquier persona, sin necesidad de que existan sospechas de que haya cometido un delito.

En este sentido, el artículo 72 del Código Penal considera estado peligroso a la especial proclividad en que se halla una persona para cometer delitos, demostrada por la conducta que observa en contradicción manifiesta con las normas de la *moral socialista*. Entre las pautas que permiten apreciar que un sujeto se encuentra en estado peligroso, están practicar una conducta antisocial o tener *vicios socialmente reprobables* (artículo 73.2).

---

[102] SOLER, Sebastián, "El elemento político de la fórmula del estado peligroso", en *Revista de Criminología, Psiquiatría y Medicina Legal* n° 121, Buenos Aires, Enero-Febrero de 1934, p. 11.

El artículo 75 prevé la situación de "aquellas personas que sin haber realizado conductas que las coloquen directamente en un estado peligroso, por sus vínculos o relaciones con personas potencialmente peligrosas para la sociedad, puedan resultar *proclives al delito*". Ellos serán objeto de advertencia por la autoridad policíaca competente, en prevención de que incurran en actividades socialmente peligrosas o delictivas.

Quien es declarado en *estado peligroso*, puede ser sometido a medidas de seguridad pre-delictivas, que pueden ser *terapéuticas*, *reeducativas*, o de *vigilancia* por los órganos de la Policía Nacional Revolucionaria (artículo 78).

Esto genera un virtual estado de sospecha permanente, que puede convertir a cualquier ciudadano cubano en socialmente peligroso e inmediatamente detenido sobre esa base. Hay que tener presente también que, al no tratarse de delitos, las facultades de detención no tienen los límites que fijan los principios de inocencia, culpabilidad y legalidad, de modo que las eventuales medidas de seguridad que supongan detención, no estarán limitadas en el tiempo.

Un vicio moralmente reprobable según la moral socialista en Cuba es el de no trabajar ("vivir como parásito social, del trabajo ajeno", artículo 73.2 del Código Penal). Como el único empleador directo o indirecto en Cuba es el Estado, cualquier falta de colaboración con el régimen, ausencia en las movilizaciones a favor de Fidel Castro, no "donar" días de trabajo a la Revolución u otra manifestación de rebeldía serán causales de despido. Automáticamente esa persona será considerada peligrosa, y pasible de una medida de seguridad pre-delictual.

Se advierte la mención a la falta de un trabajo formal como elemento agravante al momento de determinar las sanciones penales en muchos casos de disidentes políticos.

Por ejemplo, en la sentencia por la que se condenó a José Miguel Martínez Hernández a trece años de prisión, el tribunal provincial popular de La Habana sostuvo que "no posee vínculo laboral, no pertenece a ninguna de las organizaciones de masas ni participa en sus actividades...".

Por su parte, en la causa que condenó a Julio Antonio Valdez Guevara como infractor a la ley 88/99, sostuvo el Tribunal Provincial Popular de Santiago de Cuba:

> "No realiza ninguna actividad socialmente útil desde hace varios años a pesar de estar apto física y mentalmente para ello, ni ninguna otra que de forma honesta le permita satisfacer sus necesidades y las de su familia; caracterizándose además por una conducta agresiva ya que ha alterado el orden, perturbado la tranquilidad ciudadana y las más elementales normas de convivencia social, mediante ofensas y gestos despectivos contra otras personas, así como otras alteraciones y manifestaciones públicas en forma grosera; destacándose que a pesar de que es y se cataloga como un contrarrevolucionario no logra comportarse adecuada y respetuosamente frente a la inmensa mayoría de la población que defiende y ama a su Patria, su Revolución y el Socialismo".

La condena a muerte impuesta a Lorenzo Enrique Copello Castillo, ponderó entre las circunstancias agravantes: "de pésima conducta social, ha sido advertido en 29 ocasiones, casi todas por asediar a los turistas".

LAS GARANTÍAS DE LA DEFENSA EN JUICIO Y EL DEBIDO PROCESO.

> *"La justicia es la que va al fondo de las cosas, no a la forma..."* Fidel Castro, 1959[103].

Una de las preocupaciones esenciales del derecho internacional de los derechos humanos, está vinculada con el respeto de aquellas garantías de las personas sometidas a juicio. El proceso penal no enfrentan a dos partes que contienden en igualdad de armas, sino al Estado contra un individuo a quien le imputa la comisión de un delito. Tanto los delitos como las penas son definidos por el propio Estado y es por ello que los individuos deben contar con ciertas garantías efectivas para no verse sometidos a dicho poder sin una defensa adecuada[104].

En consecuencia, el derecho penal ha de ser interpretado y aplicado en forma restrictiva, reconociendo prioridad a la libertad individual y a la presunción de inocencia. Por lo tanto, es a quien ejerce la acción penal en nombre del Estado –el fiscal- a quien incumbe vencer esa presunción de inocencia con prueba suficiente, y al juez plasmar dicha circunstancia en una sentencia fundada.

Además, los instrumentos internacionales consagran dos principios estructurales vinculados con el funcionamiento de los tribunales: la garantía a ser juzgados por un tribunal imparcial, y la de poder someter la sentencia a su revisión por un tribunal superior, que ya han sido tratados en el capítulo anterior.

---

[103] Entrevista pronunciada ante las cámaras de CMQ-TV, La Habana, 6 de marzo de 1959, en *Discursos para la Historia*, La Habana, 1959, tomo 2, p. 13.
[104] Ver en este sentido ROJAS, Ricardo Manuel, *Las Contradicciones del Derecho Penal*, Ed. Ad-Hoc, Buenos Aires, 2000.

1. Principio de inocencia.

Tanto la Declaración Universal de Derechos Humanos (Artículo XXVI), como la Declaración Americana de Derechos y Deberes del Hombre (artículo 11), reconocen la presunción de que todo acusado es inocente hasta que se pruebe su culpabilidad. Esta garantía es reiterada en el Pacto Internacional de Derechos Civiles y Políticos (Artículos 14.2) y el Pacto de San José de Costa Rica (Artículo 8.2), de manera casi idéntica, difiriendo solamente en que sostienen que debe establecerse "legalmente" la culpabilidad.

El uso de esta última expresión puede interpretarse como un modo de reforzar la idea de que no cualquier estándar de prueba vence la presunción de inocencia, sino que la sentencia debe cubrir ciertas exigencias de fundamentación para satisfacer este extremo.

El Comité de Derechos Humanos de Naciones Unidas, interpretando esta garantía contenida en el Pacto de Derechos Civiles y Políticos, sostuvo:

"En virtud de la presunción de inocencia, la carga de la prueba recae sobre la acusación y el acusado tiene el beneficio de la duda. No puede suponerse a nadie culpable a menos que se haya demostrado la acusación fuera de toda duda razonable. Además, la presunción de inocencia implica el derecho a ser tratado de conformidad con este principio. Por lo tanto, todas las autoridades públicas tienen la obligación de no prejuzgar el resultado de un proceso"[105].

La fundamentación o motivación suficiente de las sentencias penales es un tema sobre el cual se ha elaborado mucho doctrinaria y jurisprudencialmente, en especial alrededor de las causales de arbitrariedad[106].

---

[105] Comité de Derechos Humanos, *Observación General* 13, párrafo 7.

El examen de las sentencias dictadas por los tribunales populares en los casos de disidentes políticos, muestra defectos básicos de fundamentación, inversión de la carga de la prueba, invocación de indicios y presunciones claramente insuficientes para acreditar los hechos y desprovistos de sustento, el uso de argumentos subjetivos, prejuicios y afirmaciones dogmáticas; todo lo cual impide hablar de una presunción de inocencia vencida por sentencias adecuadamente fundadas.

2. Posibilidad de ejercer una defensa efectiva.

Es otro derecho esencial de toda persona sometida a proceso, el de poder defenderse en forma adecuada. Para ello requiere, en primer lugar, ser informada de manera inmediata a que se encuentre involucrada en una investigación criminal. En este sentido, el Pacto Internacional de Derechos Civiles y Políticos dispone que "toda persona detenida será informada, en el momento de su detención, de las razones de la misma y notificada, sin demora, de la acusación formulada contra ella" (artículo 9.2).

Una vez que el proceso se inició formalmente, debe asegurarse al imputado todas las garantías necesarias para su defensa (Declaración Universal de los Derechos Humanos, artículo 11.1), o disponer del tiempo y de los medios adecuados para la preparación de su defensa (Pacto de San José de Costa Rica, artículo 8.2.c; Pacto Internacional de Derechos Civiles y Políticos, artículo 14.3.b, y Convención Europea de Derechos Humanos, artículo 6, inciso b).

El examen de las sentencias de los tribunales populares muestra que muchas personas fueron condenadas a penas de más de veinte años

---

[106] Entre las distintas causales de arbitrariedad de sentencias por deficiencias en su motivación, la Corte Suprema de Justicia de Argentina ha señalado: la falta de fundamentación suficiente, los defectos en la fundamentación normativa, los defectos en la consideración de extremos conducentes, el apartamiento de constancias de la causa, que no sean una derivación razonada del derecho vigente, los excesos u omisiones en el pronunciamiento y la contradicción.

o incluso la muerte, en procesos en los cuales, desde la detención e imputación formal de delitos hasta la sentencia, transcurrieron a lo sumo un par de semanas. La base de las imputaciones estaba integrada por actuaciones preliminares, informes de inteligencia, declaración de agentes encubiertos, miembros de los Comité de Defensa de la Revolución (CDR), producidos con mucha anterioridad a las detenciones.

Evidentemente, aún cuando se haya dado a las defensas acceso a todo ese material desde los primeros días, una o dos semanas no parece tiempo suficiente como para poder preparar una defensa adecuada frente a imputaciones de tal gravedad, o ensayar alguna forma de control de la prueba ya producida.

El artículo 8.2.f) de la Convención Americana, dispone que toda persona tiene derecho a que su defensa interrogue a los testigos presentes en el tribunal y de obtener la comparecencia, como testigos o peritos, de otras personas que puedan arrojar luz sobre los hechos.

En sentido similar, el Pacto Internacional de Derechos Civiles y Políticos, artículo 14.3.e) dispone que toda persona acusada de un delito tendrá derecho a interrogar o hacer interrogar a los testigos de cargo y a obtener la comparecencia de los testigos de descargo y que éstos sean interrogados en las mismas condiciones que los testigos de cargo.

Según la Corte Europea de Derechos Humanos, el derecho a un "juicio justo" en materia penal implica que el acusado tenga posibilidad de discutir las pruebas suficientemente[107].

Sin embargo, al proceso formal a los disidentes detenidos el 18 de marzo de 2003, que duró unos diez días, precedieron años de investigación sin control de la defensa. La celeridad de estos juicios, por otra parte, contrasta sugestivamente con la situación de muchas personas que han pasado años en detención preventiva sin juicio ni sentencia.

---

[107] Caso "*Kamasinski*", resuelto el 19 de diciembre de 1989.

3. La evaluación de las pruebas de cargo.

La calidad y cantidad de la prueba sobre la que se asientan las condenas parece defectuosa, según los estándares de prueba normalmente exigidos por los tribunales para que se respeten las garantías mínimas contenidas en los instrumentos internacionales de derechos humanos.

El examen de la fundamentación de las sentencias, arrojó las siguientes particularidades:

a. Las instrucciones preliminares.

Como se dijo, los procesos seguidos contra los setenta y cinco disidentes detenidos el 18 de marzo de 2003 estuvieron precedidos de largas instrucciones preliminares, llevadas a cabo durante años por los órganos de seguridad del Estado.

Toda esta información reunida sin conocimiento y sin control de los imputados o sus defensas, fueron volcadas en los expedientes en la Fase Preparatoria, y constituyeron la base de las imputaciones. Por ejemplo, en el caso en el que Luis Millán Fernández fue condenado a trece años de prisión por infracción a la ley 88/99, señaló el tribunal:

> "Los hechos anteriormente relatados están determinados por las pruebas practicadas en el acto del juicio oral y la valoración realizada de las acumuladas en el expediente de diligencias previas en ocasión de la Fase Preparatoria de este proceso penal, de cuyo examen íntegro en su conjunto se obtuvo la certeza de los juzgadores que todo ocurrió como se ha expuesto"[108].

Más adelante señala la misma sentencia:

---

[108] Sentencia en la causa n° 2/03 de la Sala de los Delitos contra la Seguridad del Estado del Tribunal Provincial Popular de Santiago de Cuba, seguida a Luis Millán Fernández por infracción a la ley 88/99.

"Depuso en el plenario el Instructor Policial Ramón Alberto Granado Rosell, quien como refiriera el Informe Conclusivo del Expediente de Fase Preparatoria a su cargo, con todas las pruebas acumuladas en ocasión de la etapa investigativa pudo corroborar las acciones subversivas llevadas a cabo por el acusado...".

Si bien es común que la policía, la fiscalía u otro órgano de prevención colecten pruebas que luego son incorporadas a la causa, las características de estos procesos hace que la producción de pruebas, en algunos casos durante años sin control de ningún defensor ni de quienes a la postre resultarán imputados, lesione sensiblemente su derecho de defensa en juicio.

Es una derivación del derecho a la defensa efectiva, que la imputación de un delito contra una persona –a pesar de que no sea formalmente detenida- sea puesta en su conocimiento de inmediato, para que desde entonces pueda ejercer efectivamente sus derechos dentro de un proceso, conocer el hecho que se le imputa, proveer a su defensa y ofrecer los elementos de prueba en forma inmediata que puedan favorecerlo. Muchas veces, las pruebas o peritajes que no se sustancian en los primeros momentos de la investigación, luego se tornan inaccesibles, de dificultosa obtención o ineficaces.

Sin embargo, estas investigaciones preliminares consistieron en juntar evidencia que el gobierno consideraba imputativa desde hacía años, producto de infiltrar las rudimentarias organizaciones de los imputados con agentes encubiertos, monitorear sus movimientos, investigarlos a través de sus agentes institucionales que son los CDR's, hasta el momento arbitrariamente decidido por la autoridad, en que toda esa información se transformó en una causa penal en su contra. Se eliminó así cualquier posibilidad de defenderse durante los años que duró su investigación.

El artículo 29, numeral 2 y 3 de las *Reglas de Mallorca*[109] dispone: "Si la comprobación de un hecho se basa en la percepción de una persona, deberá ser ésta interrogada en el juicio oral. Este interrogatorio no puede ser reemplazado por la lectura de un documento o declaración anteriormente escrita. Las leyes nacionales establecerán las excepciones a este principio por razón de imposibilidad o grave dificultad de la reproducción de esta prueba. En estos casos, se podrán utilizar en el juicio oral las declaraciones practicadas con anterioridad, siempre que hubiesen tenido lugar con intervención del defensor y se garantice a las otras partes la oportunidad de oponerse a la prueba aportada (principio de contradicción)"... "El acusado y su defensor tienen derecho a interrogar a los testigos".

Si se tiene en cuenta que los debates orales se llevaron a cabo un par de semanas después de las detenciones, y el tiempo que demoran los trámites formales hasta llegar a la acusación fiscal que da pie al juicio, aún cuando los jueces sostengan que analizaron en su conjunto la prueba colectada en la Fase Preliminar y la producida en el debate, es razonable pensar que esta última se sustanció a partir de las conclusiones de la primera. Por lo tanto, toda la prueba de cargo estaba lista antes de que se imputara a estas personas delito alguno, sin posibilidad de controlarla o controvertirla en tiempo oportuno, y violando la garantía de todo imputado a conocer desde el primer momento la existencia de una investigación criminal en su contra.

---

[109] *Reglas Mínimas del Proceso Penal*, proyectadas por la Comisión de Expertos reunidos en Palma de Mallorca durante los días 23, 24 y 25 de noviembre de 1990, 3, 4 y 5 de mayo de 1991, 5, 6 y 7 de septiembre de 1991 y 14, 15 y 16 de febrero de 1992. Convocada por el Instituto Universitario de Criminología de la Universidad Complutense de Madrid, a invitación de la Consellería Adjunta a la Presidencia del Gobierno Balear y con la cooperación de la Subdivisión de Prevención del Delito y Justicia Penal de la Oficina de Naciones Unidas en Viena.

b. Los agentes encubiertos.

En este mismo sentido, las sentencias invocaron como prueba testimonial de cargo las manifestaciones de aquellos agentes de seguridad del Estado que se infiltraron durante mucho tiempo en las asociaciones y grupos de disidentes, brindando en los juicios detalles de sus actividades.

Así, por ejemplo, en el caso seguido contra Efrén Fernández Fernández y Regis Iglesias Ramírez, entre otros, condenados a 12 y 18 años de prisión, respectivamente por violación a la ley 88/99, sostuvo el tribunal:

> "También se tuvo en cuenta el testimonio del agente de la Seguridad Cubana nombrado Roberto Martínez Hinojosa, conocido por 'Ernesto', el cual convivió por varios años formando parte de los sectores opositores y miembro del Partido de Derechos Humanos de Cuba conjuntamente con su esposa también agente de los Organos de Seguridad del Estado Cubana, pudiendo percatarse de las actividades que realizaba el acusado y otros titulados periodistas independientes, entre ellos el coacusado Iglesias Ramírez..."[110].

En el caso seguido contra Martha Beatriz Roque Cabello, Arnaldo Ramos Lauzerique, Nelson Moliné Espino, Juan Adolfo Fernández Sainz, Mijail Barzaga Lugo y Nelson Alberto Aguiar Ramírez, condenados a penas de entre 13 y 20 años de prisión, valoró el tribunal:

> "La declaración de Aleida de las Mercedes Godínez, que fue agente encubierto del Departamento de Seguridad del Estado infiltrada como funcionaria de la Oficina de

---

[110] Sentencia dictada el 6 de abril de 2003 por la Sala de Delitos contra la Seguridad del Estado del Tribunal Provincial Popular de La Habana, contra Antonio Ramón Díaz Sánchez, Regis Iglesias Ramírez, Efrén Fernández Fernández y Juan Roberto de Miranda Hernández.

Estadísticas del llamado Instituto de Economistas Independientes de Cuba y la Asamblea para promover la sociedad civil en Cuba, planteando que estas organizaciones ilegales tienen como objeto hacer contrarrevolución distorsionando la realidad cubana en el exterior..."[111].

De acuerdo con la sentencia dictada contra Julio César Gálvez Rodríguez, Edel José García Díaz, Manuel Vázquez Portal y Jorge Olivera Castillo:

"Excepcional resultó el testimonio del ciudadano Manuel David Moya del Rosario, 'agente Miguel' para los órganos de la Seguridad del Estado Cubano, quien en virtud de su profesión de periodista hubo de insertarse como supuesto periodista independiente lo que le valió conocer el trabajo desarrollado por los cuatro encartados, ilustrando la naturaleza y características de éste...".

"Ilustrativo resultó, también, el testimonio de otro de los agentes de la seguridad del estado, en este caso el periodista Néstor Baguer Sánchez Galárraga, 'agente Octavio', periodista de profesión, miembro de la Real Academia de la Lengua Española y que prestara sus servicios para los órganos de la seguridad cubanos desde 1963, acumulando en consecuencia una amplísima experiencia sobre esta actividad..., llegando a denominar a las personas que desarrollan esta actividad, pocos de ellos periodistas en realidad, 'mercenarios del periodismo'"[112].

---

[111] Sentencia del 4 de abril de 2003 en la causa n° 12/03 de la Sala de Delitos contra la Seguridad del Estado del Tribunal Provincial Popular de Ciudad de la Habana, seguida contra estas personas por infracción a la ley 88/99.

[112] Sentencia del 5 de abril de 2003 en la causa n° 14/03 de la Sala de Delitos contra la Seguridad del Estado del Tribunal Provincial Popular de Ciudad de La Habana.

En la sentencia pronunciada contra Miguel Galbán Gutiérrez, José Ubaldo Izquierdo Hernández y Héctor Raúl Valle Hernández, se hizo referencia a la información brindada por "el compañero Noel Ascanio Montero, agente 'Abel' para la Seguridad del Estado Cubano, quien realizó en la misma (Alianza Cívica Cubana) actividades de infiltración; fuente mediante la cual logró conocerse muchas de las actividades desarrolladas por estos individuos..."[113].

En esa misma causa se sostuvo:

"Conmovedora y harto elocuente fueron las declaraciones de los esposos Yamila Reyes Pérez y Noel Arcadio Montero, quienes durante 10 y 8 años respectivamente penetraron los grupúsculos a los que pertenecían los acusados Galbán Gutiérrez e Izquierdo Hernández por orientaciones del DSE y narraron las actividades por aquellos desarrolladas, sus responsabilidades dentro de las mismas, el financiamiento que recibían de la FNCA y los móviles que perseguían."

Evidentemente, estos agentes de la seguridad del Estado, que durante varios años infiltraron a las organizaciones pacíficas que intentaban organizar una oposición política democrática en Cuba, más allá de la dificultad o casi imposibilidad de corroborar sus informes con prueba independiente, objetiva e indudable, sus propias manifestaciones durante estos procesos están teñidas de una parcialidad que impiden su ponderación como piezas de evidencia confiables, y sin embargo, en varios casos sus dichos constituyeron la prueba de cargo por excelencia.

---

[113] Sentencia del 7 de abril de 2003, dictada en la causa n° 4/03 de la Sala de los Delitos contra la Seguridad del Estado del Tribunal Provincial Popular de Ciudad de La Habana.

Curiosamente, la invocación de esta persecución estatal fue considerada una falacia y dio pie a condenas contra los disidentes, como se advierte en la sentencia dictada contra Claro Sánchez Altarriba, por la que se lo condenó a quince años de prisión. Allí se dijo:

> "Continuando con su afán de desprestigiar al Régimen Social Cubano, le manifestó por escrito a funcionarios de la Oficina de Intereses Norteamericana la necesidad de que lo acogieran como refugiado político de ese país, con el falso argumento de ser constantemente perseguido por los órganos de seguridad del Estado de Cuba"[114].

Dicha persecución fue real, está avalada por los hechos que luego se sucedieron, y especialmente reconocida en las sentencias de los tribunales cubanos.

Por otra parte, cualquier intento por desbaratar estas infiltraciones entre los grupos disidentes es severamente castigada. Por ejemplo, Ramón Herrera Corcho, ex teniente de contra-inteligencia del Ministerio del Interior (MININT), pasó a integrar grupos de oposición, y de acuerdo con la información que poseía, le comunicó a sus compañeros que Jorge Luis Artiles, que integraba dichos grupos, en realidad era un miembro del Departamento de Seguridad del Estado y estaba infiltrado para espiar sus actividades.

Por esta confidencia fue detenido el 25 de julio de 2002 y condenado a la pena de ocho años de prisión por revelar secretos concernientes a la seguridad del Estado[115].

El artículo 33, inciso 3) de las *Reglas de Mallorca*, dispone que "en el ejercicio de la libertad de apreciación de la prueba, los jueces en

---

[114] Sentencia del 4 de abril de 2003 en la causa n° 3/03 de la Sala de Delitos contra la Seguridad del Estado del Tribunal Provincial Popular de Santiago de Cuba.
[115] Causa n° 1/02 del Tribunal Provincial Popular de Santa Clara.

los supuestos de testigos de referencia, declaración de arrepentidos y situaciones análogas, tendrán en cuenta que sólo con otras pruebas corroboradoras de tales testimonios podrán dictarse sentencia condenatoria".

Tiene resuelto la Corte Europea de Derechos Humanos que la Convención no impide apoyarse en la fase de instrucción en fuentes como los agentes encubiertos, aunque el empleo posterior de las declaraciones anónimas como pruebas suficientes para justificar una condena plantea un problema diferente[116].

En una posición extrema en este sentido, Enrique Ruiz Vadillo, Presidente de la Sala Penal del Tribunal Supremo de España, sostuvo en las *Primeras Jornadas Iberoamericanas sobre Prevención del Delito y Tratamiento del Delincuente*, que los testigos anónimos o del Estado deben ser rechazados incondicionalmente, pues "no deben producirse excepciones a los principios básicos, en ningún caso, ni siquiera en los delitos más graves de terrorismo o de tráfico de drogas, crimen organizado o criminalidad de los negocios, ni tampoco en los casos de excepción o de guerra. Una cosa son las penas que se asignan (problema de política criminal) y otra muy distinta los derechos inalienables del imputado en su enjuiciamiento"[117].

c. La información de los CDR's.

Otro medio de permanente control de la población es el efectuado por los delegados de los Comités de Defensa de la Revolución. Estos

---

[116] Según lo señaló en el caso "Kostovski", resuelta el 20 de noviembre de 1989, donde se concluyó que la falta de un control adecuado de la prueba por parte de la defensa había violado el artículo 6, párrafo 3.d de la Convención. Dicho criterio fue mantenido en los casos "Windisch" (del 27 de septiembre de 1990) y "Delta", (del 19 de diciembre de 1990). En este sentido, ver MOSCATO DE SANTAMARÍA, Claudia B., *El agente encubierto en el estado de derecho*, La Ley, Buenos Aires, 2000, p. 68

[117] Jornadas celebradas del 4 al 7 de mayo de 1992. Citado por MOSCATO DE SANTAMARÍA, Claudia B., op. cit., p. 69.

Comités están organizados en cada cuadra a lo largo de todo el territorio del país, con el propósito declarado de cumplir ciertas funciones sociales, y organizar la defensa armada en el caso de una hipotética invasión del país. Sin embargo, como lo demuestran estos procesos, su verdadero objetivo es vigilar las actividades de los vecinos e informarlas a las autoridades.

Su utilidad a los fines de control de la comunidad fue puesta de manifiesto por el propio Fidel Castro al hablar en un aniversario de su creación:

"Cuando se crearon los Comités de Defensa de la Revolución, qué lejos estábamos de imaginarnos lo que estábamos creando. Sí, sabíamos que estábamos creando un formidable, un extraordinario instrumento frente a la contrarrevolución, eso lo sabíamos, y sabíamos que la contrarrevolución en este país no podría moverse a partir de la creación de los Comités de Defensa de la Revolución; pero estábamos lejos de imaginar cuántas tareas, cuántas funciones y cuán necesaria era esta organización, no sólo para nuestra Revolución, sino para cualquier revolución. Faltaba esta organización de masas"[118].

A modo de ejemplo, en la sentencia por la que se condenó a Blas Giraldo Reyes Rodríguez por infracción a la ley 88/99 a la pena de 25 años de prisión, sostuvo el tribunal:

"...También los jueces tomamos en consideración lo expuesto por los testigos Elio Arturo Gálvez Pentón y Pedro Quevedo García, Organizador y Presidente del Comité de Defensa de la Revolución de la cuadra donde reside el

---

[118] *Discurso por el XXV aniversario de los CDR*, La Habana, 28 de septiembre de 1987. Ediciones OR (julio-septiembre 1987), p. 272.

procesado, y explicaron la conducta apática del mismo hacia las tareas de la organización cederista y otras actividades convocadas por organizaciones sociales y de masas"[119].

d. Los peritajes.

Los tribunales se han basado en "peritajes", fundamentalmente para examinar el material bibliográfico secuestrado a los imputados, como así también en algunos casos para evaluar las condiciones de los receptores de radio también incautados.

Los primeros estaban enfocados a peritar una suerte de "pureza ideológica" de los documentos secuestrados. Por ejemplo, en la causa seguida a Víctor Rolando Arroyo Carmona, Horacio Julio Piña Borrego, Fidel Suárez Cruz y Eduardo Díaz Fleitas, condenados a penas que van desde los diez a los veintiséis años de prisión, sostuvo el tribunal:

> "Una pericia novedosa, interesante y seria lo fue la practicada por los profesores de la Universidad de Pinar del Río, todos con grado científico de Master en Ciencias y una extensa experiencia profesional..., quienes de una manera didáctica y de fácil acceso explicaron cómo, luego de revisar casi en su totalidad la biblioteca 'Reyes Magos' que dirigía Arroyo Carmona y un total de 699 artículos elaborados por éste, llegaron a las conclusiones que recoge el documento expedido al respecto y que aclara el carácter sensacionalista y oportunista de los escritos de Arroyo Carmona y la carencia de profesionalidad y estructura lógica de sus 'trabajos', pero aclararon además los peritos que este actuar del acusado, sin respaldo científico o probadamente con falsos contenidos, es motivo de sanción penal en la

---

[119] Sentencia dictada en la causa n° 4/03 por la Sala de Delitos contra la Seguridad del Estado del Tribunal Provincial Popular de Villa Clara.

mayoría de los Tribunales del Mundo, pues es un medio de control de los desafueros periodísticos y en la lucha por el equilibrio y la verdad informativa. Demostrado quedó también el carácter reaccionario de la mayoría de los textos ocupados en esta biblioteca, que es evidente son de la misma orientación que los existentes en el resto de éstas, pues se expusieron ejemplos de pasajes de libros que atentan contra el prestigio de la historia de la Nación Cubana, de figuras cimeras como Martí o el Che Guevara, siendo irrespetuosos e irreverentes estos textos, además de ser significativo que se idealiza el modelo democrático norteamericano, en detrimento de la verdadera historia y desarrollo de la democracia, siendo esta postura claramente política y pronorteamericana y no meramente histórica y progresista, todo lo que demuestra exactamente el verdadero objetivo de la literatura ocupada"[120].

Por su parte, en la causa seguida contra Félix Navarro Rodríguez e Iván Hernández Carrillo, se sostuvo:

"Los impresos secuestrados fueron peritados por especialistas que expresaron su carácter agresivo, concluyendo que los mismos, por su volumen y cuantía no eran para uso personal; así como que los autores de dichos documentos son de ideología reaccionaria y de virulentas posiciones contrarrevolucionarias"[121].

En la sentencia por la que se condenó a Julio Antonio Valdés Guevara como infractor a la ley 88/99, se dijo:

---

[120] Sentencia del 5 de abril de 2003 de la Sala Cuarta en lo Penal del Tribunal Provincial Popular de Pinar del Río.

"El dictamen pericial... en el que amplia y detalladamente se explica el carácter subversivo de los libros, revistas y folletos ocupados, según un profundo análisis de su contenido y formato y que fue emitido por conocidos y prestigiosos especialistas en el arte de las letras y de la información..."[122].

En la causa por la que se condenó a veinticinco años de prisión a Blas Giraldo Reyes Rodríguez por atentar contra la Protección de la Independencia Nacional y Económica Cubana, se sostuvo que el peritaje realizado sobre la literatura ocupada al procesado arrojó como resultado "que su circulación no es permitida en el país por su carácter abiertamente opuesto al sistema revolucionario y que enfatiza los valores de la sociedad capitalista, principalmente el modelo norteamericano..."[123].

Otro de los tribunales ha señalado:

"Igualmente se han valorado los dictámenes sobre las publicaciones ocupadas a los acusados en los que se prueba que recibían éstas con contenido contrarrevolucinario, como las revistas 'Carta de Cuba', 'La revista de Cuba' y el libro 'Martí en la Cuba de hoy', las que por su contenido, aunque contienen artículos de variada factura el denominador común es destacar en todo lo posible lo que pueda desacreditar al Estado cubano con informaciones parciales y tergiversando la realidad cubana, así como otros trabajos y artículos periodísticos con

---

[121] Sentencia del 2 de abril de 2003 dictada por la Sala de Delitos contra la Seguridad del Estado del Tribunal Provincial Popular de Matanzas.
[122] Sentencia en la causa n° 5/03 de la Sala de Delitos contra la Seguridad del Estado del Tribunal Provincial Popular de Santiago de Cuba.
[123] Sentencia en la causa n° 4/03 de la Sala de Delitos contra la Seguridad del Estado del Tribunal Provincial de Villa Clara.

temáticas de economía, política, derecho, sindicales y sociales redactadas por los acusados con el mismo enfoque de hipercriticismo hacia el Estado y el Gobierno revolucionarios sin hacer alusión alguna a la política agresiva del Gobierno de los Estados Unidos contra Cuba..."[124].

Otra sentencia sostuvo que el perito "concluyó que los documentos ocupados negaban la existencia de un Estado de Derecho en Cuba y proponían medidas para una supuesta transición pacífica hacia la democracia, entre otros elementos"[125]; y en otra la conclusión del experto fue "que por su contenido y finalidad casi todos reflejan un propósito subversivo y contrarrevolucionario y otros ponen de manifiesto la intención de denigrar la realidad cubana"[126].

Estos peritajes sobre la "pureza" o "impureza" ideológica de determinadas publicaciones, que incluye el dictamen de los peritos sobre las supuestas finalidades perseguidas por quienes los escribieron o tuvieron en su poder, parece totalmente incompatible con el respeto a derechos humanos básicos.

En el capítulo III hemos visto que buena parte de dicho material bibliográfico estaba compuesto por obras académicas sobre derechos humanos. Pero incluso, fuese cual fuese su contenido, la garantía de la libertad de expresión y de prensa protege fundamentalmente a las críticas al gobierno. Su calificación de "subversivas", aún cuando haya sido vertida por supuestos "expertos", no deja de violar las garantías

---

[124] Sentencia del 4 de abril de 2003 dictada en la causa n° 12/03 de la Sala de Delitos contra la Seguridad del Estado del Tribunal Provincial Popular de Ciudad de La Habana.
[125] Sentencia del 7 de abril de 2003 en la causa n° 4/03 dictada por la Sala de Delitos contra la Seguridad del Estado del Tribunal Provincial de Ciudad de La Habana.
[126] Sentencia del 3 de abril de 2003 en la causa n° 1/03 de la Sala de Delitos contra la Seguridad del Estado del Tribunal Provincial Popular de Santiago de Cuba, seguida a José Gabriel Ramón Cabrillo por infracción a la ley 88/99.

mencionadas; y como elementos de prueba, tales peritajes no tienen más fuerza que la opinión subjetiva y jurídicamente irrelevante de las personas que los produjeron.

Algo similar puede decirse con los "peritajes" efectuados respecto de los radio-receptores secuestrados. Por ejemplo, se ha dicho que el peritaje realizado por el Laboratorio Central de Criminalística indica que:

"los equipos investigados están en buen estado técnico, que no se comercializaron en red comercial alguna en nuestro país, que por su diseño son medios idóneos para recepcionar transmisiones desde el exterior y que las 20 frecuencias empleadas por la emisora subversiva Radio Martí, fonías contrarrevolucionarias y las emisoras del sur de la Florida contra Cuba pueden ser captadas por dichos receptores con alta calidad"[127].

De este modo se intentó dar un tinte científico a determinados hechos, con el propósito de magnificar su gravedad y evitar expedirse sobre su ilicitud; pues se trata en un caso del derecho de leer o escribir lo que uno quiera, y en el otro, de escuchar todo aquello que la tecnología le permita.

d. Los indicios.

También se han extraído conclusiones en contra de los imputados, basadas en ciertos indicios.

Por ejemplo, de José Miguel Martínez Hernández se dijo que "no posee vínculo laboral, no pertenece a ninguna de las organizaciones de masas ni participa en sus actividades...".

Por su parte, de Pedro Argüelles Morán, se dijo en la sentencia:

---

[127] Sentencia del 4 de abril de 2003 en la causa n° 12/03 del Tribunal Provincial Popular de Ciudad de La Habana.

> "...Fue objeto de medidas profilácticas por el órgano de Instrucción de la Seguridad del Estado de esta Provincia, por su proclividad a la comisión de actos contra la seguridad del estado, rechazado socialmente por sus vecinos por su conducta hostil a la revolución y por el bajo nivel de relación con éstos, mantiene un enfermizo y acérrimo odio a todos los logros, conquistas y proyectos alcanzados por la revolución y muy especialmente a la persona del Comandante en Jefe y demás Dirigentes de la Revolución, expresando sus ideas contrarrevolucionarias públicamente así como su simpatía a los grupúsculos contrarrevolucionarios residentes en nuestro país y en el exterior."

También haber recibido dinero desde el exterior fue considerado como un indicio fuerte de culpabilidad. Se le imputó a Horacio Julio Piña Borrego en los siguientes términos:

> "Quedaron desvirtuados los dichos del acusado Piña Borrego, cuando manifestó no haber recibido dinero alguno por su accionar contrarrevolucionario y le fue mostrado por los jueces un recibo firmado por su propio puño y letra, donde se le entregaban diez dólares estadounidenses para su actividad, del dinero proveniente de Estados Unidos; otro ejemplo es el caso del acusado Suárez Cruz, quien recibió cien dólares provenientes de aquel país, según él, para recuperarse los daños que sufrió su vivienda en el ciclón. ¿No acrecienta este dinero su patrimonio? ¿No lo recibe por su actividad opositora? Para los jueces está claro este particular..."[128].

---

[128] Sentencia del 5 de abril de 2003 en la causa dictada por la Sala Cuarta en lo Penal del Tribunal Provincial Popular de Pinar del Río.

Por su parte, en la sentencia del Tribunal Provincial Popular de Ciudad de La Habana que condenó a Miguel Galbán Gutiérrez, José Ubaldo Izquierdo Hernández y Héctor Raúl Valle Hernández por actos contra la independencia e integridad territorial del Estado, se dijo:

"Resultó evidente que tanto el acusado Galbán Gutiérrez como Izquierdo Hernández recibieron dinero por su labor contrarrevolucionaria, al menos durante el último semestre de 2002 y hasta su detención y que de ello vivían, muestra palpable fue una comunicación por correo electrónico que en el mes de diciembre de 2002 le remitiera Hernández Hernández al primero informándole envíos de dinero en los últimos 5 meses, detallándole la cantidad a distribuir y los nombres de las personas a quienes iba dirigido. Además de otros correos en que le planteó que le había conseguido dos cuotas de 30 dólares, una para él y otra para otra persona y se comprometió a enviarle ayuda para comprar una máquina de escribir y una cámara fotográfica...".

Las sumas recibidas son tan pequeñas que parecen absurdas las imputaciones efectuadas contra estas personas de ser agentes al servicio del gobierno norteamericano, con la misión de atentar contra la soberanía y la independencia económica de Cuba, invocadas para imponer esas penas desproporcionadas.

Un argumento utilizado en contra del imputado del Valle Hernández además ha violado la garantía de no ser obligado a declarar o brindar prueba en contra de sí mismo o a confesarse culpable, que está consagrado, entre otros, por el Pacto Internacional de Derechos Civiles y Políticos (artículo 14.3.g).

En efecto, la sentencia condenatoria evaluó como presunción en su contra y circunstancia de agravación de la pena, que según el Instructor,

Hernández "no cooperó eficazmente ya que no suministró la clave de su correo electrónico por lo que no se tuvo acceso a su correspondencia por vía de internet, que era la que fundamentalmente sostenía todo el andamiaje de sus relaciones".

En síntesis, si se tomara cada uno de estos elementos en forma aislada, podría resultar exagerada una imputación de que se han violado garantías de la defensa en juicio, el debido proceso y el principio de inocencia que prevén los instrumentos internacionales de derechos humanos. Pero al evaluarlos en su conjunto se advierte lo siguiente: a) los ciudadanos son investigados durante años en secreto, por agentes encubiertos de la seguridad del Estado y los CDR's; b) una vez acumulada una enorme cantidad de "evidencia" producida sin conocimiento del sospechoso, y por lo tanto sin posibilidad de control por él o su defensa, se formula la imputación formal; c) a partir de allí, una vez que el imputado toma contacto con las ya voluminosas actuaciones, se imprime al proceso una velocidad inusual, de modo que tras un procedimiento sumario, pocos días después se lleva a cabo el juicio oral, en el que las posibilidades de ofrecer prueba de descargo y defenderse son meramente formales.

Si a ello se suma la amplitud de los tipos penales, la interpretación aún más amplia que le otorgan los tribunales populares, y las conclusiones arbitrarias y subjetivas que a modo de indicios y presunciones se invocan como prueba de cargo, se cierra el círculo de la flagrante violación a garantías básicas en la materia.

VIII. Restricciones al derecho de propiedad y el control de la actividad económica.

> *"En la conducción de nuestra economía hemos adolecido indudablemente de errores de idealismo y en ocasiones hemos desconocido la realidad de que existen leyes económicas objetivas a las cuales debemos atenernos".*
> Fidel Castro, 1975[129].

No obstante que el derecho a la propiedad privada es uno de los que ha experimentado mayores retrocesos en los últimos tiempos, la Declaración Universal de Derechos Humanos reconoce en su artículo 17.1 que toda persona tiene derecho a la propiedad, y el artículo 17.2 que nadie será privado arbitrariamente de ella. También lo consagra el artículo XXIII de la Convención Americana y el artículo 21 del Pacto de San José de Costa Rica.

En el caso de Cuba, la propia ideología marxista-leninista en la que se basa el régimen, y las disposiciones concretas de su Constitución y sus leyes, prácticamente ha hecho desaparecer este derecho fundamental.

Todos los medios de producción están en manos del Estado, lo que supone dos consecuencias fundamentales: a) está vedada toda iniciativa

---

[129] *Informe presentado al I Congreso del Partido Comunista de Cuba*, La Habana, 17 de diciembre de 1975, Ediciones OR, La Habana, 1975, p. 82.

productiva individual; b) la actividad laboral está totalmente en manos del Estado, que establece las condiciones de trabajo, las remuneraciones, y toda otra cuestión vinculada con la relación laboral, sin que existan mecanismos de protección de los derechos del trabajador, al estar prohibidos los sindicatos independientes o cualquier otro tipo de asociación similar.

Por otra parte, el monopolio de la actividad productiva en el Estado constituye una herramienta de poder muy fuerte, toda vez que los ciudadanos saben que enemistarse con el régimen o no cumplir sus imposiciones puede dejarlos sin medios de subsistencia. Por ejemplo, la disidencia política en la isla sólo es posible en la medida en que los disidentes puedan obtener ingresos desde el exterior para subsistir; y una vez que el gobierno corrobora dicha circunstancia, la usa como argumento de que se trata de un agente al servicio de potencias extranjeras, lo que justifica la aplicación de las más severas sanciones del Código Penal.

LA ESTATIZACIÓN DE LA ACTIVIDAD ECONÓMICA.

"La lucha del proletariado con los grandes propietarios es una tarea relativamente fácil, pero sería un grave error de la Revolución bajar la guardia, descuidarse, y dar lugar a que surja dentro de la sociedad, innecesariamente, una multitud de decenas de miles de pequeños comerciantes: es decir, integrar una masa más numerosa contra los cuales la lucha habría de ser más dolorosa todavía..." Fidel Castro, 1976[130].

---

[130] *Discurso por el VII aniversario de los CDR*, La Habana, 28 de septiembre de 1967, Ediciones OR, La Habana, 1967, p. 24.

La constitución cubana, siguiendo la ideología marxista-leninista que le da soporte, sostiene en su artículo 14:

"En la República de Cuba rige el sistema de economía basado en la *propiedad socialista de todo el pueblo* sobre los medios fundamentales de producción y en la supresión de la explotación del hombre por el hombre".

El artículo siguiente dispone:

"Son de propiedad estatal socialista de todo el pueblo:

"a) Las tierras que no pertenecen a los agricultores pequeños o a cooperativas integradas por éstos, el subsuelo, las minas, los recursos naturales tanto vivos como no vivos dentro de la zona económica marítima de la República, los bosques, las aguas y las vías de comunicación.

"b) los centrales azucareros, las fábricas, los medios fundamentales de transporte, y cuantas empresas, bancos e instalaciones han sido nacionalizados y expropiados a los imperialistas, latifundistas y burgueses, así como las fábricas, empresas e instalaciones económicas y centros científicos, sociales, culturales y deportivos construidos, fomentados o adquiridos por el Estado y los que en el futuro construya, fomente o adquiera.

"Estos bienes no pueden transmitirse en propiedad a personas naturales o jurídicas, salvo los casos excepcionales en que la transmisión parcial o total de algún objetivo económico se destine a los fines del desarrollo del país y no afecten los fundamentos políticos, sociales y económicos del Estado, previa aprobación del Consejo de Ministros o su Comité Ejecutivo...".

En idéntico sentido, el artículo 16 dispone que el Estado:

"...organiza, dirige y controla la actividad económica nacional conforme a un plan que garantice el desarrollo programado del país, a fin de fortalecer el sistema socialista, satisfacer cada vez mejor las necesidades materiales y culturales de la sociedad y los ciudadanos, promover el desenvolvimiento de la persona humana y de su dignidad, el avance y la seguridad del país".

Y el artículo 17 dispone que:

"...el Estado administra directamente los bienes que integran la propiedad socialista de todo el pueblo; o podrá crear y organizar empresas y entidades encargadas de su administración, cuya estructura, atribuciones, funciones y el régimen de sus relaciones son regulados por la ley".

De estos artículos se desprende que cualquier resquicio de tolerancia a la propiedad personal de bienes, estará siempre sometida a las disposiciones de control y dirección que el Estado se reserva sobre la actividad económica.

Las propiedades privadas reconocidas por la Constitución se refieren a la de los agricultores pequeños sobre las tierras que legalmente les pertenecen y los demás bienes inmuebles y muebles que les resulten necesarios para la explotación a que se dedican (artículo 19, primer párrafo). También se garantiza la propiedad personal sobre los ingresos y ahorros procedentes del trabajo propio, sobre la vivienda que se posea con justo título de dominio y los demás bienes y objetos que sirven para la satisfacción de las necesidades materiales de la persona. Asimismo se garantiza la propiedad sobre los medios e instrumentos de trabajo personal o familiar, los que no pueden ser utilizados para la obtención de ingresos provenientes de la explotación del trabajo ajeno (artículo 21).

En todos los casos se dispone que la ley establecerá las condiciones en que se pueda gozar de estos bienes.

Ya en el inicio del régimen, la ley n° 890/60, publicada en la Gaceta Oficial de la República de Cuba del 13 de octubre de 1960, dispuso la nacionalización mediante la expropiación forzosa de todas las empresas industriales y comerciales, así como las fábricas, almacenes, depósitos y demás bienes y derechos integrantes de los mismos (artículo 1). Esto incluyó a 105 ingenios azucareros, 18 destilarías, 6 empresas de producción de bebidas alcohólicas, 3 empresas de jabones y perfumes, 5 fábricas de derivados de lácteos, 2 fábricas de chocolate, un molino de harina, 7 fábricas de envases, 4 fábricas de pintura, 3 industrias químicas, 6 de metalurgia básica, 7 papeleras, una fábrica de lámparas, 61 empresas textiles, 16 molinos de arroz, 7 empresas de productos alimenticios, 2 de aceites y grasas, 47 almacenes, 11 tostaderos de café, 3 droguerías, 13 grandes tiendas, 8 empresas ferroviarias, una imprenta, 11 cines y teatros, 19 empresas constructoras, 1 compañía de electricidad y 13 empresas marítimas.

La ley estableció que todos los bienes, derechos y acciones de esas empresas se adjudicaran a favor del Estado Cubano, transfiriéndose todos sus activos y pasivos y en su consecuencia, se declaró al Estado subrogado en el lugar y grado de sus personas naturales y jurídicas propietarias de las mencionadas empresas (artículo 2).

A partir de entonces, con toda la propiedad de las grandes empresas en manos del Estado, el régimen cubano ha intentado por todos los medios desalentar cualquier intento de establecer pequeños emprendimientos comerciales o incluso la búsqueda de superación personal o crecimiento económico de los habitantes. Ha dicho Fidel Castro en este sentido:

"La lucha del proletariado con los grandes propietarios es una tarea relativamente fácil, pero sería un grave error de la Revolución bajar la guardia, descuidarse, y dar lugar a que surja dentro de la sociedad, innecesariamente, una multitud de decenas de miles de pequeños comerciantes: es decir, integrar una masa más numerosa contra los cuales la lucha habría de ser más dolorosa todavía..."[131].

"...tenemos que evitar que las fórmulas socialistas comprometan nuestros más hermosos objetivos, nuestras aspiraciones, nuestros sueños comunistas; tenemos que evitar que el descuido ideológico y la no comprensión de estas verdades hipotequen la meta de formar un hombre comunista. Si el hombre trabaja más porque gana más, es una actitud positiva, en un sentido ayuda, produce más; pero no es una actitud comunista. Si hace más porque va a recibir un estímulo material, puede ser útil y puede aumentar la distribución, la riqueza y ayudar al desarrollo, pero no forma una conciencia comunista"[132].

"Y nosotros no debemos traducir el dinero o la riqueza en conciencia. Nosotros debemos traducir la conciencia en riqueza. Estimular a un hombre para que cumpla más con su deber es adquirir conciencia con dinero. Darle a un hombre más riquezas colectivamente porque cumple su deber y produce más y crea más para la sociedad, es convertir la conciencia en riqueza.

"El comunismo ciertamente no se puede establecer si no se crean las riquezas en abundancia. Pero el camino, a

---

[131] *Discurso por el VII aniversario de los CDR*, La Habana, 28 de septiembre de 1967, Ediciones OR, La Habana, 1967, p. 24.

[132] *Discurso en la clausura del IV Congreso de la UJC y por el XX aniversario de su fundación*, Ciudad de La Habana, 4 de abril de 1982, publicado en *Discurso en tres congresos*, Editora Política, La Habana, 1982, p. 99.

nuestro juicio, no es crear conciencia con el dinero o con la riqueza, sino crear riqueza con la conciencia y cada vez más riquezas colectivas con más conciencia colectiva"[133].

La mayor resistencia a esta estatización de la economía partió desde las zonas rurales, los campesinos que no aceptaron estos principios comunistas con tanta mansedumbre. Por eso la Revolución debió respetar la propiedad de los pequeños agricultores y las cooperativas rurales, que mantuvieron funcionando sus mercados campesinos; aunque tal tolerancia no estuvo exenta de reservas y el estricto control de los órganos del Estado. Señaló Fidel Castro en tal sentido:

"Creo que el mercado libre campesino va a pasar sin glorias y habiéndonos dejado una gran lección y no pocos daños, no sé cuántos millones por ahí. Rectificaremos lo que incuestionablemente fue una decisión equivocada; es de sabio rectificar, y cuando más pronto se rectifique mejor.

"Nuestra lucha contra estos elementos neocapitalistas que han surgido no se limita a esta reunión con los cooperativistas, no se limitará a la supresión del mercado libre campesino, no; vamos a luchar en todos los frentes y en todas partes contra todas estas tendencias y todas estas manifestaciones"[134].

La libertad económica, la posibilidad de encarar emprendimientos productivos o comerciales, de obtener y disponer de sus frutos, están entre las vías más efectivas para lograr la independencia y la prosperidad

---

[133] *Discurso por el XV aniversario del asalto al cuartel Moncada*, Las Villas, 26 de julio de 1968, Ediciones COR, La Habana, 1968, p. 18-19.
[134] *Discurso en el II Encuentro Nacional de Cooperativas de Producción Agropecuaria*, Ciudad de La Habana, 18 de mayo de 1986, Cuba Socialista n° 6, septiembre-octubre de 1986, p. 69.

individual. Los regímenes totalitarios saben que dicha independencia es incompatible con la posibilidad de detentar por mucho tiempo el poder absoluto. De allí la obsesión por mantener el estricto control de la economía, y el desprecio por aquel sector de la sociedad que lucha por su superación y progreso personal.

El control de la actividad laboral.

> *"Yo creo que tenemos toda la moral y toda la autoridad para exigir que se trabaje..."* Fidel Castro, 1986[135].

Es importante destacar que al ser el Estado el dueño de virtualmente todos los recursos económicos, y el administrador de la economía en su conjunto, todo ciudadano cubano obtiene su trabajo directamente de él, con muy contadas excepciones (como los pequeños campesinos y ciertos mercados comunales incipientes), y aún en estos casos las reglamentaciones legales son tantas y los controles políticos e ideológicos tan estrictos, que indirectamente también son trabajadores dependientes del Estado.

Esto es significativo pues se ha invocado como uno de los logros del sistema socialista cubano el principio del pleno empleo. El artículo 9° de la Constitución dispone que el Estado "dirige planificadamente la economía nacional"; y que "como Poder del pueblo, en servicio del propio pueblo, garantiza que no haya hombre o mujer, en condiciones de trabajar, que no tenga oportunidad de obtener un empleo con el cual pueda contribuir a los fines de la sociedad y a la satisfacción de sus propias necesidades".

---

[135] *Intervenciones durante la sesión diferida del III Congreso del Partido Comunista de Cuba*, Ciudad de La Habana, 30 de noviembre y 1° de diciembre de 1986. Versiones Taquigráficas del Consejo de Estado, La Habana, 1986, 3a. sesión, p. 294-295.

Pero en el contexto del sistema que se está analizando, el monopolio estatal del mercado laboral es una forma más de controlar a los ciudadanos. Los cubanos saben que el Estado es su único empleador, y por lo tanto, la vida -en un país en el cual, como se verá, incluso se impide la libre emigración- depende de que el individuo no tenga problemas con el único ente capaz de garantizar su subsistencia.

Por eso es que el artículo 45 de la Constitución sostiene que "el trabajo en la sociedad socialista es un derecho, un deber y un motivo de honor para cada ciudadano".

Cuando se considera al trabajo como un "deber", el único empleador es el Estado, y las leyes penales contemplan como delito (o como se vio en el Capítulo VII, al menos como estado de peligrosidad) el no trabajar, finalmente se puede advertir que el invocado principio del pleno empleo garantizado por el Estado, en realidad es una herramienta para someter a servidumbre a la ciudadanía.

Entre las leyes económicas objetivas que el propio Fidel Castro admitió haber desconocido, está aquella que indica que existe una relación directa entre el nivel de ocupación y de salarios, con la inversión de capital en la actividad productiva.

En una sociedad abierta donde se respeta la propiedad y la libertad de comercio e industria, el nivel de los salarios depende de la oferta y demanda de trabajo, y lo determinante allí es entonces la cantidad de capital invertido. A mayor capital, mayor demanda de trabajo, y por ende, un mayor nivel de ocupación y salarios más altos. El pleno empleo y los salarios altos dependen, entonces, de que haya una fuerte inversión en actividad productiva.

En una sociedad totalitaria, en la que el Estado puede imponer arbitrariamente las condiciones de trabajo, las remuneraciones, e incluso condenar como "antisociales" y enviar a la cárcel a quienes no las acepten, el pleno empleo está automáticamente garantizado. Pero este pleno empleo de ningún modo es una conquista social, sino una servidumbre impuesta a los ciudadanos a favor del gobierno.

Ha dicho Fidel Castro:

"...la Revolución ha liberado al hombre de infinidad de trabajos duros, ¡pero duros!, luego, tiene derecho a exigirle que trabaje en las condiciones actuales y que desarrolle la producción... Yo creo que tenemos toda la moral y toda la autoridad para exigir que se trabaje..."[136].

El monopolio de la actividad laboral, la imposibilidad de asociarse para defender, entre otras cosas, intereses gremiales o discutir las condiciones de trabajo, ha hecho que, por ejemplo, el llamado "trabajo voluntario" se obtenga por vías compulsivas. Ha dicho Fidel Castro:

"...los trabajadores han comprendido perfectamente la importancia educativa, revolucionaria, comunista, del trabajo voluntario... Y nuestra clase obrera, al plantear, al esclarecer, al mantener en alto la bandera y los principios del trabajo voluntario, ha dado una prueba de alta conciencia..."[137].

Lo cierto es que la oposición al "trabajo voluntario" es indicador de "peligrosidad" y antesala de la prisión.

Fidel Castro ha concentrado la propiedad y la actividad comercial, productiva y laboral en manos del Estado. Su promesa era que de ese modo se evitaría la explotación propia del sistema capitalista y se daría trabajo digno a todas las personas. Sin embargo, en el seno del propio

---

[136] *Intervenciones durante la sesión diferida del III Congreso del Partido Comunista de Cuba*, Ciudad de La Habana, 30 de noviembre y 1° de diciembre de 1986. Versiones Taquigráficas del Consejo de Estado, La Habana, 1986, 3a. sesión, p. 294-295.
[137] *Discurso en la clausura del XIII Congreso de la CTC*, La Habana, 15 de noviembre de 1973, Ediciones OR, La Habana, 1973, p. 11-12.

Partido Comunista debió admitir que el Estado no era tan eficiente como suponía en este campo:

"Es la primera vez en la historia de la Revolución que el Partido descubre que sobra gente, porque hasta ahora el Partido ignoraba que sobraba la gente en muchos centros de trabajo. Los militantes del Partido ignoraban que sobraba la gente. Esa es la verdad. Esa es una toma de conciencia nueva, como muchas que estamos haciendo en este proceso"[138].

El régimen invoca el pleno empleo como conquista social. Sin embargo, no se respeta en Cuba ninguno de los derechos básicos de los trabajadores, que reconocen y protegen las convenciones internacionales.

Por ejemplo, no hay manera de controlar que se cumplan en Cuba las exigencias de condiciones equitativas y satisfactorias de trabajo, en los términos detallados en el artículo 7º del Pacto Internacional de Derechos Económicos, Sociales y Culturales. En la medida en que el único empleador es el Estado, y no existe un poder judicial independiente, no hay forma de invocar y hacer que se respeten tales derechos.

Si a ello se suma la descapitalización del país, producto de la propia ineficiencia de todo régimen totalitario para efectuar inversiones productivas, no es extraño que las personas sean apiladas en reparticiones estatales, sin ninguna labor productiva en especial, y que por ello se produzca el sobrante de gente del que se sorprendía Fidel Castro en la cita anterior.

Además, está prohibida la organización de cualquier tipo de sindicato libre o independiente, formado por los trabajadores al margen

---

[138] *Intervenciones durante la sesión diferida del III Congreso del Partido Comunista de Cuba*, Ciudad de La Habana, 28 de septiembre y 1º de diciembre de 1986. Versiones Taquigráficas del Consejo de Estado, La Habana, 1986, 2a. sesión, p. 152.

del Estado, como garantiza el artículo 8º del mismo Pacto. Esto ha merecido el repudio de organizaciones sindicales internacionales, como la Central Latinoamericana de Trabajadores, que en la 91ª Conferencia Internacional del Trabajo, denunció la detención de Pedro Pablo Alvarez, Oscar Espinoza Chepe, Carmelo Díaz Fernández y Víctor Rolando Arroyo, miembros del Consejo Unitario de Trabajadores Cubanos, y su condena a penas de hasta 26 años de prisión por su intento de formar un sindicato independiente en la Isla.

IX. LA BARRERA CONSTITUCIONAL FRENTE A LA LIBERTAD DE OPINIÓN, DE INFORMACIÓN Y DE PRENSA.

> *"Hoy en nuestro país todos los medios de comunicación de masas, pertenecen al pueblo, ¡y están al servicio del pueblo!"*. Fidel Castro, 1972[139].

La libertad de expresión es una de las libertades esenciales, de la cual dependen muchas otras. Es la primera forma que una persona tiene para comunicar una idea, buscar un cambio político pacífico, transmitir una información, buscar el acuerdo con otras personas.

Los tribunales internacionales señalaron esta circunstancia con frecuencia. Así, ha sostenido la Corte Interamericana de Derechos Humanos:

> "La libertad de expresión es un elemento fundamental sobre el cual se basa la existencia de una sociedad democrática. Resulta indispensable para la formación de la opinión pública. También constituye una *conditio sine qua non* para el desarrollo de los partidos políticos, los gremios,

---

[139] *Cuba-Chile*. Diálogo con estudiantes de la Universidad Técnica de Santiago de Chile, 29 de noviembre de 1972. Editado por la COR del Comité Central del Partido Comunista de Cuba, La Habana, 1972, p. 448.

las sociedades científicas y culturales y, en general, todos los que desean influir al público. En resumen, representa la forma de permitir que la comunidad, en el ejercicio de sus opciones, esté suficientemente informada. En consecuencia, puede decirse que una sociedad que no está bien informada no es verdaderamente libre"[140].

Por su parte, la Corte Europea de Derechos Humanos señaló respecto de esta libertad:

"Su función supervisora impone al tribunal prestar una atención extrema a los principios propios de una 'sociedad democrática'. La libertad de expresión constituye uno de los fundamentos esenciales de tal sociedad, una de las condiciones primordiales para su progreso y para el desarrollo de los hombres. Sujeta a lo dispuesto por el punto 2 del artículo 10, es válido no sólo para las informaciones o ideas que son favorablemente recibidas o consideradas como inofensivas o indiferentes, sino también para aquellas que chocan, inquietan u ofenden al Estado o a una fracción cualquiera de la población. Tales son las demandas del pluralismo, la tolerancia y el espíritu de apertura, sin las cuales no existe una 'sociedad democrática'"[141].

Como síntesis de estas opiniones, es bueno recordar lo dicho por la Comisión Interamericana de Derechos Humanos:

"...El consenso observado en los órganos de Derechos Humanos de América y de Europa pone de manifiesto que la protección de la libertad de expresión como elemento indispensable de la democracia se encuentra

---

[140] Opinión Consultiva OC -/85, del 13 de noviembre de 1985, párrafo 70.
[141] Caso "Handyside", sentencia del 7 de diciembre de 1976.

perfectamente fundamentado en el derecho internacional... El derecho a la libertad de expresión y pensamiento garantizado por la Convención está indisolublemente vinculado a la existencia misma de una sociedad democrática... Una sociedad libre, hoy y mañana, es aquella que pueda mantener abiertamente un debate público y riguroso sobre sí misma"[142].

Debido a esta función primordial que la libertad de expresión cumple en las sociedades democráticas, la protección que se le otorga es, en líneas generales, más generosa que respecto de otros derechos. Por ello, se suele considerar que el nivel de protección de este derecho dependerá en forma directamente proporcional, a la vinculación que el caso tenga con el debate de asuntos de interés público[143].

Esta libertad presenta un abanico de derivaciones:

a) Libertad de expresar ideas u opiniones.
b) Libertad de informar sobre acontecimientos de la realidad.
c) Libertad de difundir dichas ideas, opiniones o informaciones a través de la prensa.
d) El derecho a exigir al gobierno información sobre sus actos.

Los instrumentos internacionales de derechos humanos contienen varias prescripciones vinculadas con todas estas libertades.

En este sentido, la Declaración Americana de los Derechos y Deberes del Hombre, en su Artículo IV sostiene que toda persona tiene derecho a la libertad de investigación, de opinión y de expresión y difusión del pensamiento por cualquier medio.

---

[142] Comisión Interamericana de Derechos Humanos, *Informe Anual*, 1994, p. 215-216, O.E.A./ser.L/V/11.88, Doc. 9 rev., 17 de febrero de 1995, p. 215-216.
[143] FELGUERAS, Santiago, "El derecho a la libertad de expresión e información en la jurisprudencia internacional", en *La aplicación de los tratados internacionales sobre Derechos Humanos por los tribunales locales*, Centro de Estudios Legales y Sociales, Editores del Puerto, Buenos Aires, 1997, p. 476-477.

La Declaración Universal de los Derechos Humanos indica, en su Artículo 2.1, que toda persona tiene los derechos y libertades proclamados en esa Declaración, sin distinción alguna de opinión política. Y el Artículo 19 especifica que "todo individuo tiene derecho a la libertad de opinión y de expresión; este derecho incluye el de no ser molestado a causa de sus opiniones, el de investigar y recibir informaciones y opiniones, y el de difundirlas sin limitación de fronteras, por cualquier medio de expresión".

Por su parte, el artículo 19 dispone que todo individuo tiene derecho a la libertad de opinión y de expresión; este derecho incluye el de no ser molestado a causa de sus opiniones, el de investigar y recibir informaciones y opiniones, el de difundirlas sin limitación de fronteras, por cualquier medio de expresión.

El Artículo 13 de la Convención Americana sobre Derechos Humanos, garantiza la libertad de pensamiento y expresión. Aclara que ese derecho comprende la libertad de "buscar, recibir y difundir informaciones e ideas de toda índole, sin consideración de fronteras, ya sea oralmente, por escrito o en forma impresa o artística, o por cualquier otro procedimiento de su elección".

La Convención prohíbe la censura previa y la restricción al derecho de expresión por medios indirectos, tales como el abuso de controles oficiales o particulares de papel para periódicos, de frecuencias radioeléctricas, o de enseres y aparatos usados en la difusión de información.

El Pacto Internacional de Derechos Civiles y Políticos, artículo 19, garantiza el derecho a la libertad de opinión y expresión. Aclara que el derecho a la libertad de expresión "comprende la libertad de buscar, recibir y difundir informaciones e ideas de toda índole, sin consideración de fronteras, ya sea oralmente, por escrito o en forma impresa o artística, o por cualquier procedimiento de su elección".

La Convención Europea reconoce en su artículo 10 la libertad de expresión, que comprende la libertad de opinión y la libertad de recibir o de comunicar informaciones o ideas sin que pueda haber injerencia de autoridades públicas y sin consideración de fronteras.

Ha sostenido la Corte Interamericana de Derechos Humanos que la comparación entre el artículo 13 de la Convención Americana y las disposiciones de la Convención Europea (artículo 10) y del Pacto (artículo 19), "demuestra claramente que las garantías de la libertad de expresión contenidas en la Convención fueron diseñadas para ser más generosas y para reducir al mínimo las restricciones a la libre circulación de las ideas"[144].

Incluso se ha dicho que el Pacto de Derechos Civiles y Políticos resulta más amplio en este aspecto que la Convención. Sin embargo, la Corte Europea y la Comisión generalmente intentan interpretar el artículo 10 de la Convención de manera que sea compatible con el artículo 19 del Pacto[145].

LAS EXPLÍCITAS RESTRICCIONES A LA LIBERTAD DE EXPRESIÓN Y EL MONOPOLIO ESTATAL DE LOS MEDIOS DE COMUNICACIÓN EN CUBA.

> "...hay que tener presente que antes que el periódico están los intereses de la Revolución. Primero la Revolución y después el periódico. Los intereses del periódico deben estar subordinados a los intereses de la Revolución... La prensa tendrá cada vez un valor mayor en nuestro país...". Fidel Castro, 1961.[146]

---

[144] Opinión Consultiva OC-5/85 del 13 de noviembre de 1985.
[145] LESTER, Anthony, "Freedom of Expression", en *The European System for the Protection of Human Rights*, Martins Nejhoff Publishers, London, 1993, p. 466-467; citado por FELGUERAS, Santiago, op. cit., p. 474.
[146] *Discurso en homenaje al periódico Revolución*, La Habana, 25 de marzo de 1961, Obra Revolucionaria, La Habana, 1961, p. 36-37.

El orden constitucional cubano se asienta sobre el marxismo-leninismo. El Preámbulo a la Constitución de 1992 sostiene que los constituyentes estaban guiados por esas ideas político-sociales y conscientes de que "sólo en el socialismo y el comunismo...se alcanza la entera dignidad del ser humano".

En este orden de ideas, el artículo 9° de la Constitución sostiene que el Estado "encauza los esfuerzos de la nación en la construcción del socialismo".

La idea de que un gobierno explícitamente adopte un sistema político cerrado y abiertamente contrario a los ideales republicanos, se ve patentizada en el artículo 53, que al referirse a la libertad de palabra y de prensa indica:

"Se reconoce a los ciudadanos libertad de palabra y prensa *conforme a los fines de la sociedad socialista.* Las condiciones materiales para su ejercicio están dadas por el hecho de que la prensa, la radio, la televisión, el cine y otros medios de difusión masiva son de propiedad estatal o social y no pueden ser objeto, en ningún caso, de propiedad privada, lo que asegura su uso al servicio exclusivo del pueblo trabajador y del interés de la sociedad.

"La ley regula el ejercicio de estas libertades".

De este artículo pueden extraerse varias conclusiones: En primer lugar, la única libertad de expresión que se admite es aquella que está destinada a defender las ideas socialistas, lo que implica una contradicción profunda con el principio de la libertad de expresión que garantizan los pactos internacionales a los que han adherido los países civilizados en los últimos años, que precisamente supone garantizar la libertad de expresar todo tipo de ideas sin condicionamientos ideológicos previos.

Al respecto, el profesor Vega Vega, comentando el artículo 53, dice:

"Los ciudadanos cubanos ejercen la libertad de palabra y de prensa, conforme a los fines de la sociedad socialista, lo que significa que la prensa, la radio, la televisión, el cine y otros medios de difusión masiva, que en Cuba son propiedad estatal o social y no pueden ser objeto de propiedad privada, difunden el programa de valores que proclama nuestra revolución: la generosidad y el altruismo, la solidaridad entre los hombres, el internacionalismo proletario, la paz entre los pueblos, el apoyo a los movimientos de liberación nacional, la aspiración a que el trabajo se constituya en la primera necesidad vital, la austeridad, el amor a la patria en perfecta armonía con la solidaridad con los otros pueblos del mundo y otros valores que se dirigen a desarrollar en nuestro país un nuevo modo de vida"[147].

Estos valores son escogidos arbitrariamente por el autor, pues no están mencionados en ninguna parte de la Constitución Cubana. De entre ellos, algunos pueden compartirse, otros parecieran ser incompatibles entre sí (como la paz entre los pueblos y la manera en que el estado cubano manifestó su apoyo a los movimientos terroristas en América Latina), otros pueden parecer incomprensibles o contradictorios con la realidad (como la aspiración a que el trabajo se constituya en la primera necesidad vital), y finalmente otros podrán no compartirse. Pero lo cierto es que en una sociedad donde se respetan los derechos fundamentales, cada individuo tiene la libertad de manifestar cuáles son sus propios valores, y contribuir de ese modo a la búsqueda de la convivencia organizada en forma pacífica dentro de la sociedad. Ello no puede suceder así en Cuba, de acuerdo con su constitución.

---

[147] Op. cit., p. 265.

Por otra parte, el monopolio estatal de los medios de comunicación, lejos de garantizar la libertad de expresión, es uno de sus enemigos más poderosos, pues lo que en realidad garantiza es el control gubernamental sobre la información y la opinión. El Estado será el juez que determine qué puede o qué no puede comunicarse, cuál es la información que el pueblo necesita conocer y finalmente, opinará en su lugar. Y en este sentido es muy importante recordar que la garantía de la libertad de prensa y de expresión, como casi todas las garantías individuales, ha sido pensada como una defensa de los individuos frente al poder del Estado; de modo que pretender que se garantizará la libertad de expresar las ideas otorgándole el monopolio de los medios de comunicación al Estado, es una contradicción en términos.

En efecto, se puede seguir el razonamiento expuesto a partir de manifestaciones públicas de Fidel Castro:

"...Mi concepto de la prensa libre es que los medios masivos de divulgación, la prensa, la radio y la televisión deben ser propiedad del pueblo, y no propiedad de individuos particulares. Ese es nuestro concepto.

"Si un individuo es dueño de un periódico, publica lo que quiere, o no publica lo que no quiere; nombra a un director de cualquier tipo, y sigue la línea que le da la gana, pero muy bien puede ser la línea que no le interesa al pueblo"[148].

"Nosotros, más que establecer una censura, lo que establecemos es una selección de lo que publicamos. Los recursos con que contamos, el papel con que contamos, son

---

[148] *Conferencia de prensa ofrecida en el hotel Pegasus*, en Kingston, Jamaica, el 21 de octubre de 1977, Publicado en Ediciones OR, octubre-diciembre de 1977, La Habana, p. 157.

insuficientes, y hacemos una selección y procuramos que se divulgue en la ciencia, en la literatura, en todo, lo mejor y lo más interesante. No te voy a decir que vamos a gastar el dinero y papel en publicar basuras; hay una limitación de recursos económicos".

"Por otro lado, te digo francamente que un libro contrarrevolucionario no lo publicamos. Esa es nuestra opción, no ando con cuentos, y somos partidarios de la más amplia publicidad de obras literarias, artísticas, de las más distintas corrientes del pensamiento cultural y estilo. Pero no me digas que un libro contrarrevolucionario merezca los honores de que lo editemos..."

"...Hay muchos libros, tanto de literatura como de política, que no sirven. Yo no tendría ningún temor a la publicación de un libro serio; un libelo no tenemos por qué publicarlo...".

"...Con tal de que sean análisis serios, estamos dispuestos a publicarlo todo. Libelos y basuras no estamos dispuestos a publicarlos"[149].

"...Hay ciertos problemas que necesitan mayor información, y el pueblo debe estar informado, para que tenga opinión. Si se deja al pueblo opinar, la mayoría del pueblo siempre opina bien. No es que los pueblos no se equivoquen, los pueblos se equivocan cuando le informan mal, y lo engañan. ¡ah!, Pero si al pueblo le informan bien, no se equivoca, porque es inteligente, es increíble".

---

[149] *Un encuentro con Fidel. Entrevista realizada por Gianni Miná*, Oficina de Publicaciones del Consejo de Estado, La Habana, Cuba, 1987, p. 117-118.

"...somos fuertes, realmente fuertes, porque contamos con la opinión pública del país, que es un arma más poderosa que ninguna otra..."[150].

De estas explicaciones se desprende que la idea básica es que los particulares, en poder de medios de prensa, seguirán sus propios intereses y sus propias líneas de información, mientras que el monopolio estatal garantiza la objetividad informativa.

Ello no es así, en la medida en que la libertad de prensa en realidad garantiza que existan tantas líneas de opinión o editoriales, o modos de chequear información, como se quieran crear, que finalmente acabarán controlándose entre sí, mientras que el monopolio estatal garantiza que los ciudadanos sólo accedan a aquella información que el gobierno quiera dar, y convierte a los medios de prensa en instrumentos del gobierno.

La "opinión pública", en este último supuesto, es la opinión diseñada por los órganos del gobierno, e impuesta a los habitantes. La propiedad privada de los medios de información genera muchas opiniones e informaciones, a veces contradictorias entre sí, sobre la base de las cuáles cada individuo podrá formar su propia opinión.

Es evidente que el régimen cubano, al estatizar todos los medios de comunicación, ha convertido a los periodistas en agentes fundamentales del propio gobierno. Así lo ha sostenido Fidel Castro:

"Los periodistas son un destacamento de la Revolución, y tratan de servir a la Revolución de la forma en que ellos creen que la sirven mejor y en las condiciones en que desenvuelven su trabajo; y nuestro problema consiste en saber cómo utilizar ese destacamento de la Revolución.

---

[150] *Discurso en el almuerzo del Club Rotario de La Habana*, 15 de enero de 1959. Versión Taquigráfica de las Oficinas del Primer Ministro, 1959, p. 20 y 25.

Ese es nuestro problema, cómo utilizar de la manera más eficiente ese destacamento de la Revolución...".

"...Si el sueño de la revolución era tener un periodiquito clandestino, nosotros que tenemos un periódico que saca 1.000.000 de ejemplares por qué no vamos a hacer un uso óptimo de ese instrumento..."[151].

A ello debe sumarse que, para garantizar el control sobre las publicaciones, el artículo 210 del Código Penal cubano sanciona con pena de tres meses a un año de prisión o multa a la persona que confeccione, difunda, haga circular, reproduzca, almacene o transporte publicaciones sin indicar la imprenta o el lugar de impresión o sin cumplir las reglas establecidas para la identificación de su autor o de su procedencia. Sólo puede entenderse una norma de este tipo en el contexto de un régimen que pretende controlar la libre expresión de las ideas.

Por otra parte, las críticas a la labor del gobierno están amenazadas, entre otras, con la figura del desacato, que ya ha desaparecido de la mayor parte de las legislaciones penales de los países donde se respetan los derechos individuales, y que el Código Penal cubano conserva en el artículo 144, que reprime con prisión de tres meses a un año o multa de cien a trescientas cuotas o ambas, a quien amenace, calumnie, difame, insulte o de cualquier modo ultraje u ofenda, de palabra o por escrito, en su dignidad o decoro a una autoridad, funcionario público, o a sus agentes o auxiliares, en ejercicio de sus funciones. Cuando se trate del presidente o miembros del Consejo de Estado, de la Asamblea Nacional del Poder Popular, o miembros del Consejo de Ministros, la pena de prisión se eleva a uno a tres años.

---

[151] *Intervenciones durante los debates y sus conclusiones en el II Pleno del Comité Central del Partido Comunista de Cuba*, Ciudad de La Habana, 17-19 de julio de 1986, Cuba-Socialista n° 6, septiembre-octubre de 1986, p. 160 y 164.

Estas disposiciones contradicen abiertamente las garantías a la libertad de expresar la opinión y el pensamiento que contienen las principales cartas internacionales de derechos ratificadas en el mundo.

LA PERSECUCIÓN DEL PERIODISMO INDEPENDIENTE.

> *"Los contrarrevolucionarios no tienen derecho a criticar, sencillamente porque no tiene derecho a criticar quien no participa de una obra patriótica, de una obra revolucionaria".*
>
> Fidel Castro, 1963[152].

Los pactos internacionales prohíben cualquier tipo de discriminación motivada en opiniones políticas o creencias ideológicas. Así lo dispone el artículo 2.1 de la Declaración Universal de Derechos Humanos, y el artículo 26 del Pacto Internacional de Derechos Civiles y Políticos.

El artículo 42 de la Constitución cubana proscribe la discriminación por motivo de "raza, color de la piel, sexo, origen nacional, creencias religiosas y cualquier otra lesiva a la dignidad humana", y no menciona, como hacen casi todas las constituciones que contienen este tipo de cláusula, a la discriminación por motivos de creencias ideológicas u opiniones políticas.

Esta garantía tiene una fundamental importancia, pues las posibilidades de organizar políticamente una sociedad democrática

---

[152] *Discurso por el 1° aniversario de la constitución del Instituto Nacional de Recursos Hidráulicos*, La Habana, 10 de agosto de 1963, *Obra Revolucionaria* (1963).

requiere la participación abierta y la discusión sin límites de los asuntos públicos por parte de los ciudadanos, desde cualquier óptica política que uno quiera sostener. Sin libertad de opinión política no es concebible un sistema republicano de gobierno.

Invocar que se vive en una República, proclamar la libre participación de los ciudadanos en los asuntos públicos, y a la vez limitar la libertad de expresión a aquello que el gobierno autorice sobre la base de una filosofía política determinada, con el control monopólico de los medios de comunicación y una férrea regulación legal de lo que se puede o no decir a través de esos medios, constituye una contradicción en términos.

Por ello es de suma importancia no perder de vista que, más allá de la existencia formal de ciertas garantías y derechos que establece la Constitución cubana, por encima de ellas se encuentran los intereses del estado socialista, tal como la propia constitución aclara sin dudas en su artículo 62.

Debe ponderarse también que el control absoluto de la actividad económica por parte del Estado, lleva a que las posibilidades de trabajar y la posición que cada uno tendrá en la sociedad, dependerán en última instancia de decisiones estatales. Por eso, el llamado "pueblo trabajador", que supuestamente detentaría el poder político en Cuba, en realidad está integrado por un conjunto de personas a las cuales el propio poder político les confirió esa calidad.

Las severas restricciones a la libertad de expresión y el ejercicio del periodismo independiente en Cuba, se han puesto de manifiesto en las sentencias condenatorias emitidas respecto de las 75 personas detenidas el 18 de marzo de 2003. Puede advertirse allí que la tenencia de computadoras o radiograbadores, o simples máquinas de escribir mecánicas, han sido considerados como indicios de actividades "contrarrevolucionarias". La restricción a obtener información proveniente del extranjero, se advierte con la prohibición de acceder a internet sin autorización gubernamental, y la importancia que para los distintos tribunales intervinientes tuvo el hecho de poseer equipos de radio capaces de captar frecuencias transmitidas desde el exterior.

En las propias sentencias que condenan a los periodistas independientes se menciona que accedían a internet a través de tarjetas que sólo podían ser adquiridas y usadas en el país por los extranjeros, y no por los ciudadanos cubanos:

"...el informe de la Unidad de Negocios EXET de la Empresa de Telecomunicaciones de Cuba, en el que se reflejan los números telefónicos de los acusados que en el relato histórico se refiere que utilizaban dicha red para acceder a internet a través de sus servidores utilizando para ello tarjetas PIN que solamente son vendidas a ciudadanos extranjeros residentes permanentes o temporales, así como a turistas u otras categorías de extranjeros que se encuentran en Cuba"[153].

Por otra parte, la censura periodística se advierte en los dictámenes de los "peritos" que depusieron en los distintos expedientes, acreditando la mala calidad de los trabajos periodísticos, tal como se consignó en el Capítulo anterior.

Pueden citarse los siguientes párrafos extraídos de las sentencias dictadas en las causas mencionadas, donde se consignan los argumentos por los cuáles, determinadas personas fueron condenadas por cometer

---

[153] De la sentencia del 4 de abril de 2003 en la causa n° 12/03, dictada por la Sala de Delitos contra la Seguridad del Estado del Tribunal Provincial Popular de Ciudad de la Habana, por infracción a la ley 88/99 contra Martha Beatriz Roque Cabello, Arnaldo Ramos Lauzerique, Nelson Moliné Espino, Juan Adolfo Fernández Sainz, Mijail Barzaga Lugo y Nelson Alberto Aguiar Ramírez, con penas que oscilaron entre los 13 y los 20 años de prisión.

delitos contra la seguridad del Estado o la independencia económica de Cuba, en virtud de haber ejercido el periodismo en forma independiente:

1. Félix Navarro Rodríguez e Iván Hernández Carrillo fueron condenados a 25 años de privación de libertad por el Tribunal Provincial Popular de Matanzas. En su sentencia, el tribunal sostuvo lo siguiente:

"Félix Navarro Rodríguez entregó una carta elaborada por él, en la Secretaría del Consejo de Estado el 29 de julio de 2002, a las 10.30, solicitando la renuncia del Presidente del Consejo de Estado Cubano, y el 31 de julio el propio imputado dio lectura del contenido de tal documento por vía telefónica a Radio Martí, que fue transmitida hacia Cuba. El 5 de agosto tuvo otra comunicación telefónica en un programa de esa emisora subversiva explicando que no había tenido respuesta de su carta, y explicando además las razones por las cuáles estimaba que nuestro máximo dirigente, el Comandante en Jefe Fidel Castro, debía abandonar el poder".

"Iván Hernández Carrillo colocó en un sitio Web dos artículos, el 7 y 14 de marzo de 2003 con los títulos 'Expulsan a joven maestro' y 'Peligra barrio marginal', con el firme propósito de desacreditar la actualidad de Cuba y tergiversar lo ocurrido. También Carrillo se colocó en las inmediaciones exteriores del cabaret 'La Roca' de la localidad de Colón, y comenzó a repartir entre los transeúntes que lo aceptaran, folletos de contenido contrario a nuestro proceso revolucionario".

"Los impresos secuestrados fueron peritados por especialistas que expresaron su carácter agresivo, concluyendo que los mismos, por su volumen y cuantía no eran para uso personal; así como que los autores de dichos documentos son de ideología reaccionaria y de virulentas posiciones contrarrevolucionarias".

2. A Normando Hernández González, el Tribunal Provincial Popular de Camagüey le imputó "haber tenido una profusa actividad como periodista en publicaciones contrarias a la Revolución desde las cuáles se dedica a difamar los logros de la Revolución Cubana".

3. Respecto de Julio Antonio Valdés Guevara, el Tribunal Provincial Popular de Santiago de Cuba sostuvo que "se ha dedicado a difundir noticias falsas, inexactas, intencionalmente manipuladas que tergiversan la realidad cubana, remitiéndolas directamente a través de personas autodenominadas periodistas independientes a la radio emisora irónicamente llamada 'Radio Martí', que transmite desde Miami...".

4. Pedro Argüelles Morán y Pablo Pacheco Avila fueron condenados a 20 años de prisión por el Tribunal Provincial Popular de Camagüey. Respecto del primero, sostuvo la sentencia:

"...quedó debidamente probado que el acusado Argüelles Morán no ha cesado en ningún momento en sus empeños de derrotar al Estado Socialista y para ello enmascarado en un pequeño grupúsculo contrarrevolucionario al servicio del Gobierno de los Estados Unidos y autodenominada Cooperativa Avileña de Periodistas Independientes (CAPI), encubiertas en el manto de supuestas actividades de carácter pacifistas y civilistas, se ha venido dedicando a confeccionar escritos y denuncias de supuestas violaciones de los Derechos Humanos en Cuba, tergiversando la realidad cubana, principalmente en las esferas de la salud, medio ambiente, vivienda, así como desacreditando el prestigio de los dirigentes y la estructura económica, política y social del Estado Cubano, enviándolas mediante la vía telefónica a emisoras de radio y medios de prensa plana extranjeras, fundamentalmente aquellas conocidas por sus presiones hostiles a la Revolución Cubana como son los casos de la mal llamada Radio Martí, la WCBA 1140, La Poderosa, Radio Mambí y la publicación de corte contrarrevolucionario conocida como Cubanet. Desde el año 2000 hasta la fecha el acusado envió hacia esos medios un volumen de 967 denuncias de carácter y contenido contrarrevolucionarios donde denunció supuestas violaciones de los Derechos Humanos, recibiendo remuneración económica por tal vil servicio prestado a dicha potencia extranjera".

Con relación a Pacheco Avila, se sostuvo:

"...el acusado Pacheco Avila, representante de la mafia anticubana y miembro de la autodeterminada Cooperativa Avileña de Periodistas Independientes (CAPI), desde hace aproximadamente dos años comenzó a transmitir denuncias e infracciones de supuestas violaciones de los Derechos Humanos, para un total de 563 noticias, trasmisiones que remitió a la mal llamada Radio martí, enviando luego artículos por vía telefónica para la página de Internet, Nueva Prensa Cubana, todas estas denuncias maliciosamente tergiversaban la realidad cubana e instaban a la indisciplina social, así como a crear un ambiente de conflictos y de desobediencia civil".

Indicó la sentencia respecto de los elementos secuestrados en las viviendas de los imputados:

"...se ocuparon medios técnicos indispensables para realizar las actividades enemigas que se venían ejecutando los acusados como fueron radios, hojas, lapiceros, mini reproductora y otros que obran acreditados, pudiéndose determinar que Pablo Pacheco Avila recibió el radio TECSU por la ex jefa de la Sección de la Oficina de Intereses nombrada Viky, particular que si conoció el reo sólo que no admite haberlo recibido con fines subversivo, y sino ¿para qué lo hizo?, pues estos radios no son radios comunes y corrientes, sino que tienen sus características peculiares, aditamentos que los diferencia del resto de los radios, y están destinados a recepcionar informaciones de onda corta del sur de la Florida, pudiéndose corroborar tal particular con la prueba documental que obra en el expediente...".

Entre el material bibliográfico que les fue secuestrado figuran: Fundamentos del Periodismo, Técnicas de Enseñanza del Periodismo, Idea y Vida del reportaje. Una prensa sin ataduras, Periodismo y creatividad, dos libros de Derechos Humanos Internacionales. Ley Reguladora del Derecho de Asilo, Encuentros con las Letras, Martín Luther King, Fundamentos del Periodismo, Controlando la Corrupción, Manual para los Periodistas, Los Tribunales de los Estados Unidos, Evidencia que exige un veredicto, dos ejemplares de la Declaración de Independencia de Estados Unidos, Introducción de los Derechos Humanos, Constitución de los Estados Unidos, Dos Declaraciones Universales de los Derechos Humanos, y copia el Proyecto Varela.

5. Librado Ricardo Linares García, Omar Pernet Hernández, Lester González Penton, Omar Moisés Ruiz Hernández y Margarito Broche Espinosa fueron condenados por el Tribunal Provincial Popular de Villa Clara.

Se sostuvo en la sentencia:

"...más que hombres pacíficos que denunciaban supuestas violaciones a los derechos humanos en Cuba, su misión era socavar la Revolución cubana, buscar la división y confusión de las personas, siendo su objetivo final destruir la Revolución y establecer un régimen político acorde con los intereses del imperialismo. Algunos han sido más enérgicos al pretender la salida de la dirección del país del Comandante en Jefe Fidel Castro Ruz y del Ministro de las Fuerzas Armadas Revolucionarias General de Ejército Raúl Castro Ruz, por lo que se comprueba con la abundante prueba testifical practicada la actividad contrarrevolucionaria de todos los acusados al dar fe de sus reuniones ilegales para conspirar, al divulgar noticias falsas a emisoras extranjeras sobre la supuesta violación de los derechos humanos en Cuba, para poner en descrédito a nuestro país ante la comunidad internacional y con ello afectar la imagen de los dirigentes de la Revolución y dando también noticias falsas sobre afectaciones de nuestra economía en determinados centros educacionales y fábricas que han dejado de producir para dar la distorsionada apariencia de que existe un caos en el país y otros aspectos más que pretenden tender como una cortina de humo para que no salga a relucir la verdad de las conquistas de nuestro sistema social...".

"...la amplia bibliografía requisada de carácter subversivo y que sólo se ha relatado una muestra por las elevadas cantidades que le fueron ocupadas en las 'bibliotecas' de estas organizaciones contrarrevolucionarias que radicaban en los domicilios de los acusados, sus manifestaciones públicas en contra del proceso revolucionario no sólo lo expuesto por ellos sino por los testigos que depusieron... También se apreció el trabajo de la Comisión de Expertos que con el carácter de peritos consta en el expediente y sus respectivos informes donde se concluye que el material es subversivo, más otros que declararon a presencia judicial y que permite concluir que los folletos, libros, revistas y otros materiales examinados, evidencia, por la cantidad de ejemplares de un mismo título y la diversidad de temáticas coincidentes con un mismo asunto tratado, que no se está en presencia de una biblioteca personal y que la totalidad de estos materiales son publicados con la finalidad de brindar información sobre: 'Transiciones hacia la Democracia', 'Derechos Humanos' y 'Economía de Mercado', encaminados a provocar la subversión del orden interno del país...".

6. Con relación a Blas Giraldo Reyes Rodríguez, sostuvo el Tribunal Provincial Popular de Villa Clara, al condenarlo a veinticinco años de prisión:

"Probado que el acusado Blas Giraldo Reyes Rodríguez, el 23 de abril de 2002 comunicó a la ciudadana María Elena Alpizar, denominada "periodista independiente", las presuntas violaciones en que incurrían funcionarios del estado en relación con el cumplimiento de la legislación agraria sobre el control de la masa ganadera, con relación al trámite de imposición de multas y comiso de animales, considerándolos como principales represores e infractores de la citada legislación, con el marcado interés de desacreditar el objetivo y alcance de dicha legislación en la materia agraria".

"Persistiendo con sus actos, el 21 de octubre de 2002 notificó a la ciudadana María Elena supuestas torturas físicas y psíquicas que sufrió Eduardo Luis Cepera Alvarez, activista del grupúsculo contrarrevolucionario Movimiento Cristiano Liberación, al ser detenido por las autoridades policíacas. Ambas noticias fueron transmitidas por la emisora mal llamada "Radio Martí"..."

7. En la sentencia por la que se condenó a Alexis Rodríguez Fernández y a Ricardo Enrique Silva Gual a veinticinco años de prisión, sostuvo el Tribunal Provincial Popular de Santiago de Cuba:

"...constando el análisis de los 19 materiales ocupados a Rodríguez Fernández y demostrándose que su objetivo y finalidad es el de criticar a ultranza todo cuanto tiene que ver con el proceso revolucionario, de indisponer a la población, promover la desobediencia civil y destruir la revolución; en el caso de Silva Gual los 13 materiales que le fueron ocupados se caracterizan por su diversionismo, el irrespeto, la manipulación, la distorsión, el descrédito, la promoción a la confusión y la instigación a la disidencia...".

8. El doctor Luis Milán Fernández fue condenado a trece años de privación de libertad por el Tribunal Provincial Popular de Santiago de Cuba. Sostuvo el tribunal:

"Otra de las maneras del acusado Luis Milán Fernández... fue mediante su ingreso en otro grupo de oposición, integrado por algunos médicos, desde el cual, basado en su profesión que le posibilitaba conocer interioridades de algunos aspectos relacionados con el sector Salud Pública; hizo reiteradas y públicas expresiones mediante escritos que redactó, sobredimensionando la realidad de ciertas problemáticas que pudieron haber acontecido en el sector, queriendo con ello menoscabar los logros y el prestigio que a escala mundial exhibe el sistema de Salud Pública Cubano; acciones difamatorias que llevó a cabo no sólo con escritos que confeccionó a directivos del sector, con acentuado espíritu de rebeldía, sino con artículos que escribió para que fueran difundidos en el exterior...".

"El acusado inmerso en su propósito de corromper el orden interno de la nación y destruir su sistema político, económico y social, con el marcado objetivo de incitar a la desobediencia civil interna, creando un clima de inseguridad en el país difundiendo hacia el exterior informaciones distorsionadas de la realidad cubana, como uno de los cabecillas de la organización contrarrevolucionaria a la que pertenecía, creo la manera de recopilar informaciones y escritos de desafectos, a lo que le denominó 'Buró de Prensa', donde conformaba a partir de las informaciones que recibía, artículos bien diseñados, con matiz diversionista y difamador contra instituciones estatales, como el Ministerio del Interior, los Organos del Poder Popular y el Sistema Electoral Cubano...".

"Otros de los documentos conformadores del nutrido número de pruebas acreditativas del rol protagónico del acusado dentro de la disidencia interna, son algunas de las mencionadas cartas que elaboró..., en ellas se constata con evidencia, sobre todo, en una denominada 'declaración abierta', su marcada intención de cambios constitucionales a favor de sus ideas contrarias al Gobierno de Cuba y al orden social vigente, al que critica desde una posición irrespetuosa y desafiante, y en otra enviada a la directora del Policlínico en el que laboró como médico hace similares pronunciamientos de protesta y posición hostil contra el Gobierno Revolucionario Cubano".

9. Omar Rodríguez Saludes, Antonio Ramón Díaz Sánchez y Efrén Fernández Fernández fueron condenados por el Tribunal Provincial Popular de Ciudad de La Habana a 27, 20 y 12 años de prisión, respectivamente.

Entre sus fundamentos, sostuvo el tribunal:

"Como parte de su desenfrenada carrera de hostilidad a nuestro sistema social y de lograr el derrocamiento de nuestro gobierno, en 1995 Rodríguez Saludes se integró como reportero en la agrupación contrarrevolucionaria ilegal 'Buró de Prensa Independiente de Cuba' con el pretexto de dar cobertura al acontecer nacional, pero con la verdadera intención de atacar a la Revolución Cubana tergiversando nuestra realidad y utilizando para ello medios de prensa extranjeros y emisoras contrarrevolucionarias radicadas en Estados Unidos".

Se secuestra a Rodríguez Saludes "una página del periódico New York Times del 31 de mayo de 2002 donde se aprecia al acusado ejerciendo sus labores como reportero contrarrevolucionario".

"El resultado del monitoreo realizado en el Centro de Monitoreo y Análisis de la Radio Enemiga del Instituto Cubano de Radio y Televisión, en la que se aprecia la información remitida por el acusado Díaz Sánchez, en el período enero del 2002 a enero de 2003 en los cuáles se habla del Proyecto Varela y de la visita del ex presidente de los Estados Unidos de América Carter, refiere que el Gobierno le teme al Proyecto y no habla de él en las Mesas

Redondas, así como da información sobre algunos miembros de la contrarrevolución que según él fueron maltratados por agentes de la Seguridad y otros juzgados por Tribunales...".

"El acusado Efrén Fernández Fernández ha sido mencionado en artículos de diferentes medios de prensa extranjeros haciendo referencia a su labor contraria a los intereses de la Revolución y de Cuba, así en el Nuevo Herald, titulado 'Violencia contra la Oposición en el Oriente de Cuba'...".

10. El Tribunal Provincial Popular de Ciudad de La Habana condenó a Julio César Gálvez Rodríguez, Edel José García Díaz, Manuel Vázquez Portal y Jorge Olivera Castillo, por violación a la ley 88/99. Entre las actividades subversivas que se les atribuyeron en su calidad de "periodistas independientes", sostuvo el tribunal:

"A manera de ejemplo en cuanto a los artículos o noticias que emitía y su contenido subversivo se citan algunos de estos como: 'Problemas económicos obligan a posponer el Festival del Cine Pobre' y entre sus ideas, todas con el mismo corte ideológico, podemos citar una de estas, referidas a nuestro gobierno: '...no tiene dinero para el Festival de Cine, pero si para las Tribunas Abiertas de los sábados y las Mesas Redondas...', artículo 'La Habana que fue y ya no es. Sueños, nostalgia y realidad', el que acompañó con fotos correspondientes a calles como San Rafael, Teniente Rey, Malecón, antes de 1959 y ángulos de éstas en la actualidad, pero de fachadas de edificios deteriorados por el tiempo; en otros de estos temas consigna la existencia de un ejército de prostitutas en las noches de las calles de Santiago de Cuba, maleantes de cualquier especie y por tanto alega la carencia de seguridad para la ciudadanía en este contexto...".

"Entre los numerosos escritos por Edel José García Díaz, todos de idéntico corte subversivo, destacan para Radio Martí, la reseña de una fiesta infantil realizada en el domicilio de otro contrarrevolucionario, juzgado igualmente aunque en otro proceso judicial, autotitulado como fundador de una 'Biblioteca de Pedagogos Independientes', expresando que dicha fiesta tenía como objeto recordar el Día de Reyes y el Nacimiento del niño Jesús, así como la religión católica para que se unieran y amaran la Familia, al tiempo que relataba cómo en dicha actividad se repartieron juguetes a estos niños adquiridos con fondos aportados por el exilio cubano en el extranjero; otro como el relativo al comentario sobre peligro de derrumbe de una Escuela Secundaria Básica en la calle Salud, en Centro Habana, a la que tenían que asistir los alumnos aunque se vieran amenazados aquellos por esa situación y de la obligación que tenían estos de trabajar en el escombro de dicha escuela por profesores, circunstancias en las que peligraban sus vidas, acompañando dicho artículo con una foto del estado de esta instalación, siendo lo cierto que dicha escuela se encuentra en reparación como tantas de las miles que se repararon en todo el país y que ninguno de los alumnos tiene acceso al área de reparación y mucho menos han trabajado en ella, por estar dicha labor a cargo de una empresa de profesionales al efecto; el desalojo de una familia por la fuerza con auxilio de la policía; engaño a los pacientes en los hospitales de la capital en cuanto a la asistencia médica que resulta deficiente y con falta de profesionales, así como el grave peligro que por diez días sufrieron vecinos de la Habana Vieja residentes cercanos a la Termoeléctrica 'Otto Parellada' mas conocida como Tallapiedra, debido al escape de sustancias tóxicas supuestamente utilizadas en el proceso de obtención de energía eléctrica, dado a la falta de mantenimiento de esta entidad y deterioro de sus equipos, noticia, que como las restantes, resulta totalmente tergiversada y falsa."

Entre los artículos escritos por Manuel Vázquez Portal:

"...se encuentra 'La Guerra Biológica' en la que realiza en forma de parodia una crítica destructiva de las diferentes campañas que se han llevado a cabo por parte de nuestro gobierno y el pueblo para combatir las distintas enfermedades, que de forma inusual, se han manifestado en nuestra población, alegando en otros escritos y con absoluto irrespeto, entre otras frases: '...Carne por carne al surgir el ejército de las jineteras más profuso de la historia del burdelismo cubano...', 'El robo se hizo aliado de la gente y ayudó a escapar', 'Alkaseltzer' para referirse al por qué Cuba no puede entrar al ALCA, alegando razones ajenas a la realidad y a la voluntad del pueblo y gobierno cubano de no hacerlo, tales como que somos un descrédito, consignando '...que el gobierno obstinado en mantener un régimen cerrado a todo cambio político es el óbice fundamental, y lo que sí está claro es que el modelo cubano no ha resuelto los problemas económicos de su pueblo'; otras como 'Espíritu Tribal': '...Cuba, perdida ya su esperanza de globalizar a la manera socialista, se atrinchera en posiciones de franco nacionalismo para preservar un poder que se torna cada día más reaccionario...", 'Guerra y Hechizo', en el que comenta que '...de que Cuba es un país heroico, el mundo está hastiado de escucharlo...'".

Respecto de Jorge Olivera Castillo el carácter subversivo y tergiversador de la información del periodismo que practicaba, se advierte en sus:

"...artículos tales como 'Festejo de la Tribu', en el que literalmente, para referirse a la patriótica y popular fiesta por la constitución de los Comités de Defensa de la Revolución, hubo de escribir "...empinarse una taza de caldosa es parte del rito, en el que llevan la voz cantante ilustres traficantes de droga, encopetadas jineteras, voluntariosos ladrones, chivatos por cuenta propia, composición de personajes antagónicos, unidos por la celebración en la que unos pocos creen...', o aquel relativo a la falta de seguridad del turismo cubano, tomando como referencia un episodio de una bronca callejera, de fecha reciente, frente al Cuartel de Bomberos de corrales en La Habana Vieja, en el que destilando una perfidia visceral, hubo de narrar que debido a que en la capital se había hecho una batida contra la droga, dando la idea de que ese era un fenómeno social grave, las personas con inclinaciones antisociales, de quienes también da la idea de una gran plaga, se refugian en el crimen sobre todo en hechos violentos para seguir viviendo dentro de la vida criminosa".

11. Miguel Galbán Gutiérrez, José Ubaldo Izquierdo Hernández y Héctor Raúl Valle Hernández fueron condenados por el Tribunal Provincial Popular de Ciudad de la Habana a 26, 16 y 12 años de privación de la libertad, respectivamente.

Respecto de Galbán Gutiérrez, se sostuvo:

"...por ejemplo, transmitió una noticia que fue brindada el 5 de junio de 2002, en el parte número 68 donde informaba sobre un supuesto motín ocurrido en la prisión de Melena 2 ubicada en el municipio del mismo nombre en la Provincia de La Habana el 25 de mayo del mismo año, alegando que los más de cien reclusos pertenecientes a la compañía 5 se habían amotinado quemando colchones, destrozando camas, produciendo un corto circuito y otros daños cuya cuantía dijo se desconocía, en demanda de que su jefe no fuese trasladado a otra cárcel en el interior del país; motivo por el cual los reclusos habían sido brutalmente golpeados con bastones de madera por una fuerza militar que estaba en una relación de 10 a 1 y que había sido necesario neutralizarlos con chorros de agua, teniendo que ser sofocada la acción que él denominó 'resistencia cívica', por el cuerpo antimotines del Ministerio del Interior y fuerzas aerotransportadas, policías y bomberos de tres municipios; noticia que consignó le había suministrado la Directora del Centro Pro libertad y Democracia...-Organización que tampoco estaba acreditada en la Dirección de Asociaciones del Ministerio de Justicia de Cuba- y que lo más importante fue exagerada hasta límites irrisorios".

Con relación a Izquierdo Hernández y Valle Hernández, se dijo:

"...se publicó una noticia brindada por el acusado Izquierdo Hernández que planteaba que en el municipio de Güines entre el 2 y el 9 de febrero, 500 personas habían presentado sintomatologías propias de hepatitis tipo 'C' o viral, confirmándose el diagnóstico de la enfermedad en la casi totalidad de ellos por los exámenes practicados; agregando que ello respondía a la contaminación de las fuentes de abasto de agua, así como que otro brote de la misma enfermedad había ocurrido en el propio municipio en 2001 y que había conllevado al cierre de emergencia de las unidades gastronómicas estatales y privadas; agregando que la información la había suministrado un médico de guardia del hospital del municipio y que estaba confirmada por declaraciones oficiales, cuando lo cierto fue que el 31 de enero al 4 de marzo de 2003 se había confirmado la existencia de 296 casos de hepatitis viral 'A', debido a la rotura de la red de acueductos en un determinado punto ubicado a nueve kilómetros de donde lo ubica el imputado...".

Otra de las informaciones brindadas por Izquierdo Hernández le fue suministrada por Héctor Raúl Valle Hernández, donde:

"...se refería a la alarma existente entre los vecinos del Municipio de San José de Las Lajas por el aumento del delito de Robo con Fuerza en viviendas y centros laborales durante 2002, dando una cifra superior a cien y donde criticaba a la policía al manifestar que aunque se denunciaban los hechos ésta no acudía a los lugares, mucho menos si acontecían en horas de la noche... Refería que el domicilio del propio Valle Hernández había sido objeto de un robo con fuerza que había quedado en grado de tentativa, pero que la policía a pesar de haber sido avisada no había acudido al lugar porque la víctima era un opositor al Gobierno... comprobándose sin embargo que dichos hechos no fueron denunciados oficialmente, pero que a pesar de ello la guardia operativa había concurrido al lugar a instancias del acusado".

La sentencia consignó además las pruebas que controvertían la veracidad de las informaciones contenidas en las notas de los procesados:

"...se acreditó por el Centro de Monitoreo y Análisis de la radio enemiga perteneciente al Instituto Cubano de Radio y Televisión que varias informaciones fueron tributadas entre enero y el 8 de marzo de 2003 por Galbán Gutiérrez a Radio Martí, constatándose que una de las noticias que reportó, o sea la del supuesto motín en la prisión de Melena dos resultó exagerada; puesto que los reclusos que pertenecían al Destacamento 5 de dicho Establecimiento nombrados Alexis Ibáñez Cagigal y Adrián Marichal Vera en la fecha en que se plantea acontecieron los hechos, o esa el 24 de mayo de 2002 avalaron que si bien ocurrió un incidente porque no deseaban que el recluso jefe de dicho destacamento fuese trasladado hacia otra prisión en el interior del país como conocieron acontecería, lo cierto es que sólo se pusieron las camas contra las rejas de las celdas y pidieron hablar con un jefe, siendo atendidos sus reclamos por el General Jefe Nacional de Prisiones, pero resultando incierto que se produjeran daños a bienes, corto circuitos y mucho menos que tuviesen que asistir la policía, los bomberos y otras fuerzas aéreas al lugar, ya que no hubo necesidad de ello por la escasa magnitud del evento...".

"Compareció la directora de Higiene y Epidemiología del Municipio de Güines, quien aclaró que es frecuente por la infraestructura del abasto de redes y alcantarillados del Municipio, que con cierta periodicidad se produzcan brote de hepatitis, es siempre de la 'A' y no de la 'C'...que ciertamente en la época en que se brindó la noticia había un brote de hepatitis 'A' pero sólo eran 296 casos y no más de 500 y el hecho había ocurrido a nueve kilómetros de donde se consignara".

"Si bien es cierto que al imputado trataron de robarle en su inmueble, es incierto que hiciese denuncia oficial por ello, lo que se certificó por la autoridad competente; pero además eso no le daba facultad para propalar mentiras sobre aumento de ese tipo de delitos en su territorio de residencia pues al demostrarse que hace más de cinco años que no labora y su escaso nivel educacional, es dable plantear que no tenía acceso a esa información".

12. José Gabriel Ramón Castillo fue condenado a 20 años de privación de la libertad por el Tribunal Provincial Popular de Santiago de Cuba por infracción a la ley 88/99. Sostuvo el tribunal:

"El inculpado, autotitulado 'periodista independiente' creó lo que denominó 'Fuero', folletos que contenían artículos y comentarios escritos y editados por él y otros colaboradores, dirigidos a cuestionar la política interna en todas las esferas de la vida social, económica y política, potenciando con ello la lucha contra el orden interno, apoyado por una potencia extranjera para buscar un cambio brusco y total en la sociedad cubana, conforme a sus intereses mercenarios y aspiraciones personales; esas informaciones también eran enviadas hacia el exterior del país...".

"Sus escritos retoman las ideas corrientes y tendencias que históricamente han defendido los sectores más reaccionarios de la emigración cubana en Miami, agrupados en posiciones revisionistas, existencialistas, pro-imperialistas, neoliberales y anexionistas; de ahí que resumen viejas posiciones de la llamada 'cubanología', en especial la idea de la Revolución traicionada y la del papel determinante de las agresiones imperialistas en el tránsito al Socialismo en Cuba; como tendencia general, el material ocupado al acusado revela la coincidencia en repetir las más burdas mentiras sobre la historia de la Revolución Cubana, por lo que sus autores y los que creen en ellos, como el acusado, ponen en serio peligro la seguridad nacional de la Isla al divulgarlos en el país, poniéndose de manifiesto que tanto uno como los otros están claramente al servicio de la potencia extranjera que históricamente se ha mostrado como adversaria, asumiendo posiciones hostiles a la nacionalidad y a la nación cubana. Consciente del contenido y propósitos de los materiales recibidos, así como de los fines perseguidos por quienes se los suministran, el procesado creó Centros para su estudio y desarrollaba concursos, talleres y conferencias con la intención de divulgarlos, poniéndose de manifiesto, una vez más su complicidad con las intenciones de la mafia anticubana y el gobierno norteamericano en subvertir el orden interno, realizar provocaciones y contribuir a la creación de ambientes de conflictos de desobediencia civil..".

"...Los dictámenes periciales realizados por expertos en función de peritos, con muchos años de experiencia y probada capacidad, autoridad e idoneidad sobre la materia, muestran con elevada profesionalidad el contenido de los libros, casetes de video y audio, escritos, informes, revistas, folletos y otras publicaciones, concluyendo que por su contenido y finalidad casi todos reflejan un propósito subversivo y contrarrevolucionario y otros ponen de manifiesto la intención de denigrar la realidad cubana".

Entre el material que se le ocupó, hay tres pancartas que dicen: "Proyecto Varela", "Instituto Independiente, Cultura y Democracia" y "Proyecto Aula Magna".

En general, las sentencias aseguran que estas informaciones o notas enviadas por los periodistas independientes a medios extranjeros resultan falaces o exageradas. Si bien el derecho a la libertad informativa no alcanza a las mentiras o falsedades deliberadas, lo cierto es que las restricciones al ejercicio del periodismo en Cuba son tales que resulta imposible verificar la verdad o falsedad de las afirmaciones.

Sin embargo, más allá de que muchos de estos escritos periodísticos incriminados tenían por objeto formular opiniones políticas –por lo que no deberían estar sometidos a control o censura-, aquellos otros que transmiten información no parecen ser tendenciosos o mentirosos, como le imputan los tribunales populares.

Por ejemplo, en el caso del punto 11, la propia sentencia se encargó de aclarar que era cierto el amotinamiento del que dio cuenta Galbán Gutiérrez, que era verdad el brote de hepatitis informado por Izquierdo Hernández y Valle Hernández, y también que habían robado en su propiedad. Se limitaron a cuestionar detalles de esas informaciones.

La generosidad con que debe interpretarse la libertad de expresión, pareciera incluso ampliarse en casos en los que el periodismo independiente es perseguido, y la única fuente de confirmación posible es el propio Estado.

Resulta más que sugestivo que casi todas estas personas fueron condenadas en virtud de la ley 88/99, que reprime la conducta de quienes transmiten información sobre Cuba hacia fuera del país, pero deja expresamente a salvo la situación de los periodistas extranjeros que están acreditados en la isla, lo que refuerza la idea de que el interés primordial del gobierno no es la búsqueda de la verdad informativa, sino la persecución de aquellos ciudadanos que intentan difundir y expresar ideas contrarias a los intereses del Estado.

En efecto, el artículo 7.1 de esa ley reprime con prisión de 2 a 5 años y multa al que "colabore por cualquier vía con emisoras de radio o televisión, periódicos, revistas u otros medios de difusión extranjeros". El punto siguiente aclara que "la responsabilidad penal en los casos previstos en el apartado que antecede será exigible a los que utilicen tales medios y no a los reporteros extranjeros legalmente acreditados en el país, si fuese esa la vía empleada".

Se advierte entonces que el régimen permite la radicación en el país de ciertas empresas, instituciones y personas extranjeras, pero ello, lejos de constituir un modo de apertura hacia la comunidad internacional, en realidad sirve como instrumento para reprimir a los ciudadanos disidentes.

De este modo, haber ingresado en la oficina de intereses norteamericanos en Cuba ha sido uno de los argumentos esenciales para determinar que muchos de los condenados por aplicación de la ley 88/99 actuaban a favor del enemigo. Igualmente, turistas, diplomáticos, periodistas extranjeros, actúan como una suerte de trampa caza-bobos sin quererlo, pues al tomar contacto con ciudadanos cubanos, se convierten en evidencia para su condena como "contra-revolucionarios", o en el mejor de los casos aplicar medidas de seguridad predelictuales y remarcar su peligrosidad al estar involucrados en actos de "asedio al turismo", lo que deja un antecedente para futuras condenas más graves.

X. LAS RESTRICCIONES A LAS LIBERTADES DE ASOCIACIÓN, REUNIÓN Y PETICIÓN.

> *"...los encartados y su grupo se encontraban tomados de las manos y leyeron un texto de la Biblia, y al terminar comenzaron a gritar: 'Abajo la Dictadura', 'queremos libertad para los presos políticos', 'Vivan los Derechos Humanos'..."*[154]

La libertad personal supone la facultad de realizar una serie de actividades tendientes a la consecución de las propias metas. Forman parte de los derechos inherentes a la persona los de asociarse con otros para perseguir sus fines, reunirse públicamente para expresar opiniones y peticionar a las autoridades.

La Declaración Americana de los Derechos y Deberes del Hombre, en su Artículo XXII incluye el derecho de toda persona de asociarse con otras para promover, ejercer y proteger sus intereses legítimos de orden político.

---

[154] De la sentencia de la Sala en lo Penal del Tribunal Provincial de Matanzas, sentencia nº 9/2003, del 5 de abril de 2003, seguida contra Ariel y Guido Sigler Amaya por actos contra la protección de la independencia nacional y la economía de Cuba (ley 88/99). Por estos hechos fueron condenados a veinticinco y veinte años de privación de libertad, respectivamente.

La Declaración Universal de Derechos Humanos, artículo 20.1 habla del derecho de toda persona a la libertad de reunión y de asociación pacíficas.

La Convención Americana sobre Derechos Humanos, artículo 15, sostiene que "se reconoce el derecho de reunión pacífica y sin armas", y el artículo 16.1 sostiene que todas las personas tienen derecho de asociarse libremente con fines ideológicos, políticos, económicos o de cualquier otra índole.

El Pacto Internacional de Derechos Civiles y Políticos, artículo 21, reconoce el derecho de reunión pacífica, y el artículo 22.1 el de asociarse libremente con otras personas.

Por su parte, el artículo 11.1 de la Convención Europea de Derechos Humanos dispone que toda persona tiene derecho a la libertad de reunión pacífica y a la libertad de asociación, incluyendo el derecho de fundar con otros sindicatos y de afiliarse a sindicatos para la defensa de sus intereses.

Al igual que ocurre con la libertad de expresión, las de asociación, de reunión y petición se vincula directamente con la posibilidad de que exista libertad política, y que el sistema democrático sea cristalino, más allá de las declamaciones y afirmaciones del gobierno. Al mismo tiempo, las restricciones a estos derechos tienen una importancia suplementaria, pues abortan cualquier transformación política pacífica en la isla, que necesariamente debería comenzar con el ejercicio de estas actividades.

Al examinar la constitución de Cuba se advierte que si bien el artículo 54 garantiza los derechos de reunión, manifestación y asociación a los "distintos sectores del pueblo", asegurando la más amplia libertad de "palabra y opinión, basados en el derecho irrestricto a la iniciativa y a la crítica", el ya mencionado artículo 53 limita el reconocimiento de la libertad de palabra a que se la utilice "conforme a los fines de la sociedad socialista".

Es claro que estos artículos deberán ser interpretados a la luz del principio contenido en el artículo 62, y el examen de las resoluciones de los tribunales populares evidencia que estos derechos están restringidos casi hasta su extinción.

LA LIBERTAD DE ASOCIACIÓN.

> "...El 30 de noviembre de 1998 para demostrar su participación en contra de la Revolución, fundó otra organización con igual corte contra-revolucionario que denominó 'Club Willy Chirino' en el que reunió a niños y jóvenes hijos de balseros desaparecidos o repatriados para imbuirlos en el modo de vida del sistema capitalista y su oposición al sistema socialista imperante en Cuba..."[155].

La libertad de asociación está fuertemente restringida en Cuba. Se requiere la inscripción en el Registro de asociaciones del Ministerio de Justicia, que no se otorga a las asociaciones no gubernamentales surgidas espontáneamente entre los ciudadanos, y mucho menos si tienen por finalidad algún tipo de expresión de ideas políticas.

El código penal contiene sanciones para quienes integran asociaciones no reconocidas. El artículo 208 reprime con prisión de uno a tres meses o multa a la persona que meramente pertenezca como asociado o afiliado a una asociación no inscripta en el registro correspondiente. En la misma pena incurren los promotores o directores

---

[155] De la sentencia n° 3/2003, dictada el 7 de abril de 2003 en la causa n° 1/03 de la Sala de los Delitos contra la Seguridad del Estado del Tribunal Provincial Popular de Villa Clara, en la cual se condenó a Margarito Broche Espinosa a la pena de veinticinco años de prisión por comisión del delito previsto en el artículo 91 del Código Penal.

de una asociación no inscripta; y el artículo siguiente reprime con la misma pena a los que participen en reuniones o manifestaciones celebradas con infracción a las disposiciones que regulan el ejercicio de estos derechos.

Fuera de ello, por supuesto que cuando estas asociaciones tienen por objeto la invocación de los derechos humanos, las libertades civiles o la apertura política de Cuba, sus integrantes se ven incursos, o bien en los delitos contra la seguridad del Estado, o bien en los previstos por la ley 88/99, que poseen penas largamente superiores, que llegan incluso a la de muerte.

Se pueden observar algunos ejemplos de ello en los siguientes precedentes resueltos por los tribunales cubanos:

1. José Miguel Martínez Hernández fue condenado a trece años de privación de libertad por el Tribunal Provincial Popular de Ciudad de La Habana. Se lo acusó de vincularse, desde 1997, a organizaciones tales como el Comité Cubano Opositor Pacífico, el Movimiento 24 de febrero y el Partido Liberal, "todos de marcado carácter contrarrevolucionario y ninguno de ellos inscripto en el Registro de Asociaciones del Ministerio de Justicia", según la sentencia.

Por su parte, se consideró como indicio en su contra que "no pertenece a ninguna de las organizaciones de masas ni participa en sus actividades".

2. Pedro Argüelles Morán y Pablo Pacheco Avila fueron condenados a 20 años de privación de libertad por pertenecer a la Cooperativa Avileña de Periodistas Independientes (CAPI). Según el certificado del Ministerio de Justicia que invocó el tribunal, tal cooperativa no se encuentra inscripta en el respectivo Registro de Asociaciones.

3. Juan Roberto de Miranda Hernández fue condenado a 20 años de prisión por el Tribunal Provincial Popular de Ciudad de la Habana. Sostuvo el tribunal a su respecto:

"En 1996 creó el ilegal y contrarrevolucionario Colegio de Pedagogos Independientes de Cuba, del cual se autotituló su jefe, además se dedicó a criticar de forma intencionada y maliciosa los objetivos del sistema de educación cubano, así como trató de minimizar los logros en esta esfera de nuestro proceso revolucionario; aunque su objetivo supremo era lograr el derrocamiento de la Revolución Cubana".

4. Martha Beatriz Roque Cabello y Arnaldo Ramos Lauzerique organizaron el Instituto Cubano de Economistas Independientes "Manuel Sánchez Herrero", y Nelson Molina Espino integró la Confederación de Trabajadores Democráticos de Cuba.

Fueron condenados por el Tribunal Provincial Popular de ciudad de La Habana, entendiendo que dichas asociaciones no estaban inscriptas en el registro pertinente del Ministerio de Justicia. En la sentencia se valoró como prueba de cargo el testimonio de una agente encubierta que durante mucho tiempo se infiltró en estas organizaciones.

5. En la sentencia por la que se condenó a Miguel Galbán Gutiérrez a veintiséis años de privación de libertad, se sostuvo que desde 1994 a 1996 realizó actividades contrarrevolucionarias en el seno de la organización denominada Colegio de Ingenieros y Arquitectos. A continuación, sostuvo el tribunal que:

"En septiembre de 2001 se unifican todos los grupos opositores al gobierno que existían en el Municipio de Güines, creándose la organización Coordinadora Cívica Habana Sur (CCHS) y posteriormente la Alianza Cívica Cubana (ACC) y a la que no sólo pertenecían el causado Galbán Gutiérrez y Jadir Hernández, sino otras personas entre las que se destacaba el compañero Noel Ascanio

Montero, agente 'Abel' para la Seguridad del Estado Cubano, quien realizó en la misma actividades de infiltración; fuente mediante la cual logró conocerse muchas de las actividades desarrolladas por estos individuos...".

LA LIBERTAD DE REUNIÓN.

> "...en fecha 24 de febrero del 2002 se reunieron en el parque 'Máximo Gómez'...pretendiendo protagonizar una manifestación contraria al Gobierno, donde darían lectura a un documento en 'homenaje' a los tripulantes de estas avionetas, lo cual fue impedido por la acción rápida de la Seguridad del Estado..."[156].

Como complemento de lo que se viene diciendo, el derecho de reunirse pacíficamente para expresar opiniones se encuentra prácticamente eliminado en Cuba. Pueden mencionarse estas referencias extraídas de sentencias de los tribunales populares:

1. Los hermanos Ariel y Guido Sigler Amaya fueron condenados a 20 años de prisión por el Tribunal Provincial Popular de Matanzas, que en una parte fundamental de su sentencia sostuvo:

> "Varios testigos expresaron que presenciaron distintas actividades realizadas por los acusados Ariel y Guido Sigler Amaya, así como sus familias y otras personas que son miembros de su grupo contrarrevolucionario, como por

---

[156] De la sentencia del Tribunal Provincial Popular de Guantánamo, por la que se condenó a Manuel Ubals González y Juan Carlos Herrera Acosta a la pena de veinte años de prisión.

ejemplo la reunión efectuada en el mes de septiembre de 1999 en el Parque del Poblado de Pedro Betancourt en la cual los encartados y su grupo se encontraban tomados de las manos y leyeron un texto de la Biblia y al terminar comenzaron a gritar 'Abajo la Dictadura', 'Queremos Libertad para los presos políticos', 'Vivan los Derechos Humanos' y ante la aproximación del pueblo que le respondía con frases 'Viva la Revolución', los mismos se retiraron del lugar. Que en otra ocasión en el mes de mayo de 1999 en el propio Parque de Pedro Betancourt siendo el día de las madres, el mismo grupo encabezado por Ariel y Guido, gritaron consignas: 'No cárceles', 'Abajo la Dictadura' y 'Abajo el dictador Castro', siendo repudiados por el pueblo presente del lugar con consignas 'Viva la Revolución', retirándose dicho grupo ante la indignación de la población; que igualmente el 10 de diciembre de 1999 el mismo grupo se reunió en una calle céntrica de Pedro Betancourt, encabezado por los encartados Ariel y Guido quienes gritaron: '¡Abajo la Dictadura', 'Queremos Libertad para los presos políticos', siendo igualmente repudiados por la población presente".

2. También fueron condenados a 20 años de prisión Manuel Ubals González y Juan Carlos Herrera Acosta por el Tribunal Provincial Popular de Guantánamo, que sostuvo:

"Con el pretexto de celebrar la fecha patria del llamado Grito de Baire y 'honrar' a las víctimas de la organización terrorista 'Hermanos al Rescate', muertos al ser derribadas dos de sus avionetas cuando sobrevolaban ilegalmente el territorio aéreo cubano y con los consabidos argumentos subversivos que las animan, en fecha 24 de febrero del 2002 se reunieron en el parque 'Máximo Gómez'...pretendiendo protagonizar una manifestación contraria al Gobierno, donde darían lectura a un documento en 'homenaje' a los tripulantes de estas avionetas, lo cual fue impedido por la acción rápida de la Seguridad del Estado".

3. Blas Giraldo Reyes Rodríguez fue condenado a 25 años de prisión por el Tribunal Provincial Popular de Villa Clara, en cuya sentencia se expresó:

"...en horas de la mañana de un día no precisado con exactitud, pero sí en el mes de enero de 2001, en el parque 'La Espirituana' ubicado frente a su vivienda en la barriada de Colón de este municipio espirituano, en alta voz comenzaron a manifestar: 'QUE EN CUBA NADIE ERA LIBRE, QUE CUANDO EN CUBA SE PODÍA SER LIBRE ERA CUANDO DESAPARECIERA FIDEL CASTRO', y en señal de protesta cogidos de las manos entonaron las notas de nuestro himno nacional. Siguiendo con su actuar, el 27 de marzo de 2001 el acusado efectuó en su vivienda una reunión a la que asistieron un grupo de elementos contrarrevolucionarios con el único objetivo de promover propaganda sediciosa. Resultó probado también que el 3 de mayo de 2001, con el marcado interés de molestar la tranquilidad del pueblo revolucionario, en común acuerdo con ciudadanos desafectos a nuestro sistema se dirigieron en una marcha hacia la Prisión Provincial de Sancti Spíritus... con el fin de protestar y exigir la liberación del recluso Jorge Luis García Pérez, alias

Antúnez, persona ésta opositora a la revolución. Con idénticos fines en horas de mañana del 10 de diciembre de 2002 el acusado Blas Giraldo hizo acto de presencia, conjuntamente con otras personas contrarrevolucionarias, en el parque 'Serafín Sánchez' y comenzaron a repartir a las personas que se encontraban en el lugar folletos relacionados con la Declaración Universal de los Derechos Humanos, pues precisamente ese día se conmemoraba el 51° aniversario de la promulgación de dicha declaración. Por último el 24 de febrero de 2003, en horas de la mañana, el acusado Reyes Rodríguez en unión de personas no identificadas hasta el momento, desde su inmueble gritaban en alta voz '¡VIVA EL PARTIDO OPOSITOR!' Dirigiéndose el grupo de personas y dos de ellas llevando cada una un ramo de flores hacia el paso peatonal sobre el Río Yayabo, en esta ciudad, y lo tiraron a las aguas del río, en conmemoración a los caídos en el derribo de las dos avionetas procedentes de los Estados Unidos y al servicio de la organización contrarrevolucionaria 'Hermanos al rescate', que flagrantemente violaron el espacio aéreo cubano este propio día pero de 1996".

4. José Daniel Ferrer García, Jesús Mustafá Felipe, Alexis Rodríguez Fernández, Leonel Grave de Peralta Almenares y Ricardo Enrique Silva Gual fueron condenados a 25 años de privación de libertad por el Tribunal Provincial Popular de Santiago de Cuba. Sostuvo el tribunal:

"Que con fecha 8 de septiembre de 1999 el acusado Ferrer García, con el propósito de alterar el orden y procurar un clima de tensión e incertidumbre en la población cubana, organizó en el Santuario del Cobre del municipio y provincia de Santiago de Cuba una marcha con 8 personas, entre las que estaba Grave de Peralta Almenares, portando cada uno carteles con proclamas contrarrevolucionarias que incitan a la desobediencia civil, no pudiendo conseguir sus propósitos de desplazarse por todo el poblado, para hacer valer a través de sus publicaciones que en Cuba existen diferencias políticas antagónicas, que es una herramienta del trabajo enemigo, por la rápida y espontánea respuesta que recibieron de los vecinos del lugar. Que el 8 de diciembre de 1999 en ocasión de haberse celebrado en el Tribunal Municipal Popular una vista oral contra uno de los hermanos de Ferrer García, éste y el acusado Leonel Grave de Peralta vociferaron frases ofensivas en la parte de afuera del inmueble del Tribunal para alterar el orden, molestar la tranquilidad de los ciudadanos..."

"...Aproximadamente a las 6.30 p.m. del 21 de enero de 2001, Ferrer García, Grave de Peralta Almenares y Felipe, en ocasión de trasladarse montados en la parte trasera de un camión, al llegar al poblado de La Salada, conjuntamente con otros ciudadanos fueron interceptados por agentes del orden interior de la Policía Nacional Revolucionaria con el propósito de ocuparles documentos de contenido contrarrevolucionario que éstos llevaban consigo y luego de requerir la entrega, comienzan a manifestar palabras desafiantes contra los agentes del orden público, las que al estar acompañadas de frases burdas y obscenas no se reproducen, al objeto de provocar en aquellos una respuesta violenta, y al no conseguir sus propósitos se abrazaron entre los tres y dirigiéndose a todas las personas presentes gritan a viva voz entre otras expresiones: 'Abajo la Dictadura', 'Esbirros de Castro', 'Policías que viven del Pueblo', 'Libertad'...".

"De igual forma, respondiéndose a un mismo objetivo, en horas no precisa de la noche de un día de abril de 2002, Alexis Rodríguez Fernández se apersonó en la calle Rius Rivera en el municipio de Palma Soriano, en ocasión de estarse celebrando una Asamblea de Rendición de Cuentas del Delegado del Poder Popular, trató de intervenir y manifestar públicamente ideas contrarias al proceso revolucionario, con el único fin de boicotear o impedir el feliz desarrollo de la reunión y provocar así la desconfianza, las dudas y el malestar entre los electores y el Delegado de la zona, como una de las estrategias que persigue el enemigo contra nuestro proceso o sistema electoral, lo que no le fue permitido por los electores reunidos".

5. Héctor Raúl Valle Hernández fue condenado a 12 años de prisión por el tribunal de Ciudad de La Habana, el que sostuvo que este imputado: "ha utilizado su domicilio en la realización de actividades contrarrevolucionarias tales como ayunos por la libertad de los presos 'políticos' –contrarrevolucionarios-, reuniones, etc.".

EL DERECHO DE PETICIONAR ANTE LAS AUTORIDADES.

"...se presentaron dichos elementos encabezados por el acusado, en la sede de la Asamblea Municipal del Poder Popular de Sancti Spiritus, en el Departamento de Atención a la Población, que

> *estaba a cargo de la ciudadana Olga Lidia Ramírez Vila, requiriéndola para que aceptase las propuestas subversivas y contrarrevolucionarias que dirigían a los Diputados por el municipio de Sancti Spiritus, a la Asamblea Nacional del Poder Popular, con el objeto de introducirle cambios a la Constitución de la República..."*[157].

Respecto de este derecho pueden hacerse las mismas consideraciones que con relación a los derechos de expresión, reunión y asociación.

Entre los instrumentos internacionales de derechos humanos, la Declaración Americana de los Derechos y Deberes del Hombre establece, en su artículo XIV, que "toda persona tiene derecho de presentar peticiones respetuosas a cualquier autoridad competente, ya sea por motivo de interés general, ya de interés personal, y el de obtener pronta resolución".

Un ejemplo claro de la supremacía del poder estatal por sobre aquellos derechos formalmente enumerados en la constitución cubana, que emana del artículo 62, lo constituye el llamado "Proyecto Varela", presentado en 2002 y que no ha merecido la respuesta del gobierno.

Oswaldo Payá Sardiñas, fundador en 1986 del Movimiento Cristiano de Liberación, presentó el 10 de mayo de 2002 ante la Asamblea Nacional del Poder Popular un proyecto de referéndum al que denominó "Proyecto Varela".

---

[157] De la sentencia pronunciada el 5 de abril de 2003 por el Tribunal Provincial Popular de Villa Clara, por la que se condenó a Blas Giraldo Reyes Rodríguez a la pena de 25 años de prisión por infracción a la ley 88/99.

Conforme el artículo 63 de la Constitución de Cuba, los ciudadanos tienen el derecho de dirigir quejas y peticiones a las autoridades. Pueden presentar iniciativas de ley acompañando las firmas de 10.000 personas (artículo 88, inciso g).

El "Proyecto Varela" fue acompañado con planillas conteniendo las firmas y datos personales de 11.020 personas, es decir, 1.020 más de las exigidas legalmente.

Payá Sardiñas presentó su pedido de referéndum, invocando varias cláusulas constitucionales ya mencionadas. Invocó además el artículo 292 del Código Penal, que sanciona con privación de libertad de tres meses a un año y multa de trescientas cuotas al que impida u obstaculice que una persona dirija quejas o peticiones a las autoridades. Si el delito se comete por un funcionario público con abuso de su cargo, la sanción se eleva a privación de la libertad de seis meses a dos años y multa de doscientas a quinientas cuotas.

Básicamente, los temas que se solicitó someter a decisión popular están vinculados con la libertad de expresión y asociación, la amnistía de presos políticos, el reconocimiento del derecho de propiedad para formar empresas y la necesidad de una reforma electoral.

En la nota que acompaña al Proyecto, Payá Sardiñas solicitó una entrevista para explicarlo a las autoridades, que dicho Proyecto fuese divulgado en los medios de difusión estatales y que se les permitiese explicarlos al pueblo cubano, para que los ciudadanos pudieran opinar al respecto. Invocó para ello los artículos 53, 84 y 87 de la Constitución.

Desde entonces, no hubo ningún trámite en la Asamblea Nacional ni en ningún otro organismo del estado. No se hizo mención alguna al "Proyecto Varela" desde el gobierno. La respuesta, en cambio, fue la reforma constitucional dispuesta por la Asamblea Nacional del Poder Popular el 26 de junio de 2002, por la que se agregó un párrafo final al artículo 3º que dispone que el socialismo y el sistema político y social revolucionario es irrevocable, y modificó el artículo 137, disponiendo que no puede ser reformada la Constitución en lo que hace a su sistema político, económico y social, dado su carácter irrevocable.

Por su parte, los impulsores de esta solicitud de referéndum han sufrido las represalias por parte de los órganos del Estado. En efecto, cuando el 18 de abril de 2003 se produjo la detención masiva y condena sumaria de 75 opositores políticos, 42 de ellos estaban vinculados con la coordinación del "Proyecto Varela"[158], y muchos más eran firmantes de la petición. La posesión de ejemplares del proyecto y de planillas para la recolección de firmas, fue invocada en las sentencias sumarias como prueba de la tenencia de material subversivo, lo que justificó la imposición de penas que en algunos casos superaron los veinte años de prisión.

Tal ha sido la repulsión del gobierno hacia el "Proyecto Varela", que su mención hizo que José Daniel Ferrer García recibiera 28 años de prisión, la mayor pena impuesta a los detenidos el 18 de marzo de 2003[159]. En efecto, según testimonios de su esposa, Milka María Peña Rodríguez, durante el juicio Ferrer García le preguntó a uno de los jueces si quería firmar el "Proyecto Varela", lo que motivó una explosión de ira y que pidiera para él la pena de muerte.

1. Blas Giraldo Reyes Rodríguez fue condenado por sentencia del 5 de abril del 2003 de la Sala de los Delitos contra la Seguridad del Estado del Tribunal Provincial Popular de Villa Clara, a la pena de veinticinco años de privación de la libertad por violación a la ley 88/99. Entre los fundamentos de la condena, el tribunal sostuvo:

---

[158] *Oswaldo Payá Sardiñas y el Proyecto Varela. La lucha pacífica por la apertura democrática en Cuba*, publicado por la Fundación Konrad Adenauer y CADAL, Buenos Aires, 2003, p. 8.

[159] Causa nº 4/03 del Tribunal Provincial Popular de Ciudad de La Habana, por actos contra la Seguridad del Estado.

"Reyes Rodríguez...se involucró en la actividad revoltosa que ejerce en el país el cabecilla Oswaldo Payá Sardiñas como principal promotor de proyectos contrarios al sistema revolucionario cubano, fundamentalmente el Proyecto Varela, contactando con este individuo en la ciudad de La Habana, y por su activa participación fue nombrado por Payá Sardiñas como el gestor de estos planes en la provincia de Sancti Spiritus, recibiendo para la consumación de estos proyectos documentos y planillas para la recogida de firmas, una vez recogida éstas convocó a varios elementos desafectos al proceso, residentes en esta provincia, y en fecha 28 de agosto de 2001, en acto exigente y provocador, en horas de la mañana se presentaron dichos elementos encabezados por el acusado, en la sede de la Asamblea Municipal del Poder Popular de Sancti Spiritus, en el Departamento de Atención a la Población, que estaba a cargo de la ciudadana Olga Lidia Ramírez Vila, requiriéndola para que aceptase las propuestas subversivas y contrarrevolucionarias que dirigían a los Diputados por el municipio de Sancti Spiritus, a la Asamblea Nacional del Poder Popular, con el objeto de introducirle cambios a la Constitución de la República, conforme a sus intereses mezquinos y serviles, con el objetivo de liquidar el Estado Socialista y la Independencia de Cuba...".

2. El doctor Luis Milán Fernández fue condenado a 13 años de privación de libertad por el Tribunal Provincial Popular de Santiago de Cuba. Entre otras imputaciones, el tribunal sostuvo que se encontraron en su poder:

"..14 ejemplares del denominado 'Proyecto Varela', mediante el cual organizaciones contrarrevolucionarias han pretendido se hagan cambios constitucionales a favor de sus intereses anexionistas y antipatrióticos, respecto al que el acusado desempeñó esperadas funciones en Santiago de Cuba para que se materializara el Proyecto en cuestión, lo que así mostró al declarar durante el Juicio Oral".

3. Regis Iglesias Ramírez fue condenado a 18 años de privación de libertad por el Tribunal Provincial Popular de Ciudad de La Habana. Uno de los elementos fundamentales de su imputación fue su relación con Oswaldo Payá Sardiñas. Se sostuvo en la sentencia que el imputado:

"...negó los cargos, señalando que la organización a la que pertenece trabaja desde sus inicios por transformar los errores y baches de las libertades civiles y apoyándose en la Constitución vigente, ha efectuado todos los pasos para resolver esta situación sin lograrlo; refirió que es amigo de Oswaldo Payá Sardiñas, que lo admira y respeta, reconoce que la organización entrega ciertas sumas de dinero a ciertos presos políticos, aceptó las informaciones que se transmiten en múltiples ocasiones a radio Martí, CNN y otros medios...".

También computó como elemento en su contra:

"...el escrito realizado por el acusado y dirigido a Oswaldo Payá Sardiñas, que está referido al Proyecto Varela y las gestiones que el mismo venía realizando como gestor del proyecto para su presentación a la Asamblea Nacional del Poder Popular".

XI. EL MANEJO DE LA EDUCACIÓN COMO HERRAMIENTA DE PROPAGANDA Y CONTROL SOCIAL.

> *"Hoy sabemos lo que es el socialismo; hoy sabemos lo que es la Revolución y en qué consiste; tenemos un nivel escolar altísimo, sobre todo nuestra juventud, y lo tendrá cada vez más alto; hoy tenemos una cultura general, y hoy tenemos una conciencia revolucionaria..."* Fidel Castro, 1987[160].

De acuerdo con el artículo 39, inc. b), de la Constitución Cubana, la enseñanza es función del Estado y es gratuita.

Pero el Estado dirige la educación de acuerdo con sus propios fines, que ya fueron descriptos anteriormente, y en este sentido, entre los postulados de la política educativa desarrollados en el artículo 39, pueden verse los siguientes:

a) fundamenta la política educacional y cultural en el ideario marxista (inc. a);

b) promueve la educación patriótica y la formación comunista de las nuevas generaciones y la preparación de los niños, jóvenes y adultos para la vida social (inc. b).

---

[160] *Discurso pronunciado en el parque Céspedes*, Bayamo, 19 de diciembre de 1987, Ediciones OR (julio-diciembre), 1987, p. 133.

c) dispone que es libre la creación artística siempre que su contenido no sea contrario a la Revolución (inc. c).

Por supuesto que sólo se prevé en Cuba la educación estatal, y está vedado todo intento de educación privada, que pretendiese guiarse por otros principios que no sean los sostenidos por el Estado cubano. Al respecto, sostiene el profesor Vega Vega:

> "El primer postulado de la política educativa y cultural de Cuba es su fundamento en los avances de la ciencia y la técnica, el ideario marxista y martiano y la tradición pedagógica progresista...Si la política educacional del Estado cubano se fundamenta en la concepción científica del mundo, no es posible ni conveniente dejar en manos privadas esa importantísima función"[161].

Para asegurar el control sobre la educación de los niños, el artículo 316 del Código Penal cubano reprime con prisión de tres meses a un año o multa a la persona que induzca a un menor de edad a "abandonar su hogar, faltar a la escuela, rechazar el trabajo educativo inherente al sistema nacional de educación o a incumplir sus deberes relacionados con el respeto y amor a la Patria".

Una de las instituciones creadas por la Constitución Cubana, y a la que se refiere su artículo 6º es la Unión de Jóvenes Comunistas. Los verdaderos motivos de la existencia de esta organización, a la que el gobierno cubano da particular importancia, han sido explicados por el profesor Vega Vega:

> "Hay un interés muy alto en la existencia de una organización política juvenil revolucionaria que lleve las concepciones políticas y la ideología a las amplias masas

---

[161] Op. cit., p. 219

de la nueva generación que contribuya a formar en el orden ideológico y político al nuevo relevo, a la generación del 2.000.

"La Unión de Jóvenes Comunistas, como organización de la juventud avanzada, consagró sus actividades a la lucha por las ideas del marxismo-leninismo. Se trata de una organización política que trabaja por ampliar la política trazada y tomar parte activa en la lucha de todo el pueblo cubano por construir la sociedad socialista. En el seno de la UJC los adolescentes y jóvenes de mayor calidad revolucionaria adquieren los hábitos de trabajo revolucionario práctico y reciben una educación adecuada porque todas las actividades de esta organización se dirigen a educar a sus miembros y, en general, a todos los jóvenes del país con una clara visión de futuro"[162].

Puede encontrarse similitud entre estos postulados y los de cualquier régimen totalitario de la historia. Es bastante similar, por ejemplo y difiriendo solamente en la base ideológica invocada, a los postulados educativos del Nacional-socialismo alemán.

La importancia del manejo de la educación como herramienta de control social fue puesta de manifiesto por Fidel Castro reiteradamente:

"En la educación está el instrumento fundamental de la sociedad para desarrollar los individuos integrales capaces de vivir en el comunismo"[163].

"En la organización de pioneros se empieza a formar el hombre revolucionario, se empieza a formar el hombre

---

[162] Op.cit., p. 155.
[163] *Discurso por el XX aniversario del asalto al cuartel Moncada*, Oriente, 26 de julio de 1973, Ediciones OR, La Habana, 1973, p. 21.

comunista. Toda la atención que le presten el Partido y la juventud a la organización de pioneros nunca será excesiva"[164].

"Al comunista hay que empezar a formarlo desde que es pionero, desde que está en el círculo infantil, en dos palabras. Y el Estado socialista tiene todo: círculos, educación, todos los niveles de la educación, hasta la universitaria, lo tiene todo..."[165].

"Precisamente por ser la revolución un cambio completo, profundo, en la vida de un país, en todos sus órdenes, el primer gran problema de la revolución es cómo se combate y cómo se vence la influencia de las viejas ideas, de las viejas tradiciones, de los viejos prejuicios, y cómo las ideas de la revolución van ganando terreno y van convirtiéndose en cuestiones del conocimiento común y de clara comprensión para todo el pueblo. Este problema de la educación no se refiere solamente a la educación de los analfabetos o de aquellas personas que no han tenido oportunidad de ir a los centros de enseñanza superior, sino también es, antes que nada, un problema de educación de las mismas masas de la revolución".

"Desde luego que no puede concebirse una revolución sin educación. Precisamente por ser la revolución un cambio completo, profundo, en la vida de un país, en todos sus

---

[164] *Discurso por el XV aniversario de la UPC y XIV aniversario de la UJC*, Ciudad de La Habana, 3 de abril de 1976, Ediciones OR, La Habana, 1976, p. 14.
[165] *Discurso en la clausura de la sesión diferida del III Congreso del Partido Comunista de Cuba*, Ciudad de La Habana, 2 de diciembre de 1986, Suplemento Granma, La Habana, 5 de diciembre de 1986, p. 5.

órdenes, el primer gran problema de la revolución es cómo se combate y cómo se vence la influencia de las viejas ideas, de las viejas tradiciones, de los viejos prejuicios, y cómo las ideas de la revolución van ganando terreno y van convirtiéndose en cuestiones de conocimiento común y de clara comprensión para todo el pueblo"[166].

...Porque la educación más importante es la educación política del pueblo...Por lo pronto toda revolución es un extraordinario proceso de educación. Por eso, Revolución y educación son una sola cosa"[167].

De este modo, la educación general, pública y gratuita que el régimen invoca como uno de sus máximo logros en pos del bienestar del pueblo cubano, en realidad constituye uno de los pilares fundamentales del sistema que permite el control social y la opresión de los ciudadanos de Cuba.

La naturaleza política del sometimiento de los jóvenes al sistema educativo estatal puede apreciarse en algunas de las sentencias examinadas. Por ejemplo, en la causa seguida a Efrén Fernández Fernández y otras personas por delitos contra la seguridad del Estado, se señaló como prueba de cargo:

"...el testimonio de Lázara Martínez Noa, maestra de escuela, con la que el acusado tuvo problemas toda vez que como maestra guía entrevistó a la hija del acusado para su ingreso a la UJC, y al conocer esto el acusado, estando ella en la escuela, éste se dirigió a la misma en forma ofensiva, no obstante la hija estuvo de acuerdo en ser procesada, lo

---

[166] *Conferencia en el ciclo de la Universidad Popular Educación y Revolución*, La Habana, 9 de abril de 1961, Obra Revolucionaria, La Habana, 1961, p. 10.
[167] Op. cit., p. 22 y 24.

que denota, que el acusado es un elemento que se opone a todo lo que esté vinculado con las actividades sociales orientadas por el Gobierno..."[168].

La importancia que para el régimen cubano tiene la labor ideológica que el gobierno deposita en los maestros, fue puesta de manifiesto en un discurso de Fidel Castro en un acto de graduación de nuevos maestros en 1981:

"Nuestros educadores tienen que ser ejemplos de la moral del socialismo y combatir resueltamente toda desviación que no esté acorde con los nuevos valores creados por la Revolución."

"El maestro debe ser un permanente estudioso del marxismo-leninismo; debe estar actualizado sobre el acontecer nacional e internacional. El educador tiene que ocupar los primeros lugares en la trinchera de la lucha ideológica contemporánea"[169].

Es bueno recordar que la *Convención Relativa a la Lucha contra la Discriminación en la esfera de la Enseñanza*[170], define como discriminación en la enseñanza a "toda distinción, exclusión, limitación o preferencia fundada en ... las opiniones políticas y de cualquier otra índole" (artículo 1.1). Por su parte, el artículo 5º dispone que la educación debe tender al pleno desenvolvimiento de la personalidad humana y a reforzar el respeto de los derechos humanos y de las libertades fundamentales.

---

[168] Sentencia dictada el 6 de abril de 2003 por la Sala de Delitos contra la Seguridad del Estado del Tribunal Provincial Popular de La Habana, por la cual se condenó a Antonio Ramón Díaz Sánchez y Juan Roberto de Miranda Hernández a 20 años de prisión, Regis Iglesias Ramírez 18 años de prisión, Efrén Fernández Fernández a 12 años de prisión y Omar Rodríguez Saludes a 27 años de prisión.

[169] *Discurso en el acto de graduación de egresados del destacamento pedagógico universitario "Manuel Ascunce Doménech"*, Ciudad de la Habana, 7 de julio de 1981. Ediciones OR, octubre-diciembre de 1981, p. 14.

[170] Adoptada el 14 de diciembre de 1960 por la Conferencia General de la Organización de Naciones Unidas para la Educación, la Ciencia y la Cultura.

LAS BIBLIOTECAS INDEPENDIENTES

> *"...no se está en presencia de una biblioteca personal y que la totalidad de estos materiales son publicados con la finalidad de brindar información sobre: 'Transiciones hacia la Democracia', 'Derechos Humanos' y 'Economía de Mercado', encaminados a provocar la subversión del orden interno del país..."*[171].

La restricción a la libertad de expresión e información, y el férreo control de la educación y sus contenidos, se complementa con la prohibición de poder ejercer actividades culturales, de expresión de ideas o educativas que no sean autorizadas por el Estado.

En esta condición se encuentran los intentos de ciertos grupos de disidentes políticos de organizar las denominadas bibliotecas independientes, destinadas a ofrecer a la comunidad parte de las ideas a las que no tienen acceso a través de los canales formales u oficiales de educación e información.

Tales bibliotecas, en general, se nutren de literatura universal y cubana, e incluyen textos sobre derechos humanos, textos constitucionales, etc.. En el Capítulo III ya se hizo referencia a las condenas basadas en la tenencia en manos de los imputados de ejemplares de la Declaración Universal de Derechos Humanos y otros textos sobre los derechos fundamentales.

---

[171] De la sentencia dictada en la causa n° 1/03 de la Sala de los Delitos contra la Seguridad del Estado del Tribunal Provincial de Villa Clara, seguida por actos contra la independencia e integridad territorial del Estado, contra Omar Moisés Ruiz Hernández, condenado a 18 años de prisión.

Los organizadores de dichas bibliotecas han sido considerados "subversivos", "contrarrevolucionarios", y castigados duramente por los tribunales populares del régimen. Pueden mencionarse los siguientes ejemplos:

1. José Miguel Martínez Hernández creó la biblioteca independiente "Juan Bruno Sayas", a través de la cual, según la sentencia del tribunal popular de La Habana, "acumuló y difundió material de carácter subversivo, encaminado a quebrantar el orden interno, desestabilizar el país y liquidar el Estado Socialista y la independencia de cuba".

Entre dicho material subversivo se contabilizó la declaración de Independencia de Estados Unidos, la Constitución de ese país, libros de introducción a los Derechos Humanos y revistas de la Federación Sindical de Plantas Eléctricas, Gas y Agua de Cuba en el exilio, 'Qué es la Democracia' y '8 de marzo, Día Internacional de la Mujer'.

2. Víctor Rolando Arroyo Carmona creó en 2002 una biblioteca independiente que funcionó en el domicilio de su madre, a la que denominó "Reyes Magos", que según el Tribunal Provincial Popular de Pinar del Río que lo condenó a 26 años de prisión, estaba dotado de más de 6.000 títulos "cuyo contenido está dirigido a desacreditar a nuestro sistema político y social".

Al respecto, se puede leer en la sentencia:

"Una pericia novedosa, interesante y seria lo fue la practicada por los profesores de la Universidad de Pinar del Río, todos con grado científico de Master en Ciencias y una extensa experiencia profesional..., quienes de una manera didáctica y de fácil acceso explicaron cómo, luego de revisar casi en su totalidad la biblioteca "Reyes Magos" que dirigía Arroyo Carmona y un total de 699 artículos elaborados por éste, llegaron a las conclusiones que recoge el documento expedido al respecto y que aclara el carácter sensacionalista y oportunista de los escritos del Arroyo Carmona y la carencia de profesionalidad y estructura lógica de sus 'trabajos', pero aclararon además los peritos que este actuar del acusado, sin respaldo científico o probadamente con falsos contenidos, es motivo de sanción penal en la mayoría de los Tribunales del Mundo, pues es un medio de control de los desafueros periodísticos y en la lucha por el equilibrio y la verdad informativa. Demostrado quedó también el carácter reaccionario de la mayoría de los textos ocupados en esta biblioteca, que es evidente son de la misma orientación que los existentes en el resto de éstas, pues se expusieron ejemplos de pasajes de libros que atentan contra el prestigio de la historia de la Nación Cubana, de figuras cimeras como Martí o el Ché Guevara, siendo irrespetuosos e irreverentes estos textos, además de ser significativo que se idealiza el modelo democrático norteamericano, en detrimento de la verdadera historia y desarrollo de la democracia, siendo esta postura claramente política y pronorteamericana y no meramente histórica y progresista, todo lo que demuestra exactamente el verdadero objetivo de la literatura ocupada".

3. Julio Antonio Valdez Guevara fue condenado por el Tribunal Provincial Popular de Santiago de Cuba. En la sentencia se sostuvo:

"Probado que, el acusado como responsable dentro del grupúsculo de la autodenominada Biblioteca Independiente, acumuló libros, revistas y folletos de ediciones y autores contrarrevolucionarios radicados en el extranjero, principalmente de Miami, que exhortan a la desobediencia civil, tergiversan los acontecimientos históricos y la actuación de personalidades e ilustres pensadores y patriotas revolucionarios, con apología hacia la economía de mercado y a la liberación de la función reguladora del Estado sobre la actividad económica del país, con marcado interés político de subvertir ideológicamente al lector, con el claro propósito, de mediante la confusión, sumar personas a la contrarrevolución y provocar la destrucción del orden político, económico y social existente en Cuba, que es defendido por la inmensa y aplastante mayoría de su pueblo; bibliografía que divulgaba entre los integrantes de su grupo y de otras personas, ocupándose en registro efectuado en su domicilio en fecha 19 de marzo de 2003, los ejemplares de esta biblioteca, consistentes en 32 folletos sobre la carta de los derechos humanos; un manual sobre Seguridad e Higiene del Trabajo; un boletín del comité cubano pro derechos humanos en España; dos ejemplares con informaciones de la Diócesis del Santísimo Salvador; un folletín sobre Democracia Participativa; un paskín sobre censura a los colaboradores; copias de varios discursos pronunciados por diferentes personas en la entrega del premio Sajarov a Oswaldo Payá Sardiñas".

4. Blas Giraldo Reyes Rodríguez fue condenado a 25 años de privación de libertad por el Tribunal Provincial Popular de Villa Clara, en cuya sentencia se sostuvo:

"Probado que el acusado Blas Giraldo Reyes Rodríguez, motivado con las noticias emitidas por la emisora contrarrevolucionaria Radio Martí, creó una biblioteca que denominó "BIBLIOTECA INDEPENDIENTE VEINTE DE MAYO", en su domicilio, con el propósito de mancillar el prestigio de la Revolución Cubana internacionalmente y cuestionar los planes que lleva a cabo el Estado Revolucionario en los campos de la cultura y la educación. Es así que en la biblioteca agrupó literatura de carácter heterogénea, entre ella cuenta con un fondo de libros de diferentes artistas, de circulación nacional, relacionados con la novelística, la literatura cubana, la enseñanza técnica profesional y la literatura político social, estos abarcan diversos aspectos, con un enfoque adecuado y acorde a las exigencias de las instituciones legales del país, también existen un grupo de revistas de difusión cultural... Además de contar con un grupo de publicaciones que no tienen circulación nacional, procedente de editoriales foráneas y que abarcan múltiples temas, como los de la novelística, la historia, filosofía, cultura y literatura infantil, y aunque muchos de estos trabajos no tienen un marcado carácter subversivo, si resaltan los valores de la sociedad capitalista e igualmente nutrió la biblioteca con libros, revistas, periódicos, folletos y materiales impresos con carácter sedicioso, con el ánimo de provocar efectos desestabilizadores en la psicología y la ideología de los cubanos con el objeto de alterar el orden interno del país..".

XII. Las restricciones al derecho de entrar y salir del país.

> *"Muchos querían regresar, pero nosotros no aceptamos, nosotros incluso aceptamos la reunificación allá, y no aquí, porque ellos tienen más recursos que nosotros".*
> Fidel Castro, 1988[172].

A diferencia de lo que ocurre con otras constituciones del mundo, la cubana no se refiere, en el Capítulo VII sobre los derechos, deberes y garantías fundamentales, al derecho de entrar, permanecer y salir del país, que ha sido consagrado en constituciones y declaraciones de derechos individuales desde la Carta Magna de 1215 (artículos 41 y 42).

La Declaración Universal de Derechos del Hombre, dispone en su artículo 13.2 que "toda persona tiene derecho a salir de cualquier país, incluso del propio, y a regresar a su país". Esta garantía también está contenida en la Convención Americana sobre Derechos Humanos, en su artículo 22.

La ausencia de libertad política, de derecho a emitir la opinión política o reunirse con fines políticos sin correr el riesgo de ser encarcelado, en muchos países se ha mitigado con la posibilidad de que los disidentes puedan abandonar libremente el país.

---

[172] Op. cit., p. 69.

La historia de las últimas décadas en Cuba demuestra que esa libertad tampoco se ha respetado en la isla, y su restricción constituye una de las piezas claves para el mantenimiento del sistema.

Existen impedimentos legales en Cuba para que los ciudadanos puedan abordar aviones o embarcaciones sin un permiso expreso del Ministerio del Interior, que en los hechos no se otorga a ciudadanos comunes. La historia de los llamados "balseros", y las estadísticas sobre las muertes producidas en el mar por quienes intentaron huir en embarcaciones precarias, muestran con elocuencia las restricciones existentes al derecho de abandonar el país.

Se ha tenido que recurrir a embarcaciones improvisadas con cámaras de camiones y trozos de madera, para intentar el cruce de las 90 millas que separan la Isla de los Estados Unidos. Esos intentos de huir muchas veces son impedidos por la acción de la marina cubana, que dispara indiscriminadamente contra sus propios ciudadanos, por el sólo hecho de querer ejercer su derecho a abandonar el país.

También son conocidos los numerosos pedidos de asilo diplomático que a lo largo de los años efectuaron artistas, militares, deportistas y diplomáticos cubanos en diversos países del mundo.

Tras la emigración sostenida en los primeros años, el régimen comenzó a poner trabas a la salida de ciudadanos cubanos del país. Estas restricciones fueron al comienzo escondidas, sosteniendo que los cubanos eran libres de viajar a visitar familiares en el exterior, y luego regresar. Ante el Comité Central del Partido Comunista, decía Fidel Castro en 1965:

"Nosotros aquí hemos estado permitiendo que salga todo el que quiera salir del país desde el principio de la Revolución, puesto que nosotros no hemos negado permiso nunca a los que han querido salir para ir a visitar a sus familiares y regresar, y puesto que si bien hay cubanos que tienen familiares en Estados Unidos y desean ir a reunirse con ellos, también hay cubanos que tienen familiares en Estados Unidos y que no quieren abandonar el país..."[173].

Cuando en 1980 se produjo el éxodo masivo de Mariel, el Presidente Castro se encargó de aclarar que quienes se iban no tenían "espíritu revolucionario", y también aprovechó para sacar del país a quienes consideraba "elementos indeseables". Así, en su discurso del día de los trabajadores de ese año, señaló:

"...La obra de una revolución y la construcción del socialismo es tarea de hombres y mujeres absolutamente libres y voluntarios. Quien no tenga genes revolucionarios, quien no tenga sangre revolucionaria, quien no tenga una mente que se adapte a la idea de una revolución, quien no tenga un corazón que se adapte al esfuerzo y al heroísmo de una revolución, no lo necesitamos en nuestro país...".

"Ahora, no le hemos dado salvoconducto y pasaporte solo al lumpen que se alojó en la embajada, no. A todo lumpen que lo solicite, a todo el que lo solicite. Pero claro, los lumpens dijeron: '¡Este es el día internacional del lumpen!'. Cuando oyeron decir eso, pues muchos lumpens quieren su pasaporte y su salvoconducto. ¿Y qué vamos a hacer? ¿Por qué se lo vamos a negar? Como dice *Granma*, 'sería injusto e inconstitucional'"[174].

Luego, vueltas a cerrar las compuertas de la emigración, puso trabas para que los ciudadanos cubanos considerados "indeseables" o con espíritu "contrarrevolucionario" pudieran regresar a su país:

---

[173] *Discurso en la presentación ante el Comité Central del Partido Comunista de Cuba*, La Habana, 3 de octubre de 1965, Ediciones OR, La Habana, 1965, p. 7.
[174] *Discurso por el Día Internacional de los Trabajadores*, La Habana, 1° de mayo de 1980, Ediciones OR (abril- junio), 1980, p. 11 y 16.

"También es preciso que visitar a Cuba para los originarios de este país se limite estrictamente a los que de ninguna forma hayan tenido conductas hostiles a su patria de origen, no hayan abandonado ilegalmente el país y sean además capaces de una actitud de irreprochable respeto a la Revolución. Serán drásticas las medidas contra quienes intenten realizar cualquier actividad contrarrevolucionaria. Se renunciará a toda consideración de ventajas económicas relacionadas con estas visitas"[175].

Más tarde hubo de admitir ciertas excepciones al derecho de emigrar:

"Entonces nosotros tenemos una política, que es de puertas abiertas: el que quiera viajar, que viaje. A veces ponemos algunas restricciones. Digamos, si se trata de un especialista que no tiene a alguien que ocupe su puesto, nosotros decimos: bueno, hay que esperar mientras tenemos un cuadro que ocupe su puesto, según el trabajo que está desempeñando"[176].

Esta excusa referida a la necesidad de retener ciertos especialistas ha sido frecuentemente invocada para evitar la salida de personas con cierta notoriedad social en la isla, lo que evidentemente supone un descrédito para el régimen. Es el caso reciente de la doctora Hilda Molina, prestigiosa médica a la que se impide salir del país para viajar a Argentina a visitar a su hijo y conocer a sus nietos. Fidel Castro ha sostenido en este caso que "su cerebro es patrimonio del Estado Cubano"[177].

---

[175] *Informe Central presentado al II Congreso del Partido Comunista de Cuba*, La Habana, 17 de diciembre de 1980, Ediciones OR (octubre-diciembre), 1980, p. 123.
[176] MINÁ, Gianni, *Un encuentro con Fidel*, Entrevista concedida el 28 y 29 de junio de 1988, Oficina de Publicaciones del Consejo de Estado, La Habana, 1988, p. 62.

La restricción a los ciudadanos cubanos a entrar y salir del país es garantizada en Cuba por la amenaza con sanción penal. En este sentido, el Código Penal cubano prevé normas que tienen pocos precedentes en el mundo. El artículo 216 amenaza con pena de prisión de uno a tres años a toda persona que, sin cumplir las formalidades legales, realice actos tendientes a salir del territorio nacional. Si para ello se emplea violencia o intimidación en las personas o fuerza en las cosas, la pena se eleva de tres a ocho años de prisión; sin perjuicio de la pena que pueda corresponder a los eventuales delitos que se cometan para tratar de escapar, tal como aclara por las dudas el párrafo final de ese artículo.

Por su parte, el artículo 217 dispone que el que organice, promueva o incite a la salida ilegal de personas del territorio nacional será castigado con pena de dos a cinco años de prisión; y el que preste ayuda material, ofrezca información o facilite de cualquier modo la salida ilegal de personas del territorio nacional, será penado con uno a tres años de prisión o multa.

El intento de apoderarse de una nave con el propósito de abandonar el país cae frecuentemente dentro de la figura de la piratería, cuya pena es sensiblemente mayor, llegando incluso a la de muerte. En efecto, de acuerdo con el artículo 117 del Código Penal, incurre en sanción de privación de libertad de diez a veinte años o muerte el que se apoderase de un navío o aeronave, o de los bienes a bordo (inciso 1, a) y el que por cualquier medio, sustraiga, aprese o se apropie de una nave o aeronave, las desvíe de su ruta o interfiera sus actividades normales (inciso 2).

---

[177] Esto lo ha manifestado a medios periodísticos el ex embajador Argentino en Cuba, Raúl Taleb, quien agregó: "Molina fue una militante activa y ha tenido entredichos políticos con el comandante Castro. Cuba debe tener temor de que ella se convierta, fuera del país, en una disidente interna ("Castro no la iba a autorizar", *Diario Ambito Financiero* del 22 de diciembre de 2004, p. 14; "El fondo y la forma del dilema cubano", *Diario La Nación* del 29 de diciembre de 2004, p. 8).

Entre los muchos casos de condenas por salida ilegal del país, con o sin el concurso de piratería, pueden mencionarse los casos de Antonio Márquez Urquía, condenado a 7 años de prisión[178]; Alejandro Mustafá Reyes, condenado a 20 años de prisión[179], Rafael Fernández Pérez a quince años de prisión[180], Roberto Bruno Fonseca Guevara a 12 años de prisión[181], Irma González Torna a 21 años de prisión[182], Rafael Jorrín García a 20 años de prisión[183], entre muchos otros.

Un caso para destacar fue el de Máximo Omar Ruiz Matosas, quien fuera teniente coronel del MININT e ingeniero de Radio Localización. Fue detenido por los órganos de seguridad del Estado cuando intentaba salir del país el 16 de noviembre de 1990 y condenado a 20 años de prisión por los delitos de deserción, espionaje, salida ilegal del país, desacato y conducta deshonrosa.

También existen ciudadanos cubanos condenados o presos sin juicio por el delito de entrada ilegal al país. Por ejemplo Santiago Padrón Quinterno fue detenido el 26 de abril de 2001 al llegar a Cuba por mar en forma no regular, y desde entonces permanece detenido en el Combinado del Este, La Habana, sin que se le hayan formulado cargos formalmente en su contra; en idéntica situación se halla Raúl Arencibia Fajardo, detenido el 6 de diciembre de 2002. A su vez, Miguel Díaz

---

[178] Detenido el 15 de septiembre de 1997 y condenado por el Tribunal Provincial Popular de Guantánamo en la causa n° 192/97.
[179] Detenido el 27 de abril de 1994.
[180] Detenido el 7 de abril de 1993; esta persona era oficial de la marina de guerra de Cuba cuando intentó escapar.
[181] Detenido el 21 de julio de 1996 y condenado en la causa n° 3/96 por el Tribunal Provincial Popular de Granma.
[182] Detenido el 24 de julio de 1999 y condenado en la causa n° 7/99 por el Tribunal Provincial Popular de Villa Clara.
[183] Detenido el 1 de octubre de 1997 y condenado en la causa n°/98 por el Tribunal Provincial Popular de La Habana.

Bauzá fue condenado a 25 años de prisión por entrada ilegal al país[184]; Pedro de la Caridad Alvarez Pedroso a 30 años de prisión[185]; por mencionar sólo un puñado de ejemplos.

Es bueno tener presente que aquellos funcionarios o empleados que viajan a un país extranjero cumpliendo alguna misión, y una vez cumplida o requeridos para que regresen se niegan a hacerlo, cometen el delito de abandono de funciones, de modo que en caso de regresar, enfrentan una pena de tres a ocho años de prisión (artículo 135 del Código Penal).

Más allá de las penalidades concretas contenidas en el Código Penal, las actividades vinculadas con los intentos de abandonar el país y el fomento de los llamados "balseros", ha merecido una respuesta mucho más dura por la justicia penal, incluyendo a tal conducta como un delito contra la seguridad del Estado o la infracción a la ley que reprime actividades terroristas.

Por ejemplo, el 2 de abril de 2003, en pleno desarrollo de los procesos contra los opositores detenidos el 18 de marzo, un grupo de personas fue detenido cuando intentaba secuestrar una embarcación para desviarla hacia territorio de los Estados Unidos, con la finalidad de emigrar hacia ese país. Más allá de lo criminal del acto examinado en abstracto, ninguna persona sufrió heridas y el episodio fue rápidamente neutralizado.

Como vimos en el Capítulo IV, se instruyó el sumario en seis días, y el 8 de abril las personas fueron juzgadas y condenadas por la Sala de Delitos contra la Seguridad del Estado del tribunal provincial popular. Tres de estas personas, Bárbaro Sevilla García, Lorenzo Copello Castillo

---

[184] Detenido el 15 de octubre de 1994 y condenado en la causa n°2/94 del Tribunal Provincial Popular de Villa Clara.
[185] Detenido el 29 de diciembre de 1991 al ingresar al país ilegalmente procedente de los Estados Unidos.

y Jorge Luis Martínez Isaac, fueron condenados a muerte por aplicación de la ley 120 contra el terrorismo. Al día siguiente las condenas fueron ratificadas por la Sala correspondiente del Tribunal Supremo Popular, y al otro –10 de abril-, fueron confirmadas por el Consejo de Estado, que preside el Comandante Fidel Castro. La ejecución de las condenas se hizo efectiva, mediante fusilamiento, entre la noche de ese mismo 10 de abril y la madrugada del día siguiente.

Pocos días antes de ese episodio, un grupo de personas intentó apoderarse de una avioneta en la Isla de la Juventud, siendo detenidos. En ese caso, las condenas fueron a prisión perpetua para Leudis Arce Romero, José Angel Díaz Ortiz y Jorge Luis Pérez Puentes.

También durante los procesos de la llamada "Primavera de Cuba", la actividad de apoyo a los "balseros" fue considerada por el gobierno como un delito contra la independencia e integridad territorial del Estado, previsto por el artículo 91 del Código Penal[186].

En esta circunstancia se inscribe el caso de Margarito Broche Espinosa, quien tras un juicio sumarísimo fue condenado el 7 de abril de ese año a veinticinco años de privación de libertad por la comisión del delito mencionado. Su condena se fundó en los siguientes argumentos:

"...trató de abandonar el territorio nacional ilegalmente en 1996, lo que ya había intentado en 1992 por la provincia de Sancti Spiritus por cuya acción resultó juzgado y sancionado, no así en el segundo intento, ya que en virtud de los acuerdos migratorios suscriptos entre Cuba

---

[186] El artículo 91 del Código Penal de Cuba está ubicado en el Título I de la Parte Especial: *Delitos contra la seguridad del Estado*, Capítulo I, *Delitos contra la seguridad exterior del Estado*, Sección primera, *Actos contra la independencia o la integridad territorial del Estado*. Dispone: "El que, en interés de un Estado extranjero, ejecute un hecho con el objeto de que sufra detrimento la independencia del Estado cubano o la integridad de su territorio, incurre en sanción de privación de libertad de diez a veinte años o muerte"

y los Estados Unidos determinó su devolución a nuestro país por las autoridades costeras norteamericanas; fundando este acusado en el año 1997 por voluntad propia, una organización contrarrevolucionaria vinculada a los denominados balseros que nombró 'Asociación Nacional de Balseros, Paz, Democracia y Libertad del Centro Norte de Cuba', auto-titulándose su Presidente, teniendo entre sus objetivos rendir homenaje a balseros desaparecidos o devueltos en intentos de salidas clandestinas del país y contribuir con ello a sabotear los acuerdos migratorios firmados entre los Gobiernos de Cuba y Estados Unidos, propiciando de esta forma que las autoridades norteamericanas violaran dichos acuerdos y busquen justificaciones para arreciar su política en contra de nuestro pueblo, por lo que Broche Espinosa ha tratado de subvertir el orden interno para provocar cambios e nuestro sistema político. Participa de forma activa en la emisión de denuncias sobre supuestas violaciones y represiones de que han sido objeto balseros repatriados a territorio cubano, vinculando estas con los derechos humanos, las que ha hecho llegar a emisoras radiales contrarrevolucionarias asentadas en los Estados Unidos, apoyándose en los ilegales 'Periodistas Independientes'. El 30 de noviembre de 1998 para demostrar su participación en contra de la Revolución, fundó otra organización con igual corte contrarrevolucionario que denominó 'Club Willy Chirino' en el que reunió a niños y jóvenes hijos de balseros desaparecidos o repatriados para imbuirlos en el modo de vida del sistema capitalista y su oposición al sistema socialista imperante en Cuba, lo que resulta traumático al inculcar a niños y adolescentes que reciben en nuestro país una educación esmerada y sana, semejantes conductas que difieren con nuestra sociedad y que les impulsan a adoptar una deformada conducta social, inclinada al modo de vida capitalista, para formar en ellos la cantera de futuros balseros, ya que si se le rinde pleitesía a los que intentan abandonar de forma ilegal el territorio nacional, esa será la conducta que seguirán...".

"...Otra de las actividades desarrolladas por el acusado Broche Espinosa, fundamentalmente en el municipio de Caibarién por ser el lugar donde reside, además de las denuncias por supuestas violaciones a derechos humanos, fueron vigilias en su propia casa y en otras viviendas con personas de iguales intereses a los del encausado, conmemorando determinadas fechas, y además recordación de balseros desaparecidos y de otros elementos contrarios al Gobierno cubano radicados en el exterior, organizando una peregrinación al malecón de Caibarién lanzando flores al mar, pretendiendo con su conducta subvertir el orden interno, haciéndose acompañar de un grupo de sus seguidores y de niños, que cuando se fue a actuar por las autoridades, cargó a uno de esos infantes en sus brazos para impedir su detención..."[187].

Con las fronteras cerradas, y un férreo control para impedir el ingreso o egreso de personas, se ha consolidado el sistema totalitario de la isla durante más de cuatro décadas.

---

[187] Sentencia n° 3/2003, en la causa n° 1/2003 de la Sala de los Delitos contra la Seguridad del Estado del Tribunal Provincial Popular de Villa Clara, del 7 de abril de 2003, en la cual se condenó a Margarito Broche Espinosa a la pena de veinticinco años de privación de la libertad por comisión del delito previsto en el artículo 91 del Código Penal.

CONCLUSIÓN.

> *"Yo concibo la verdad en función de un fin justo y noble, y es entonces cuando la verdad es realmente verdad. Si no sirve un fin justo, noble y positivo la verdad, como ente abstracto, categoría filosófica, en mi opinión no existe"*. Fidel Castro, 1964[188].

---

[188] *Comparecencia en el juicio contra el delator de los mártires de Humbolt 7*, La Habana, 26 de marzo de 1964, *Obra Revolucionaria*, La Habana, 1964, p. 40

Del examen de los textos constitucionales y legales que rigen en Cuba, puede deducirse que el régimen político se basa en una estructura piramidal cuya cabeza, la Asamblea Nacional de Poder Popular, concentra el poder absoluto de decisión sobre la vida e integridad de los ciudadanos. A su vez, la Asamblea se nutre con los cuadros y directivas producidas en el seno del Partido Comunista, bajo la atenta vigilancia de Fidel Castro.

De este modo, no existen en Cuba aquellas instituciones políticas que en los países democráticos y republicanos se han establecido para garantizar la dispersión del poder político, el control de sus actos, y las garantías de los ciudadanos frente a las decisiones del gobierno. El poder constituyente, el legislativo, el ejecutivo y el judicial son ejercidos directamente o controlados por la Asamblea.

Ese poder absoluto, además, y por mandato constitucional, tiene facultades para restringir las libertades esenciales que pudieran permitir una transformación política en el futuro, como son las libertades de opinión, de información, de reunión, de asociación, de petición a las autoridades, e incluso la de abandonar el país. Las severas restricciones a estos derechos impiden que se puedan generar dentro de Cuba alternativas políticas serias por la vía pacífica y democrática. Además, tal transformación ha sido prohibida expresamente a partir de la reforma constitucional de 2002, que dispuso que el socialismo y el sistema político y económico son irrevocables.

Al poder político absoluto se suma la explícita concentración del poder económico en manos del Estado, al hacer prácticamente inexistente la propiedad privada y otorgar facultades de control total al Estado sobre la actividad económica. Ello refuerza aún más la dependencia de los ciudadanos cubanos a las decisiones y órdenes del gobierno, pues su subsistencia depende del único empleador.

Todo ello se complementa con la facultad instrumental que el Código Penal otorga al gobierno a través del llamado "estado de peligrosidad", que autoriza a detener a los ciudadanos prácticamente sin ningún motivo objetivo.

Las frecuentes remisiones de la Constitución y las leyes a expresiones tales como el "pueblo trabajador", el "Proletariado" o la "sociedad comunista", contribuyen a hacer menos claro cualquier límite que se intentara poner a las funciones del gobierno, pues al tratarse de expresiones sin sentido concreto, abre la posibilidad de que cualquier decisión que el régimen adopte pueda ser justificada en nombre de tales entes abstractos e ideales.

En suma, más allá de las invocaciones retóricas, es posible mostrar que objetivamente el sistema constitucional y legal cubano ha sido elaborado con el propósito de justificar el poder absoluto y arbitrario en manos del gobierno, y que fue el instrumento que permitió a una sola persona convertirse en el gobernante supremo durante más de cuatro décadas.

Cada acto individual de disconformidad con el régimen, cada manifestación de una idea política diferente, formación de una agrupación con intenciones políticas, petición a las autoridades, reunión pública, publicación de ideas, ejercicio del comercio, intento de obtener información desde el exterior e incluso de abandonar el país, fue atribuido por los jueces del régimen, a operaciones conducidas desde el extranjero para destruir el socialismo.

Frente a esta conducta que ya lleva casi medio siglo, buena parte de la comunidad internacional ha respondido con particular benevolencia. Muchos gobiernos se mostraron tolerantes con tales abusos, soslayándolos, minimizándolos, y utilizando la presión internacional para propiciar cambios dentro del régimen, solicitándole que adecue sus actos al respeto de los principios básicos del derecho internacional de los derechos humanos.

Sin embargo, la respuesta del gobierno cubano a tal generosidad ha sido un incremento progresivo en la represión interna, una mayor violación a derechos fundamentales, y la misma excusa: la necesidad de defender la Revolución frente a ataques enemigos.

En este contexto, la posibilidad de los ciudadanos cubanos de hacer valer sus derechos esenciales, está condenada a transitar un círculo vicioso cuyas únicas alternativas parecen ser el silencio, la cárcel o el paredón de fusilamiento.

Cualquier ciudadano que esboce un pensamiento distinto del sostenido por el gobierno, es considerado un "contrarrevolucionario" o "subversivo". Además, existe una presunción a la que el gobierno no da posibilidad de rebatir, de que ningún disidente actúa siguiendo sus propias convicciones, sino que son todos agentes al servicio del gobierno de los Estados Unidos, y movidos por el firme propósito de destruir la Revolución y subvertir la sociedad cubana, para ponerla de rodillas ante el Imperialismo.

Como los disidentes no cuentan con derechos dentro del país, y el Estado cubano es prácticamente el único empleador –y no da trabajo a los "contrarrevolucionarios"- sólo pueden subsistir gracias a la ayuda recibida desde el exterior. A ello se suma que el reconocimiento por parte de gobiernos o instituciones extranjeras de que una persona es un disidente político, le confiere a ella alguna protección frente a las detenciones arbitrarias y maltratos del régimen. Estos contactos con instituciones extranjeras, entonces, le dan nuevas excusas al gobierno para atribuir a los disidentes el carácter de "agentes del enemigo".

Mientras tanto, los disidentes continúan con su acción, sabiendo que el gobierno monitorea sus movimientos, infiltra sus rudimentarias organizaciones con agentes de inteligencia y en el momento que considera oportuno, procede a su detención. Ello se advierte en varios de los juicios producidos como consecuencia de las detenciones del 18 de marzo de 2003, en las que declararon agentes de la Seguridad del Estado que venían infiltrando las organizaciones de los disidentes, en algunos casos, desde hacía más de diez años.

Como señalé al comienzo, la globalización del mundo ha marcado la globalización de un conjunto de derechos fundamentales del hombre, elaborados por cartas y declaraciones producidas en varios países, la costumbre internacional y, a partir de la segunda mitad del siglo XX, por los instrumentos internacionales que consagran los Derechos Humanos.

Esta circunstancia, al tiempo que fundamenta la obligación de los gobiernos de reconocer y garantizar dichos derechos, y limitar su acción en tal sentido, genera la obligación de la comunidad internacional para exigir su respeto.

Parece evidente también que parte de la legislación y normas constitucionales de Cuba no se compadecen con los principios del derecho internacional de los derechos humanos, y requieren una reforma radical. Sin embargo, cualquier intento por avanzar en este sentido por las vías legales que las propias instituciones prevén, choca con la alegación de "contrarrevolucionario" y constituye la antesala de la cárcel.

Un ejemplo claro de ello lo constituye el llamado Proyecto Varela, presentado por Oswaldo Payá Sardiñas siguiendo escrupulosamente el procedimiento establecido en la propia legislación cubana, y que sin embargo no sólo no obtuvo respuesta, sino que aquellos que han contribuido a su presentación fueron condenados por cometer actos subversivos.

Manuel Vázquez Portal fue condenado a quince años de privación de libertad por infracción a la ley 88/99; se le imputó, entre otras cosas, haber publicado un artículo titulado *Espíritu Tribal*, que contenía la siguiente frase:

> "...Cuba, perdida ya su esperanza de globalizar a la manera socialista, se atrinchera en posiciones de franco nacionalismo para preservar un poder que se torna cada día más reaccionario"[189].

Esta frase, que le mereció la cárcel a su autor, resume con claridad lo que parece ser la actual situación de Cuba. A esta altura de la historia, la mejor manera que tiene el gobierno cubano para mantener la independencia e integridad de su país no pasa por reprimir a un puñado de opositores casi sin recursos, incrementando la ya grave violación a derechos individuales que se generaliza en la isla; sino que debiera adecuar sus instituciones y sus actos a las exigencias del derecho internacional de los derechos humanos, para luego poder obtener el auxilio y cooperación de la comunidad internacional, que le permita resolver sus problemas económicos y mantener su soberanía.

Por el contrario, Fidel Castro parece estar cumpliendo la advertencia manifestada hace casi cuarenta años, cuando dijo:

> "Si de algo se puede reprochar a esta Revolución, no es ni mucho menos de haber sido extremista, sino, en todo caso, de no haber sido lo suficientemente radical. Y no debemos perder oportunidad ni dejar pasar la hora ni el momento de radicalizar cada vez más a esta Revolución..."[190].

---

[189] Tomado de la sentencia dictada el 5 de abril de 2003 en la causa nº 14/03 de la Sala de los Delitos contra la Seguridad del Estado del Tribunal Provincial Popular de La Habana, por la que se condenó a Vázquez Portal junto con otras personas por infracción a la ley 88/99.

[190] *Discurso en el XI aniversario del asalto al Palacio Presidencial*, La Habana, 13 de marzo de 1968, Ediciones COR, La Habana, 1968, p. 47.

Posiblemente la posición de buena parte de la comunidad internacional debiera ser más firme en la exigencia del respeto a los derechos fundamentales, en nombre de todos esos muertos y presos por tratar de ejercer sus derechos, y de otros millones que optaron por el silencio, a la espera de que se produzcan los cambios anhelados.

Recientemente la Unión Europea levantó temporalmente las sanciones impuestas luego de la llamada "Primavera de Cuba", producida en los últimos días de marzo y primeros de abril de 2003, que incluyó 75 detenciones de disidentes políticos, más prisión perpetua y muerte para quienes intentaron abandonar el país en un avión desde la Isla de la Juventud y en una embarcación en La Habana.

La suspensión de aquella sanción frente a tamaño acto de violencia a los derechos fundamentales, se ha justificado en que el gobierno cubano decidió dejar en libertad a algunos de los condenados. De este modo, los ciudadanos cubanos son utilizados como piezas de un juego macabro, detenidos cuando el gobierno quiere, liberados cuando le conviene, y en el futuro, quizá vueltos a detener o fusilados, de acuerdo con el humor del gobernante.

Mientras tanto, continuará rigiendo en Cuba una vieja arenga de su líder:

"Hay una frase que por una cuestión de profundos principios, estará abolida siempre de la terminología de esta Revolución, y es la frase: ¡alto el fuego!"[191].

---

[191] *Discurso por el XIV aniversario del asalto al cuartel Moncada*, Oriente, 26 de julio de 1967, Ediciones OR, La Habana, p. 26.

ANEXO

CONSTITUCIÓN DE CUBA

PREÁMBULO

NOSOTROS, CIUDADANOS CUBANOS, herederos y continuadores del trabajo creador y de las tradiciones de combatividad, firmeza, heroísmo y sacrificio forjadas por nuestros antecesores;

por los aborígenes que prefirieron muchas veces el exterminio a la sumisión;

por los esclavos que se rebelaron contra sus amos;

por los que despertaron la conciencia nacional y el ansia cubana de patria y libertad;

por los patriotas que en 1868 iniciaron las guerras de independencia contra el colonialismo español y los que en el ultimo impulso de 1895 las llevaron a la victoria de 1898, que les fuera arrebatada por la intervención y ocupación militar del imperialismo yanqui;

por los obreros, campesinos, estudiantes e intelectuales que lucharon durante mas de cincuenta años contra el dominio imperialista, la corrupción política, la falta de derechos y libertades populares, el desempleo y la explotación impuesta por capitalistas y terratenientes;

por lo que promovieron e integraron y desarrollaron las primeras organizaciones de obreros y de campesinos, difundieron las ideas socialistas y fundaron los primeros movimientos marxista y marxista- leninista;

por los integrantes de la vanguardia de la generación del centenario del natalicio de Martí, que nutridos por su magisterio nos condujeron a la victoria revolucionaria popular de Enero;

por los que, con el sacrificio de sus vidas, defendieron la Revolución contribuyendo a su definitiva consolidación;

por los que masivamente cumplieron heroicas misiones internacionalistas;

GUIADOS

por el ideario de Jo Martí y las ideas politico-sociales de Marx, Engels y Lenin;

APOYADOS

en el internacionalismo proletario, en la amistad fraternal, la ayuda, la cooperación y la solidaridad de los pueblos del mundo, especialmente los de América Latina y del Caribe;

DECIDIDOS

a llevar adelante la Revolución triunfadora del Moncada y del Granma, de la Sierra y de Girón encabezada por Fidel Castro que, sustentada en la mas estrecha unidad de todas las fuerzas revolucionarias y del pueblo, conquisto la plena independencia nacional, estableció el poder revolucionario, realizo las transformaciones democráticas, inicio la construcción del socialismo y, con el Partido Comunista al frente, la continua con el objetivo final de edificar la sociedad comunista;

CONSCIENTES

de que todos los regímenes sustentados en la explotación del hombre por el hombre determinan la humillación de los explotados y la degradación de la condición humana de los explotadores;

de que solo en el socialismo y el comunismo, cuando el hombre ha sido liberado de todas las formas de explotación: de la esclavitud, de la servidumbre y del capitalismo, se alcanza la entera dignidad del ser humano;

y de que nuestra Revolución elevo la dignidad de la patria y del cubano a superior altura;

DECLARAMOS

nuestra voluntad de que la ley de leyes de la República este presidida por este profundo anelo, al fin logrado, de Jo Martí:

"Yo quiero que la ley primera de nuestra República sea el culto de los cubanos a la dignidad plena del hombre".

ADOPTAMOS

por nuestro voto libre, mediante referendo, la siguiente: CONSTITUCIÓN

CAPÍTULO I
FUNDAMENTOS POLÍTICOS, SOCIALES Y ECONÓMICOS DEL ESTADO

Artículo 1.- Cuba es un Estado socialista de trabajadores, independiente y soberano, organizado con todos y para el bien de todos, como república unitaria y democrática, para el disfrute de la libertad política, la justicia social, el bienestar individual y colectivo y la solidaridad humana.

Artículo 2.- El nombre del Estado cubano es República de Cuba, el idioma oficial es el español y su capital es la ciudad de La Habana.

Artículo 3.- En la República de Cuba la soberanía reside en el pueblo, del cual dimana todo el poder del Estado. Ese poder es ejercido directamente o por medio de las Asambleas del Poder Popular y demás órganos del Estado que de ellas se derivan, en la forma y según las normas fijadas por la Constitución y las leyes. Todos los ciudadanos tienen el derecho de combatir por todos los medios, incluyendo la lucha armada, cuando no fuera posible otro recurso, contra cualquiera que intente derribar el orden político, social y económico establecido por esta Constitución.

El socialismo y el sistema político y social revolucionario establecido en esta Constitución, probado por años de heroica resistencia frente a las agresiones de todo tipo y la guerra económica de los gobiernos de la potencia imperialista más poderosa que ha existido y habiendo demostrado su capacidad de transformar el país y crear una sociedad enteramente nueva y justa, es irrevocable, y Cuba no volverá jamás al capitalismo.

Artículo 4.- Los símbolos nacionales son los que han presidido por mas de cien años las luchas cubanas por la independencia, por los derechos del pueblo y por el progreso social:
- la bandera de la estrella solitaria;
- el himno de Bayamo;
- el escudo de la palma real.

Artículo 5.- El Partido Comunista de Cuba, martiano y marxista- leninista, vanguardia organizada de la nación cubana, es la fuerza dirigente superior de la sociedad y del Estado, que organiza y orienta los esfuerzos comunes hacia los altos fines de la construcción del socialismo y el avance hacia la sociedad comunista.

Artículo 6.- La Unión de Jóvenes Comunistas, organización de la juventud cubana de avanzada, cuenta con el reconocimiento y el estimulo del Estado en su función primordial de promover la participación activa de las masas juveniles en las tareas de la edificación socialista y de preparar adecuadamente a los jóvenes como ciudadanos conscientes y capaces de asumir responsabilidades cada día mayores en beneficio de nuestra sociedad.

Artículo 7.- El Estado socialista cubano reconoce y estimula a las organizaciones de masas y sociales, surgidas en el proceso histórico de las luchas de nuestro pueblo, que agrupan en su seno a distintos sectores de la población, representan sus intereses específicos y los incorporan a las tareas de la edificación, consolidación y defensa de la sociedad socialista.

Artículo 8.- El Estado reconoce, respeta y garantiza la libertad religiosa. En la República de Cuba, las instituciones religiosas están separadas del Estado.
Las distintas creencias y religiones gozan de igual consideración.

Artículo 9.- El Estado:
    a) realiza la voluntad del pueblo trabajador y
    — encauza los esfuerzos de la nación en la construcción del socialismo;
    — mantiene y defiende la integridad y la soberanía de la patria;
    — garantiza la libertad y la dignidad plena del hombre, el disfrute de sus derechos, el ejercicio y cumplimiento de sus deberes y el desarrollo integral de su personalidad;
    — afianza la ideología y las normas de convivencia y de conducta propias de la sociedad libre de la explotación del hombre por el hombre;
    — protege el trabajo creador del pueblo y la propiedad y la riqueza de la nación socialista;
    — dirige planificada mente la economía nacional;
    — asegura el avance educacional, científico, técnico y cultural del país;
    b) como Poder del pueblo, en servicio del propio pueblo, garantiza
    — que no haya hombre o mujer, en condiciones de trabajar, que no tenga oportunidad de obtener un empleo con el cual pueda contribuir a los fines de la sociedad y a la satisfacción de sus propias necesidades;
    — que no haya persona incapacitada para el trabajo que no tenga medios decorosos de subsistencia;
    — que no haya enfermo que no tenga atención medica;
    — que no haya niño que no tenga escuela, alimentación y vestido;
    — que no haya joven que no tenga oportunidad de estudiar;
    — que no haya persona que no tenga acceso al estudio, la cultura y el deporte;
    c) trabaja por lograr que no haya familia que no tenga una vivienda confortable.

Artículo 10.- Todos los órganos del Estado, sus dirigentes, funcionarios y empleados, actúan dentro de los limites de sus respectivas competencias y tienen la obligación de observar estrictamente la legalidad socialista y velar por su respeto en la vida de toda la sociedad.

Artículo 11.- El Estado ejerce su soberanía:

    a) sobre todo el territorio nacional, integrado por la Isla de Cuba, la Isla de la Juventud, las demás islas y cayos adyacentes, las aguas interiores y el mar territorial en la extensión que fija la ley y el espacio aéreo que sobre estos se extiende;
    b) sobre el medio ambiente y los recursos naturales del país;
    c) sobre los recursos naturales, tanto vivos como no vivos, de las aguas, el lecho y el subsuelo de la zona económica marítima de la República, en la extensión que fija la ley, conforme a la practica internacional.

La República de Cuba repudia y considera ilegales y nulos los tratados, pactos o concesiones concertados en condiciones de desigualdad o que desconocen o disminuyen su soberanía y su integridad territorial.

Las relaciones económicas, diplomáticas y políticas con cualquier otro Estado no podrán ser jamás negociadas bajo agresión, amenaza o coerción de una potencia extranjera.

Artículo 12.- La República de Cuba hace suyos los principios antiimperialistas e internacionalistas, y

    a) ratifica su aspiración de paz digna, verdadera y valida para todos los Estados, grandes y pequeños, débiles y poderosos, asentada en el respeto a la independencia y soberanía de los pueblos y el derecho a la autodeterminación;

    b) funda sus relaciones internacionales en los principios de igualdad de derechos, libre determinación de los pueblos, integridad territorial, independencia de los Estados, la cooperación internacional en beneficio e interés mutuo y equitativo, el arreglo; pacifico de controversias en pie de igualdad y respeto y los demás principios proclamados en la Carta de las Naciones Unidas y en otros tratados internacionales de los cuales Cuba sea parte;

    c) reafirma su voluntad de integración y colaboración con los países de América Latina y del Caribe, cuya identidad común y necesidad histórica de avanzar juntos hacia la integración económica y política para lograr la verdadera independencia, nos per emitiría alcanzar el lugar que nos corresponde en el mundo;

    ch) propugna al unidad de todos los países del Tercer Mundo, frente a la política imperialista y neocolonialista que persigue la limitación o subordinación de la soberanía de nuestros pueblos y agravar las condiciones económicas de explotación y opresión; de las naciones subdesarrolladas;

    d) condena al imperialismo, promotor y sostén de todas las manifestaciones fascistas, colonialistas, neocolonialistas y racistas, como la principal fuerza de agresión y de guerra y el peor enemigo de los pueblos;

    e) repudia la intervención directa o indirecta en los asuntos internos o externos de cualquier Estado y, por tanto, la agresión armada, el bloqueo económico, así como cualquier otra forma de coerción económica o política, la violencia física contra pe rsonas residentes en otros países, u otro tipo de injerencia y amenaza a la integridad de los Estados y de los elementos políticos, económicos y culturales de las naciones;

    f) rechaza la violación del derecho irrenunciable y soberano de todo Estado a regular el uso y los beneficios de las telecomunicaciones en su territorio, conforme a la practica universal y a los convenios internacionales que ha suscrito;

    g) califica de delito internacional la guerra de agresión y de conquista, reconoce la legitimidad de las luchas por la liberación nacional, así como la resistencia armada a la agresión, y considera su deber internacionalista solidarizarse con el agredido y con los pueblos que combaten por su liberación y autodeterminación;

    h) basa sus relaciones con los países que edifican el socialismo en la amistad fraternal, la cooperación y la ayuda mutua, asentadas en los objetivos comunes de la construcción de la nueva sociedad;

    i) mantiene relaciones de amistad con los países que, teniendo un régimen político, social y económico diferente, respetan su soberanía, observan las normas de convivencia entre los Estados, se atienen a los principios de mutuas conveniencias y adopta n una actitud reciproca con nuestro país.

Artículo 13.- La República de Cuba concede asilo a los perseguidos por sus ideales o luchas por los derechos democráticos, contra el imperialismo, el fascismo, el colonialismo y el neocolonialismo; contra la discriminación y el racismo; por la liberación nacional; por los derechos y reivindicaciones de los trabajadores, campesinos y estudiantes; por sus actividades políticas, científicas, artísticas y literarias progresistas, por el socialismo y la paz.

Artículo 14.- En la República de Cuba rige el sistema de economía basado en la propiedad socialista de todo el pueblo sobre los medios fundamentales de producción y en la supresión de la explotación del hombre por el hombre.

También rige el principio de distribución socialista "de cada cual según su capacidad, a cada cual según su trabajo". La ley establece las regulaciones que garantizan el efectivo cumplimiento de este principio.

Artículo 15.- Son de propiedad estatal socialista de todo el pueblo:

    a) las tierras que no pertenecen a los agricultores pequeños o a cooperativas integradas por estos, el subsuelo, las minas, los recursos naturales tanto vivos como no vivos dentro de la zona económica marítima de la República, los bosques, las aguas y las vías de comunicación;

    b) los centrales azucareros, las fabricas, los medios fundamentales de transporte, y cuantas empresas, bancos e instalaciones han sido nacionalizados y expropiados a los imperialistas, latifundistas y burgueses, así como las fabricas, empresas e instalaciones económicas y centros científicos, sociales, culturales y deportivos construidos, fomentados o adquiridos por el Estado y los que en el futuro construya, fomente o adquiera.

Estos bienes no pueden trasmitirse en propiedad a personas naturales o jurídicas, salvo los casos excepcionales en que la transmisión parcial o total de algún objetivo económico se destine a los fines del desarrollo del país y no afecten los fundamentos políticos, sociales y económicos del Estado, previa aprobación del Consejo de Ministros o su Comité Ejecutivo. En cuanto a la transmisión de otros derechos sobre estos bienes a empresas estatales y otras entidades autorizadas, para el cumplimiento de sus fines, se actuara conforme a lo previsto en la ley.

Artículo 16.- El Estado organiza, dirige y controla la actividad económica nacional conforme a un plan que garantice el desarrollo programado del país, a fin de fortalecer el sistema socialista, satisfacer cada vez mejor las necesidades materiales y culturales de la sociedad y los ciudadanos, promover el desenvolvimiento de la persona humana y de su dignidad, el avance y la seguridad del país. En la elaboración y ejecución de los programas de producción y desarrollo participan activa y conscientemente los trabajadores de todas las ramas de la economía y de las demás esferas de la vida social.

Artículo 17.- El Estado administra directamente los bienes que integran la propiedad socialista de todo el pueblo; o podrá crear y organizar empresas y entidades encargadas de su administración, cuya estructura, atribuciones, funciones y el régimen de sus relaciones son regulados por la ley.

Estas empresas y entidades responden de sus obligaciones solo con sus recursos financieros, dentro de las limitaciones establecidas por la ley. El Estado no responde de las obligaciones contraídas por las empresas, entidades u otras personas jurídicas y estas tampoco responden de las de aquel.

Artículo 18.- El Estado dirige y controla el comercio exterior. La ley establece las instituciones y autoridades estatales facultadas para:
— crear empresas de comercio exterior;
— normar y regular las operaciones de exportación e importación; y
— determinar las personas naturales o jurídicas con capacidad legal para realizar dichas operaciones de exportación e importación y concertar convenios comerciales.

Artículo 19.- El Estado reconoce la propiedad de los agricultores pequeños sobre las tierras que legalmente les pertenecen y los demás bienes inmuebles y muebles que les resulten necesarios para la explotación a que se dedican, conforme a lo que establece la ley. Los agricultores pequeños, previa autorización del organismo estatal competente y el cumplimiento de los demás requisitos legales, pueden incorporar sus tierras únicamente a cooperativas de producción agropecuaria. Ademas pueden venderlas, permutarlas o trasmitirlas por otro titulo al Estado y a cooperativas de producción agropecuaria o a agricultores pequeños en los casos, formas y condiciones que establece la ley, sin perjuicio del derecho preferente del Estado a su adquisición, mediante el pago de su justo precio.

Se prohibe el arrendamiento, la aparcería, los prestamos hipotecarios y cualquier acto que implique gravamen o cesión a particulares de los derechos emanados de la propiedad de los agricultores pequeños sobre sus tierras.

El Estado apoya la producción individual de los agricultores pequeños que contribuyen a la economía nacional.

Artículo 20.- Los agricultores pequeños tienen derecho a asociarse entre si, en la forma y con los requisitos que establece la ley, tanto a los fines de la producción agropecuaria como a los de obtención de créditos y servicios estatales.

Se autoriza la organización de cooperativas de producción agropecuaria en los casos y en la forma que la ley establece. Esta propiedad cooperativa es reconocida por el Estado y constituye una forma avanzada y eficiente de producción socialista. Las cooperativas de producción agropecuaria administran, poseen, usan y disponen de los bienes de su propiedad, de acuerdo con lo establecido en la ley en sus reglamentos. Las tierras de las cooperativas no pueden ser embargadas ni gravadas y su propiedad puede ser transferida a otras cooperativas o al Estado, por las causas y según el procedimiento establecido en la ley. El Estado brinda todo el apoyo posible a esta forma de producción agropecuaria.

Artículo 21.- Se garantiza la propiedad personal sobre los ingresos y ahorros procedentes del trabajo propio, sobre la vivienda que se posea con justo titulo de dominio y los demás bienes y objetos que sirven para la satisfacción de las necesidades materiales y culturales de la persona.

Asimismo se garantiza la propiedad sobre los medios e instrumentos de trabajo personal o familiar, los que no pueden ser utilizados para la obtención de ingresos provenientes de la explotación del trabajo ajeno. La ley establece la cuantía en que son embargables los bienes de propiedad personal.

Artículo 22.- El Estado reconoce la propiedad de las organizaciones políticas, de masas y sociales sobre los bienes destinados al cumplimiento de sus fines.
Artículo 23.- El Estado reconoce la propiedad de las empresas mixtas, sociedades y asociaciones económicas que se constituyen conforme a la ley.
El uso, disfrute y disposición de los bienes pertenecientes al patrimonio de las entidades anteriores se rigen por lo establecido en la ley y los tratados, así como por los estatutos y reglamentos propios por los que se gobiernan.
Artículo 24.- El Estado reconoce el derecho de herencia sobre la vivienda de dominio propio y demás bienes de propiedad personal. La tierra y los demás bienes vinculados a la producción que integran la propiedad de los agricultores pequeños son heredables y solo se adjudican a aquellos herederos que trabajan la tierra, salvo las excepciones y según el procedimiento que establece la ley.
La ley fija los casos, las condiciones y la forma en que los bienes de propiedad cooperativa podrán ser heredables.
Artículo 25.- Se autoriza la expropiación de bienes, por razones de utilidad publica o interés social y con la debida indemnización. La ley establece el procedimiento para la expropiación y las bases para la determinar su utilidad y necesidad, así como la forma de indemnización, considerando los intereses y las necesidades económicas y sociales del expropiado.
Artículo 26.- Toda persona que sufriere daño o perjuicio causado indebidamente por funcionarios o agentes del Estado con motivo del ejercicio de las funciones propias de sus cargos, tiene derecho a reclamar y obtener la correspondiente reparación o indemnización en la forma que establece la ley.
Artículo 27.- El Estado protege el medio ambiente y los recursos naturales del país. Reconoce su estrecha vinculación con el desarrollo económico y social sostenible para hacer mas racional la vida humana y asegurar la supervivencia, el bienestar y la seguridad de las generaciones actuales y futuras. Corresponde a los órganos competentes aplicar esta política.
Es deber de los ciudadanos contribuir a la protección del agua, la atmósfera, la conservación del suelo, la flora, la fauna y todo el rico potencial de la naturaleza.

CAPÍTULO II
CIUDADANÍA

Artículo 28.- La ciudadanía cubana se adquiere por nacimiento o por naturalización.
Artículo 29.- Son ciudadanos cubanos por nacimiento:
    a) los nacidos en el territorio nacional, con excepción de los hijos de extranjeros que se encuentren al servicio de su gobierno o de organismos internacionales. La ley establece los requisitos y las formalidades para el caso de los hijos de los extranjeros residentes no permanentes en el país.
    b) los nacidos en el extranjero de padre o madre cubanos, que se hallen cumpliendo misión oficial;

c) los nacidos en el extranjero de padre o madre cubanos, previo el cumplimiento de las formalidades que la ley señala;

chelos nacidos fuera del territorio nacional, de pare o madre naturales de la República de Cuba que hayan perdido la ciudadanía cubana, siempre que la reclamen en la forma que señala la ley;

d) los extranjeros que por méritos excepcionales alcanzados en las luchas por la liberación de Cuba fueron considerados ciudadanos cubanos por nacimiento.

Artículo 30.- Son ciudadanos cubanos por naturalización:

a) los extranjeros que adquieren la ciudadanía de acuerdo con lo establecido en la ley;

b) los que hubiesen servido a la lucha armada contra la tiranía derrocada el primero de enero de 1959, siempre que acrediten esa condición en la forma legalmente establecida;

c) los que habiendo sido privados arbitrariamente de su ciudadanía de origen obtengan la cubana por acuerdo expreso del Consejo de Estado.

Artículo 31.- Ni el matrimonio ni su disolución afectan la ciudadanía de los cónyuges o de sus hijos.

Artículo 32.- Los cubanos no podrán ser privados de su ciudadanía, salvo por causas legalmente establecidas. Tampoco podrán ser privados del derecho a cambiar de esta.

No se admitirá la doble ciudadanía. En consecuencia, cuando se adquiera una ciudadanía extranjera, se perderá la cubana.

La ley establece el procedimiento a seguir para la formalización de la perdida de la ciudadanía y las autoridades facultadas para decidirlo.

Artículo 33.- La ciudadanía cubana podrá recobrarse en los casos y en la forma que prescribe la ley.

CAPÍTULO III
EXTRANJERIA

Artículo 34.- Los extranjeros residentes en el territorio de la República se equiparan a los cubanos:

— en la protección de sus personas y bienes;

— en el disfrute de los derechos y el cumplimiento de los deberes reconocidos en esta Constitución, bajo las condiciones
y con las limitaciones que la ley fija;

— en la obligación de observar la Constitución y la ley;

— en la obligación de contribuir a los gastos públicos en la forma y la cuantía que la ley establece;

— en la sumisión a la jurisdicción y resoluciones de los tribunales de justicia y autoridades de la República.

La ley establece los casos y la forma en que los extranjeros pueden ser expulsados del territorio nacional y las autoridades facultadas para decidirlo.

CAPÍTULO IV
FAMILIA

Artículo 35.- El Estado protege a la familia, la maternidad y el matrimonio.

El Estado reconoce en la familia la célula fundamental de la sociedad y le atribuye responsabilidades y funciones esenciales en la educación y formación de las nuevas generaciones.

Artículo 36.- El matrimonio es la unión voluntariamente concertada de un hombre y una mujer con aptitud legal para ello, a fin de hacer vida en común. Descansa en la igualdad absoluta de derechos y deberes de los cónyuges, los que deben atender al mantenimiento del hogar y a la formación integral de los hijos mediante el esfuerzo común, de modo que este resulte compatible con el desarrollo de las actividades sociales de ambos.

La ley regula la formalización, reconocimiento y disolución del matrimonio y los derechos y obligaciones que de dichos actos se derivan.

Artículo 37.- Todos los hijos tienen iguales derechos, sean habidos dentro o fuera del matrimonio.

Esta abolida toda calificación sobre la naturaleza de la filiación. No se consignara declaración alguna diferenciando los nacimientos, ni sobre el estado civil de los padres en las actas de inscripción de los hijos, ni en ningún otro documento que haga referencia a la filiación.

El Estado garantiza mediante los procedimientos legales adecuados la determinación y el reconocimiento de la paternidad.

Artículo 38.- Los padres tienen el deber de dar alimentos a sus hijos y asistirlos en la defensa de sus legítimos intereses y en la realización de sus justas aspiraciones; así como el de contribuir activamente a su educación y formación integral como ciudadanos útiles y preparados para la vida en la sociedad socialista.

Los hijos, a su vez, están obligados a respetar y ayudar a sus padres.

CAPÍTULO V
EDUCACIÓN Y CULTURA

Artículo 39.- El Estado orienta, fomenta y promueve la educación, la cultura y las ciencias en todas sus manifestaciones. En su política educativa y cultural se atiene a los postulados siguientes:

> a) fundamenta su política educacional y cultural en los avances de la ciencia y la técnica, el ideario marxista y martiano, la tradición pedagógica progresista cubana y la universal;
> b) la enseñanza es función del Estado y es gratuita. Se basa en las conclusiones y aportes de la ciencia y en la relación mas estrecha del estudio con la vida, el trabajo y la producción. El estado mantiene un amplio sistema de becas para los estudiantes y proporciona multiples facilidades de estudio a los trabajadores

a fin de que puedan alcanzar los mas altos niveles posibles de conocimientos y habilidades. La ley precisa la integración y estructura del sistema nacional de enseñanza, así como el alcance de la obligatoriedad de estudiar y define la preparación general básica que, como mínimo, debe adquirir todo ciudadano;

c) promover la educación patriótica y la formación comunista de las nuevas generaciones y la preparación de los niños, jóvenes y adultos para la vida social. Para realizar este principio se combinan la educación general y las especializadas de carácter científico, técnico o artístico, con el trabajo, la investigación para el desarrollo, la educación física, el deporte y la participación en actividades políticas, sociales y de preparación militar;

ch) es libre la creación artística siempre que su contenido no sea contrario a la Revolución. Las formas de expresión en el arte son libres;

d) el Estado, a fin de elevar la cultura del pueblo, se ocupa de fomentar y desarrollar la educación artística, la vocación para la creación y el cultivo del arte y la capacidad para apreciarlo;

e) la actividad creadora e investigativa en la ciencia es libre. El Estado estimula y viabiliza la investigación y prioriza la dirigida a resolver los problemas que atañen al interés de la sociedad y al beneficio del pueblo;

f) el Estado propicia que los trabajadores se incorporen a la labor científica y al desarrollo de la ciencia;

g) el Estado orienta, fomenta y promueve la cultura física y el deporte en todas sus manifestaciones como medio de educación y contribución a la formación integral de los ciudadanos;

h) el Estado defiende la identidad de la cultura cubana y vela por la conservación del patrimonio cultural y la riqueza artística e histórica de la nación. Protege los monumentos nacionales y los lugares notables por su belleza natural o por su reconocido valor artístico o histórico;

i) el Estado promueve la participación de los ciudadanos a través de las organizaciones de masas y sociales del país en la realización de su política educacional y cultural.

Artículo 40.- La niñez y la juventud disfrutan de particular protección por parte del Estado y la sociedad. La familia, la escuela, los órganos estatales y las organizaciones de masas y sociales tienen el deber de prestar especial atención a la formación integral de la niñez y la juventud.

CAPÍTULO VI
IGUALDAD

Artículo 41.- Todos los ciudadanos gozan de iguales derechos y están sujetos a iguales deberes.

Artículo 42.- La discriminación por motivo de raza, color de la piel, sexo, origen nacional, creencias religiosas y cualquiera otra lesiva a la dignidad humana esta proscrita y es sancionada por la ley. Las instituciones del Estado educan a todos, desde la mas temprana edad, en el principio de la igualdad de los seres humanos.

Artículo 43.- El Estado consagra el derecho conquistado por la Revolución de que los ciudadanos, sin distinción de raza, color de la piel, sexo, creencias religiosas, origen nacional y cualquier otra lesiva a la dignidad humana:

-tienen acceso, según méritos y capacidades, a todos los cargos y empleos del Estado, de la Administración Publica y de la producción y prestación de servicios;

-ascienden a todas las jerarquías de las fuerzas armadas revolucionarias y de la seguridad y orden interior, según méritos y capacidades;

-perciben salario igual por trabajo igual;

-disfrutan de la enseñanza en todas las instituciones docentes del país, desde la escuela primaria hasta las universidades, que son las mismas para todos;

-reciben asistencia en todas las instituciones de salud;

-se domicilian en cualquier sector, zona o barrio de las ciudades y se alojan en cualquier hotel;

-son atendidos en todos los restaurantes y demás establecimientos de servicio publico;

-usan, sin separaciones, los transportes marítimos, ferroviarios, aéreos y automotores;

-disfrutan de los mismos balnearios, playas, parques, círculos sociales y demás centros de cultura, deportes, recreación y descanso.

Artículo 44.- La mujer y el hombre gozan de iguales derechos en lo económico, político, cultural, social y familiar.

El Estado garantiza que se ofrezcan a la mujer las mismas oportunidades y posibilidades que al hombre, a fin de lograr su plena participación en el desarrollo del país.

El Estado organiza instituciones tales como círculos infantiles, seminternados e internados escolares, casas de atención a ancianos y servicios que facilitan a la familia trabajadora el desempeño de sus responsabilidades.

Al velar por su salud y por una sana descendencia, el Estado concede a la mujer trabajadora licencia retribuida por maternidad, antes y después del parto, y opciones laborales temporales compatibles con su función materna.

El Estado se esfuerza por crear todas las condiciones que propicien la realización del principio de igualdad.

CAPÍTULO VII
DERECHOS, DEBERES Y GARANTÍAS FUNDAMENTALES

Artículo 45.- El trabajo en la sociedad socialista es un derecho, un deber y un motivo de honor para cada ciudadano.

El trabajo es remunerado conforme a su calidad y cantidad; al proporcionarlo se atienden las exigencias de la economía y la sociedad, la elección del trabajador y su aptitud y calificación; lo garantiza el sistema económico socialista, que propicia el desarrollo económico y social, sin crisis, y que con ello ha eliminado el desempleo y borrado para siempre el paro estacional llamado "tiempo muerto".

Se reconoce el trabajo voluntario, no remunerado, realizado en beneficio de toda la sociedad, en las actividades industriales, agrícolas, técnicas, artísticas y de servicio, como formador de la conciencia comunista de nuestro pueblo.

Cada trabajador esta en el deber de cumplir cabalmente las tareas que le corresponden en su empleo.

Artículo 46.- Todo el que trabaja tiene derecho al descanso, que se garantiza por la jornada laboral de ocho horas, el descanso semanal y las vacaciones anuales pagadas.

El Estado fomenta el desarrollo de instalaciones y planes vacacionales.

Artículo 47.- Mediante el sistema de seguridad social, el Estado garantiza la protección adecuada a otro trabajador impedido por su edad, invalidez o enfermedad.

En caso de muerte del trabajador garantiza similar protección a su familia.

Artículo 48.- El Estado protege, mediante la asistencia social, a los ancianos sin recursos ni amparo y a cualquier personal no apta para trabajar que carezca de familiares en condiciones de prestarle ayuda.

Artículo 49.- El Estado garantiza el derecho a la protección, seguridad e higiene del trabajo, mediante la adopción de medidas adecuadas para la prevención de accidentes y enfermedades profesionales.

El que sufre un accidente en el trabajo o contrae una enfermedad profesional tiene derecho a la atención medica y a subsidio o jubilación en los casos de incapacidad temporal o permanente para el trabajo.

Artículo 50.- Todos tienen derecho a que se atienda y proteja su salud. El Estado garantiza este derecho:

-con la prestación de la asistencia medica y hospitalaria gratuita, mediante la red de instalaciones de servicio medico rural, de los policlínicas, hospitales, centros profilácticos y de tratamiento especializado;
-con la prestación de asistencia estomatología gratuita;
-con el desarrollo de los planes de divulgación sanitaria y de educación para la salud, exámenes médicos periódicos, vacunación general y otras medidas preventivas de las enfermedades. En estos planes y actividades coopera toda la población a través d e las organizaciones de masas y sociales.

Artículo 51.- Todos tienen derecho a la educación. Este derecho esta garantizado por el amplio y gratuito sistema de escuelas, seminternados, internados y becas, en todos los tipos y niveles de enseñanza, y por la gratuidad del material escolar, lo que proporciona a cada niño y joven, cualquiera que sea la situación económica de su familia, la oportunidad de cursar estudios de acuerdo con sus aptitudes, las exigencias sociales y las necesidades del desarrollo económico- social.

Los hombres y mujeres adultos tienen asegurado este derecho, en las mismas condiciones de gratuidad y con facilidades especificas que la ley regula, mediante la educación de adultos, la enseñanza técnica y profesional, la capacitación laboral en empresas y organismos del Estado y los cursos de educación superior para los trabajadores.

Artículo 52.- Todos tienen derecho a la educación física, al deporte y a la recreación. El disfrute de este derecho esta garantizado por la inclusión de la enseñanza y practica de la educación física y el deporte en los planes de estudio del sistema nacional de educación; y por la amplitud de la instrucción y los medios puestos a disposición del pueblo, que facilitan la practica masiva del deporte y la recreación.

Artículo 53.- Se reconoce a los ciudadanos libertad de palabra y prensa conforme a los fines de la sociedad socialista. Las condiciones materiales para su ejercicio están dadas por el hecho de que la prensa, la radio, la televisión, el cine y otros medios de difusión masiva son de propiedad estatal o social y no pueden ser objeto, en ningún caso, de propiedad privada, lo que asegura su uso al servicio exclusivo del pueblo trabajador y del interés de la sociedad.

La ley regula el ejercicio de estas libertades.

Artículo 54.- Los derechos de reunión, manifestación y asociación son ejercidos por los trabajadores, manuales e intelectuales, los campesinos, las mujeres, los estudiantes y demás sectores del pueblo trabajador, para lo cual disponen de los medios necesarios a tales fines. Las organizaciones de masas y sociales disponen de todas las facilidades para el desenvolvimiento de dichas actividades en las que sus miembros gozan de la mas amplia libertad de palabra y opinión, basadas en el derecho irrestricto a la iniciativa y a la critica.

Artículo 55.- El Estado, que reconoce, respeta y garantiza la libertad de conciencia y de religión, reconoce, respeta y garantiza a la vez la libertad de cada ciudadano de cambiar de creencias religiosas o no tener ninguna, y a profesar, dentro del respeto a la ley, el culto religioso de su preferencia.

La ley regula las relaciones del Estado con las instituciones religiosas.

Artículo 56.- El domicilio es inviolable. Nadie puede penetrar en el ajeno contra la voluntad del morador, salvo en los casos previstos por la ley.

Artículo 57.- La correspondencia es inviolable. Solo puede ser ocupada, abierta y examinada en los casos previstos por la ley. Se guardara secreto de los asuntos ajenos al hecho que motivare el examen. El mismo principio se observara con respecto a las comunicaciones cablegráficas, telegráficas y telefónicas.

Artículo 58.- La libertad e inviolabilidad de su persona están garantizadas a todos los que residen en el territorio nacional. Nadie puede ser detenido sino en los casos, en la forma y con las garantías que prescriben las leyes.

El detenido o preso es inviolable en su integridad personal.

Artículo 59.- Nadie puede ser encausado ni condenado sino por tribunal competente en virtud de leyes anteriores al delito y con las formalidades y garantías que estas establecen. Todo acusado tiene derecho a la defensa.

No se ejercerá violencia ni coacción de clase alguna sobre las personas para forzarlas a declarar.

Es nula toda declaración obtenida con infracción de este precepto y los responsables incurrirán en las sanciones que fija la ley.

Artículo 60.- La confiscación de bienes se aplica solo como sanción por las autoridades, en los casos y por los procedimientos que determina la ley.

Artículo 61.- Las leyes penales tienen efecto retroactivo cuando sean favorables al encausado o sancionado. Las demás leyes no tienen efecto retroactivo a menos que en las mismas se disponga lo contrario por razón de interés social o utilidad publica.

Artículo 62.- Ninguna de las libertades reconocidas a los ciudadanos puede ser ejercida contra lo establecido en la Constitución y las leyes, ni contra la existencia y fines del Estado socialista, ni contra la decisión del pueblo cubano de construir el socialismo y el comunismo. La infracción de este principio es unible.

Artículo 63.- Todo ciudadano tiene derecho a dirigir quejas y peticiones a las autoridades y a recibir la atención o respuestas pertinentes y en plazo adecuado, conforme a la ley.

Artículo 64.- Es deber de cada uno cuidar la propiedad publica y social, acatar la disciplina del trabajo, respetar los derechos de los demás, observar las normas de convivencia socialista y cumplir los deberes cívicos y sociales.

Artículo 65.- La defensa de la patria socialista es el mas grande honor y el deber supremo de cada cubano.

La ley regula el servicio militar que los cubanos deben prestar. La traición a la patria es el mas grave de los crímenes; quien la comete esta sujeto a las mas severas sanciones.

Artículo 66.- El cumplimiento estricto de la Constitución y de las leyes es deber inexcusable de todos.

CAPÍTULO VIII
ESTADO DE EMERGENCIA

Artículo 67.- En caso o ante la inminencia de desastres naturales o catástrofes u otras circunstancias que por su naturaleza, proporción o entidad afecten el orden interior, la seguridad del país o la estabilidad del Estado, el Presidente del Consejo de Estado puede declarar el estado de emergencia en todo el territorio nacional o en una parte de el, y durante su vigencia disponer la movilización de la población.

La ley regula la forma en que se declara el estado de emergencia, sus efectos y su terminación. Igualmente determina los derechos y deberes fundamentales reconocidos por la Constitución, cuyo ejercicio debe ser regulado de manera diferente durante la vigencia del estado de emergencia.

CAPÍTULO IX
PRINCIPIOS DE ORGANIZACIÓN Y FUNCIONAMIENTO DE LOS ÓRGANOS ESTATALES

Artículo 68.- Los órganos del Estado se integran y desarrollan su actividad sobre la base de los principios de la democracia socialista, que se expresan en las reglas siguientes:

    a) todos los órganos representativos de poder del Estado son electivos y renovables;

    b) las masas populares controlan la actividad de los órganos estatales, de los diputados, de los delegados y de los funcionarios;

    c) los elegidos tienen el deber de rendir cuenta de su actuación y pueden ser

revocados de sus cargos en cualquier momento;
ch) cada órgano estatal desarrolla ampliamente, dentro del marco de su competencia, la iniciativa encaminada al aprovechamiento de los recursos y posibilidades locales y a la incorporación de las organizaciones de masas y sociales a su actividad,
d) las disposiciones de los órganos estatales superiores son obligatorias para los inferiores;
e) los órganos estatales inferiores responden ante los superiores y les rinden cuenta de su gestión;
f) la libertad de discusión, el ejercicio de la crítica y autocrítica y la subordinación de la minoría a la mayoría rigen en todos los órganos estatales colegiados.

CAPÍTULO X
ÓRGANOS SUPERIORES DEL PODER POPULAR

Artículo 69.- La Asamblea Nacional del Poder Popular es el órgano supremo del poder del Estado. Representa y expresa la voluntad soberana de todo el pueblo.

Artículo 70.- La Asamblea Nacional del Poder Popular es el único órgano con potestad constituyente y legislativa en la República.

Artículo 71.- La Asamblea Nacional del Poder Popular se compone de diputados elegidos por el voto libre, directo y secreto de los electores, en la proporción y según el procedimiento que determina la ley.

Artículo 72.- La Asamblea Nacional del Poder Popular es elegida por un termino de cinco años.
Este termino solo podrá extenderse por acuerdo de la propia Asamblea en caso de guerra o a virtud de otras circunstancias excepcionales que impidan la celebración normal de las elecciones y mientras subsistan tales circunstancias.

Artículo 73.- La Asamblea Nacional del Poder Popular, al constituirse para una nueva legislatura, elige de entre sus diputados a su Presidente, al Vicepresidente y al Secretario. La ley regula la forma y el procedimiento mediante el cual se constituye la Asamblea y realiza esa elección.

Artículo 74.- La Asamblea Nacional del Poder Popular elige, de entre sus diputados, al Consejo de Estado, integrado por un Presidente, un Primer Vicepresidente, cinco Vicepresidentes, un Secretario y veintitrés miembros mas.
El Presidente del Consejo de Estado es jefe de Estado y jefe de Gobierno. El Consejo de Estado es responsable ante la Asamblea Nacional del Poder Popular y le rinde cuenta de todas sus actividades.

Artículo 75.- Son atribuciones de la Asamblea Nacional del Poder Popular:
    a) acordar reformas de la Constitución conforme a lo establecido en el Artículo 137;
    b) aprobar, modificar o derogar las leyes y someterlas previamente a la consulta popular cuando lo estime procedente en atención a la indole de la legislación de que se trate;

c) decidir acerca de la constitucionalidad de las leyes, decretos-leyes, decretos y demás disposiciones generales;

ch) revocar en todo o en parte los decretos-leyes que haya dictado el Consejo de Estado;

d) discutir y aprobar los planes nacionales de desarrollo económico y social;

e) discutir y aprobar el presupuesto del Estado;

f) aprobar los principios del sistema de planificación y de dirección de la economía nacional;

g) acordar el sistema monetario y crediticio;

h) aprobar los lineamientos generales de la política exterior e interior;

i) declarar el estado de guerra en caso de agresión militar y aprobar los tratados de paz;

j) establecer y modificar la división politico-administrativa del país conforme a lo establecido en el Artículo 102;

k) elegir al Presidente, al Vicepresidente y al Secretario de la Asamblea Nacional;

l) elegir al Presidente, al Primer Vicepresidente, a los Vicepresidentes, al Secretario y a los demás miembros del Consejo de Estado;

ll) designar, a propuesta del Presidente del Consejo de Estado, al Primer Vicepresidente, a los Vicepresidentes y demás miembros del Consejo de Ministros;

m) elegir al Presidente, a los Vicepresidentes y a los demás Jueces del Tribunal Supremo Popular;

n) elegir al Fiscal General y a los Vicefiscales generales de la República;

ñ) nombrar comisiones permanentes y temporales;

o) revocar la elección o designación de las personas elegidas o designadas por ella;

p) ejercer la mas alta fiscalización sobre los órganos del Estado y del Gobierno;

q) conocer, evaluar y adoptar las decisiones pertinentes sobre los informes de rendición de cuenta que le presenten el Consejo de Estado, el Consejo de Ministros, el Tribunal Supremo Popular, la Fiscalía General de la República y las Asambleas Provinciales;; del Poder Popular;

r) revocar los decretos-leyes del Consejo de Estado y los decretos o disposiciones del Consejo de Ministros que contradigan la Constitución o las leyes;

s) revocar o modificar los acuerdos o disposiciones de los órganos locales del Poder Popular que violen la Constitución, las leyes, los decretos-leyes, decretos y demás disposiciones dictadas por un órgano de superior jerarquía a los mismos; o los que afecten los intereses de otras localidades o los generales del país;;t) conceder amnistías;

u) disponer la convocatoria de referendos en los casos previstos en la Constitución y en otros que la propia Asamblea considere procedente;

v) acordar su reglamento;

w) las demás que le confiere esta Constitución.

Artículo 76.- Las leyes y acuerdos de la Asamblea Nacional del Poder Popular, salvo cuando se refieran a la reforma de la Constitución, se adoptan por mayoría simple de votos.

Artículo 77.- Las leyes aprobadas por la Asamblea Nacional del Poder Popular entran en vigor en la fecha que en cada caso determine la propia ley.

Las leyes, decretos-leyes, decretos y resoluciones, reglamentos y demás disposiciones generales de los órganos nacionales del Estado, se publican en la Gaceta Oficial de la República.

Artículo 78.- La Asamblea Nacional del Poder Popular es reúne en dos periodos ordinarios de sesiones al año y en sesión extraordinaria cuando lo solicite la tercera parte de sus miembros o la convoque el Consejo de Estado.

Artículo 79.- Para que la Asamblea Nacional del Poder Popular pueda celebrar sesión se requiere la presencia de mas de la mitad del numero total de los diputados que la integran.

Artículo 80.- Las sesiones de la Asamblea Nacional del Poder Popular son publicas, excepto en el caso en que la propia Asamblea acuerde celebrarlas a puertas cerradas por razón de interés de Estado.

Artículo 81.- Son atribuciones del Presidente de la Asamblea Nacional del Poder Popular:

    a) presidir las sesiones de la Asamblea Nacional y velar por la aplicación de su reglamento;

    b) convocar las sesiones ordinarias de la Asamblea Nacional;

    c) proponer el proyecto de orden del día de las sesiones de la Asamblea Nacional;

    ch)firmar y disponer la publicación en la Gaceta Oficial de la República de las leyes y acuerdos adoptados por la Asamblea Nacional;

    d) organizar las relaciones internacionales de la Asamblea Nacional;

    e) dirigir y organizar la labor de las comisiones de trabajo permanentes y temporales que sean creadas por la Asamblea Nacional;

    f) asistir a las reuniones del Consejo de Estado;

    g) las demás que por esta Constitución o la Asamblea Nacional del Poder Popular se le atribuyan.

Artículo 82.- La condición de diputado no entraña privilegios personales ni beneficios económicos.

Durante el tiempo que empleen en el desempeño efectivo de sus funciones, los diputados perciben el mismo salario o sueldo de su centro de trabajo y mantienen el vinculo con este a todos los efectos.

Artículo 83.- Ningún diputado a la Asamblea Nacional del Poder Popular puede ser detenido ni sometido a proceso penal sin autorización de la Asamblea, o del Consejo de Estado si no esta reunida aquella, salvo en caso de delito flagrante.

Artículo 84.- Los diputados a la Asamblea Nacional del Poder Popular tienen el deber de desarrollar sus labores en beneficio de los intereses del pueblo, mantener contacto con sus electores, oír sus planteamientos, sugerencias y criticas, y explicarles la política del Estado. Asimismo, rendirán cuenta del cumplimiento de sus funciones, según lo establecido en la ley.

Artículo 85.- A los diputados a la Asamblea Nacional del Poder Popular les puede ser revocado su mandato en cualquier momento, en la forma, por las causas y según los procedimientos establecidos en la ley.

Artículo 86.- Los diputados a la Asamblea Nacional del Poder Popular tienen el derecho de hacer preguntas al Consejo de Estado, al Consejo de Ministros o a los miembros de uno y otro, y a que estas les sean respondidas en el curso de la misma sesión o en la próxima.

Artículo 87.- Todos los órganos y empresas estatales están obligados a prestar a los diputados la colaboración necesaria para el cumplimiento de sus deberes.

Artículo 88.- La iniciativa de las leyes compete:

    a) a los diputados de la Asamblea Nacional del Poder Popular;

    b) al Consejo de Estado;

    c) al Consejo de Ministros;

    ch)a las comisiones de la Asamblea Nacional del Poder Popular;

    d) al Comité Nacional de la Central de Trabajadores de Cuba y a las Direcciones Nacionales de las demás organizaciones de masas y sociales;

    e) al Tribunal Supremo Popular, en materia relativa a la administración de justicia;

    f) a la Fiscalía General de la República, en materia de su competencia;

    g) a los ciudadanos. En este caso será requisito indispensable que ejerciten la iniciativa diez mil ciudadanos, por lo menos que tengan la condición de electores.

Artículo 89.- El Consejo de Estado es el órgano de la Asamblea Nacional del Poder Popular que la representa entre uno y otro periodo de sesiones, ejecuta los acuerdos de esta y cumple las demás funciones que la Constitución le atribuye.

Tiene carácter colegiado y, a los fines nacionales e internacionales, ostenta la suprema representación del Estado cubano.

Artículo 90.- Son atribuciones del Consejo de Estado:

    a) disponer la celebración de sesiones extraordinarias de la Asamblea Nacional del Poder Popular.

    b) acordar la fecha de las elecciones para la renovación periódica de la Asamblea Nacional del Poder Popular;

    c) dictar decretos-leyes, entre uno y otro periodo de sesiones de la Asamblea Nacional del Poder Popular;

    ch)dar a las leyes vigentes, en caso necesario, una interpretación general y obligatoria;

    d) ejercer la iniciativa legislativa;

    e) disponer lo pertinente para realizar los referendos que acuerde la Asamblea Nacional del Poder Popular;

    f) decretar la movilización general cuando la defensa del país lo exija y asumir las facultades de declarar la guerra en caso de agresión o concertar la paz que la Constitución asigna a la Asamblea Nacional del Poder Popular, cuando esta se halle en r eceso y no pueda ser convocada con la seguridad y urgencia necesarias;

    g) sustituir, a propuesta de su Presidente, a los miembros del Consejo de Ministros ente uno y otro periodo de sesiones de la Asamblea Nacional del

Poder Popular;

h) impartir instrucciones de carácter general a los tribunales a través del Consejo de Gobierno del Tribunal Supremo Popular;

i) impartir instrucciones a la Fiscalía General de la República;

j) designar y remover, a propuesta de su Presidente, a los representantes diplomáticos de Cuba ante otros Estados;

k) otorgar condecoraciones y títulos honoríficos;

l) nombrar comisiones;

ll)conceder indultos;

m) ratificar y denunciar tratados internacionales;

n) otorgar o negar el beneplácito a los representantes diplomáticos de otros Estados;

ñ)suspender las disposiciones del Consejo de Ministros y los acuerdos y disposiciones de las Asambleas Locales del Poder Popular que no se ajusten a la Constitución o a las leyes, o cuando afecten los intereses de otras localidades o los generales del país, dando cuenta a la Asamblea Nacional del Poder Popular en la primera sesión que celebre después de acordada dicha suspensión;

o) revocar los acuerdos y disposiciones de las Administraciones Locales del Poder Popular que contravengan la Constitución, las leyes, los decretos-leyes, los decretos y demás disposiciones dictadas por un órgano de superior jerarquía, o cuando afecte n los intereses de otras localidades o los generales del país;

p) aprobar su reglamento;

q) las demás que le confieran la Constitución y las leyes o le encomiende la Asamblea Nacional del Poder Popular.

Artículo 91.- Todas las decisiones del Consejo de Estado son adoptadas por el voto favorable de la mayoría simple de sus integrantes.

Artículo 92.- El mandato confiado al Consejo de Estado por la Asamblea Nacional del Poder Popular expira al tomar posesión el nuevo Consejo de Estado elegido en virtud de las renovaciones periódicas de aquella.

Artículo 93.- Las atribuciones del Presidente del Consejo de Estado y Jefe de Gobierno son las siguientes:

a) representar al Estado y al Gobierno y dirigir su política general;

b) organizar y dirigir las actividades y convocar y presidir las sesiones del Consejo de Estado y las del Consejo de Ministros;

c) controlar y atender el desenvolvimiento de las actividades de los ministerios y demás organismos centrales de la Administración;

ch)asumir la dirección de cualquier ministerio u organismo central de la Administración;

d) proponer a la Asamblea Nacional del Poder Popular, una vez elegido por esta los miembros del Consejo de Ministros;

e) aceptar las renuncias de los miembros del Consejo de Ministros, o bien proponer a la Asamblea Nacional del Poder Popular o al Consejo de Estado según proceda, la sustitución de cualquiera de ellos y, en ambos casos, los sustitutos correspondientes.

f) recibir las cartas credenciales de los jefes de las misiones extranjeras. Esta función podrá ser delegada en cualquiera de los Vicepresidentes del Consejo de Estado.

g) desempeñar la Jefatura Suprema de todas las instituciones armadas y determinar su organización general;

h) presidir el Consejo de Defensa Nacional;

i) declarar el Estado de Emergencia en los casos previstos por esta Constitución, dando cuenta de su decisión, tan pronto las circunstancias lo permitan, a la Asamblea Nacional del Poder Popular o al Consejo de Estado, de no poder reunirse aquella, a los efectos legales procedentes;

j) firmar decretos-leyes y otros acuerdos del Consejo de Estado y las disposiciones legales adoptadas por el Consejo de Ministros o su Comité Ejecutivo y ordenar su publicación en la Gaceta Oficial de la República;

k) las demás que por esta Constitución o las leyes se le atribuyan.

Artículo 94.- En caso de ausencia, enfermedad o muerte del Presidente del Consejo de Estado lo sustituye en sus funciones el Primer Vicepresidente.

Artículo 95.- El Consejo de Ministros es el máximo órgano ejecutivo y administrativo y constituye el Gobierno de la República. El numero, denominación y funciones de los ministerios y organismos centrales que forman parte del Consejo de Ministros es determinado por la ley.

Artículo 96.- El Consejo de Ministros esta integrado por el Jefe de Estado y de Gobierno, que es su Presidente, el Primer Vicepresidente; los Vicepresidentes, los Ministros, el Secretario y los demás miembros que determine la ley.

Artículo 97.- El Presidente, el Primer Vicepresidente, los Vicepresidentes y otros miembros del Consejo de Ministros que determine el Presidente, integran su Comité Ejecutivo.

El Comité Ejecutivo puede decidir sobre las cuestiones atribuidas al Consejo de Ministros, durante los periodos que median entre una y otra de sus reuniones.

Artículo 98.- Son atribuciones del Consejo de Ministros:

a) organizar y dirigir la ejecución de las actividades políticas, económicas, culturales, científicas, sociales y de defensa acordadas por la Asamblea Nacional del Poder Popular;

b) proponer los proyectos de planes generales de desarrollo economico-social del Estado y, una vez aprobados por la Asamblea Nacional del Poder Popular, organizar, dirigir y controlar su ejecución;

c) dirigir la política exterior de la República y las relaciones con otros gobiernos;

ch) aprobar tratados internacionales y someterlos a la ratificación del Consejo de Estado;

d) dirigir y controlar el comercio exterior;

e) elaborar el proyecto de presupuesto del Estado y una vez aprobado por la Asamblea Nacional del Poder Popular, velar por su ejecución;

f) adoptar medidas para fortalecer el sistema monetario y crediticio;

g) elaborar proyectos legislativos y someterlos a la consideración de la Asamblea Nacional del Poder Popular o del Consejo de Estado, según proceda;

h) proveer la defensa nacional, al mantenimiento del orden y la seguridad interiores, a la protección de los derechos ciudadanos, así como a la salvaguarda de vidas y bienes en caso de desastres naturales;

i) dirigir la administración del Estado, y unificar, coordinar y fiscalizar la actividad de los organismos de la Administración Central y de las Administraciones Locales;

j) ejecutar las leyes y acuerdos de la Asamblea Nacional del Poder Popular, así como los decretos-leyes y disposiciones del Consejo de Estado y, en caso necesario, dictar los reglamentos correspondientes;

k) dictar decretos y disposiciones sobre la base y en cumplimiento de las leyes vigentes y controlar su ejecución.

l) revocar las decisiones de las Administraciones subordinadas a las Asambleas Provinciales o Municipales del Poder Popular, adoptadas en función de las facultades delegadas por los organismos de la Administración Central del Estado, cuando contravengan;; las normas superiores que les sean de obligatorio cumplimiento;

ll)proponer a las Asambleas Provinciales y Municipales del Poder Popular revocar las disposiciones que sean adoptadas en su actividad especifica, por las administraciones provinciales y municipales a ellas subordinadas, cuando contravengan las normas aprobadas por los organismos de la Administración Central del Estado, en el ejercicio de sus atribuciones;

m) revocar las disposiciones de los Jefes de organismos de la Administración Central del Estado, cuando contravengan las normas superiores que les sean de obligatorio cumplimiento;

n) proponer a la Asamblea Nacional del Poder Popular o al Consejo de Estado la suspensión de los acuerdos de las Asambleas Locales del Poder Popular que contravengan las leyes y demás disposiciones vigentes, o que afecten los intereses de otras comunidades;; o los generales del país;

ñ)crear las comisiones que estimen necesarias para facilitar el cumplimiento de las tareas que le están asignadas;

o) designar y remover funcionarios de acuerdo con las facultades que le confiere la ley;

p) realizar cualquier otra función que le encomiende la Asamblea Nacional del Poder Popular o el Consejo de Estado.

La ley regula la organización y funcionamiento del Consejo de Ministros.

Artículo 99.- El Consejo de Ministros es responsable y rinde cuenta, periódicamente, de todas sus actividades ante la Asamblea Nacional del Poder Popular.

Artículo 100.- Son atribuciones de los miembros del Consejo de Ministros:

a) dirigir los asuntos y tareas del Ministerio u organismo a su cargo, dictando las resoluciones y disposiciones necesarias
a ese fin;

b) dictar, cuando no sea atribución expresa de otro órgano estatal, los reglamentos que se requieran para la ejecución y
aplicación de las leyes y decretos-leyes que les conciernen;

c) asistir a las sesiones del Consejo de Ministros, con voz y voto, y presentar a este proyectos de leyes, decretos-leyes, decretos, resoluciones, acuerdos o cualquier otra proposición que estimen conveniente;
ch) nombrar, conforme a la ley, los funcionarios que les corresponden;
d) cualquier otra que le atribuyan la Constitución y las leyes.

Artículo 101.- El Consejo de Defensa Nacional se constituye y prepara desde tiempo de paz para dirigir el país en las condiciones de estado de guerra, durante la guerra, la movilización general y el estado de emergencia. La ley regula su organización y funciones.

CAPÍTULO XI
LA DIVISIÓN POLITICO-ADMINISTRATIVA

Artículo 102.- El territorio nacional, para los fines político- administrativos, se divide en provincias y municipios; el numero, los limites y la denominación de los cuales se establece en la ley. La ley puede establecer, ademas, otras divisiones. La provincia es la sociedad local, con personalidad jurídica a todos los efectos legales, organizada políticamente por la ley como eslabón intermedio entre el gobierno central y el municipal, en una extensión superficial equivalente a la del conjunto de municipios comprendidos en su demarcación territorial. Ejerce las atribuciones y cumple los deberes estatales y de administración de su competencia y tiene la obligación primordial de promover el desarrollo económico y social de su territorio, para lo cual coordina y controla la ejecución de la política, programas y planes aprobados por los órganos superiores del Estado, con el apoyo de sus municipios, conjugandolos con los intereses de estos.

El Municipio es la sociedad local, con personalidad jurídica a todos los efectos legales, organizada políticamente por la ley, en una extensión territorial determinada por necesarias relaciones económicas y sociales de su población, y con capacidad para satisfacer las necesidades mínimas locales.

Las provincias y los municipios, ademas de ejercer sus funciones propias, coadyuvan a la realización de los fines del Estado.

CAPÍTULO XII
ÓRGANOS LOCALES DEL PODER POPULAR

Artículo 103.- Las Asambleas del Poder Popular, constituidas en las demarcaciones politico-administrativas en que se divide el territorio nacional, son los órganos superiores locales del poder del Estado, y, en consecuencia, están investidas de la mas alta autoridad para el ejercicio de las funciones estatales en sus demarcaciones respectivas y para ello, dentro del marco de su competencia, y ajustandose a la ley, ejercen gobierno.

Ademas, coadyuvan al desarrollo de las actividades y al cumplimiento de los planes de las unidades establecidas en su territorio que no les estén subordinadas, conforme a lo dispuesto en la ley. Las Administraciones Locales que estas Asambleas constituyen, dirigen las entidades económicas, de producción y de servicios de subordinación local, con el propósito de satisfacer las necesidades económicas, de salud y otras de carácter asistencial, educacionales, culturales, deportivas y recreativas de la colectividad del territorio a que se extiende la jurisdicción de cada una.

Para el ejercicio de sus funciones, las Asambleas Locales del Poder Popular se apoyan en los Consejos Populares y en la iniciativa y amplia participación de la población y actúan en estrecha coordinación con las organizaciones de masas y sociales.

Artículo 104.- Los Consejos Populares se constituyen en ciudades, pueblos, barrios, poblados y zonas rurales; están investidos de la mas alta autoridad para el desempeño de sus funciones; representan a la demarcación donde actúan y a la vez son representantes de los órganos del Poder Popular municipal, provincial y nacional. Trabajan activamente por la eficiencia en el desarrollo de las actividades de producción y de servicios y por la satisfacción de las necesidades asistenciales, económicas, educacionales, culturales y sociales de la población, promoviendo la mayor participación de esta y las iniciativas locales para la solución de sus problemas. Coordinan las acciones de las entidades existentes en su área de acción, promueven la cooperación entre ellas y ejercen el control y la fiscalización de sus actividades.

Los Consejos Populares se constituyen a partir de los delegados elegidos en las circunscripciones, los cuales deben elegir entre ellos quien los presida. A los mismos pueden pertenecer los representantes de las organizaciones de masas y de las instituciones mas importantes en la demarcación.

La ley regula la organización y atribuciones de los Consejos Populares.

Artículo 105.- Dentro de los limites de su competencia las Asambleas Provinciales del Poder Popular tienen las atribuciones siguientes:

a) cumplir y hacer cumplir las leyes y demás disposiciones de carácter general adoptadas por los órganos superiores del Estado;

b) aprobar y controlar, conforme a la política acordada por los organismos nacionales competentes, la ejecución del plan y del presupuesto ordinario de ingresos y gastos de la provincia;

c) elegir y revocar al Presidente y Vicepresidente de la propia Asamblea;

ch)designar y sustituir al Secretario de la Asamblea;

d) participar en la elaboración y control de la ejecución del presupuesto y el plan técnico-económico del Estado, correspondiente a las entidades radicadas en su territorio y subordinadas a otras instancias, conforme a la ley;

e) controlar y fiscalizar la actividad del órgano de administración de la provincia auxiliándose para ello de sus comisiones de trabajo;

f) designar y sustituir a los miembros del órgano de Administración provincial, a propuesta de su Presidente;

g) determinar, conforme a los principios establecidos por el Consejo de Ministros, la organización, funcionamiento y tareas de las entidades encargadas de realizar las actividades económicas, de producción y servicios, educacionales, de salud, cultura les, deportivas, de protección del medio ambiente y recreativas, que están subordinadas al órgano de Administración provincial;

h) adoptar acuerdos sobre los asuntos de administración concernientes a su demarcación territorial y que, según la ley, no correspondan a la competencia general de la Administración Central del Estado o a la de los órganos municipales de poder estatal ;

i) aprobar la creación y organización de los Consejos Populares a propuesta de las Asambleas Municipales del Poder Popular;

j) revocar, en el marco de su competencia, las decisiones adoptadas por el órgano de administración de la provincia, o proponer su revocación al Consejo de Ministros, cuando hayan sido adoptadas en función de facultades delegadas por los organismos de la Administración Central del Estado;

k) conocer y evaluar los informes de rendición de cuenta que les presenten su órgano de administración y las Asambleas del Poder Popular de nivel inferior, y adoptar las decisiones pertinentes sobre ellos;

l) formar y disolver comisiones de trabajo;

ll) atender todo lo relativo a la aplicación de la política de cuadros que tracen los órganos superiores del Estado;

m) fortalecer la legalidad, el orden interior y la capacidad defensiva del país;

n) cualquier otra que le atribuyan la Constitución y las leyes.

Artículo 106.- Dentro de los límites de su competencia, las Asambleas Municipales del Poder Popular tienen las atribuciones siguientes:

a) cumplir y hacer cumplir las leyes y demás disposiciones de carácter general adoptadas por los órganos superiores del Estado;

b) elegir y revocar al Presidente y al Vicepresidente de la Asamblea;

c) designar y sustituir al Secretario de la Asamblea;

ch) ejercer la fiscalización y el control de las entidades de subordinación municipal, apoyándose en sus comisiones de trabajo;

d) revocar o modificar los acuerdos y disposiciones de los órganos o autoridades subordinadas a ella, que infrinjan la Constitución, las leyes, los decretos-leyes, los decretos, resoluciones y otras disposiciones dictados por los órganos superiores de l Estado o que afecten los intereses de la comunidad, de otros territorios, o los generales del país, o proponer su revocación al Consejo de Ministros, cuando hayan sido adoptados en función de facultades delegadas por los organismos de la Administración Central del Estado;

e) adoptar acuerdos y dictar disposiciones dentro del marco de la Constitución y de las leyes vigentes, sobre asunto de interés municipal y controlar su aplicación;

f) designar y sustituir a los miembros de su órgano de administración a propuesta de su Presidente;

g) determinar, conforme a los principios establecidos por el Consejo de Ministros, la organización, funcionamiento y tareas de las entidades encargadas de realizar las actividades económicas, de producción y servicios, de salud y otras de carácter así stencial, educacionales, culturales, deportivas, de protección del medio ambiente y recreativas, que están subordinadas a su órgano de Administración;

h) proponer la creación y organización de Consejos Populares, de acuerdo con lo establecido en la ley;

i) constituir y disolver comisiones de trabajo;

j) aprobar el plan económico-social y el presupuesto del municipio, ajustándose a las políticas trazadas para ello por los organismos competentes de la Administración Central del Estado, y controlar su ejecución;

k) coadyuvar al desarrollo de las actividades y al cumplimiento de los planes de producción y de servicios de las entidades radicadas en su territorio que no les estén subordinadas, para lo cual podrán apoyarse en sus comisiones de trabajo y en su órg ano de Administración;

l) conocer y evaluar los informes de rendición de cuenta que le presente su órgano de administración y adoptar las decisiones pertinentes sobre ellos;

ll)atender todo lo relativo a la aplicación de la política de cuadros que tracen los órganos superiores del Estado;

m) fortalecer la legalidad, el orden interior y la capacidad defensiva del país;

n) cualquier otra que le atribuyan la Constitución y las leyes.

Artículo 107.- Las sesiones ordinarias y extraordinarias de las Asambleas Locales del Poder Popular son publicas, salvo en el caso que estas acuerden celebrarlas a puertas cerradas, por razón de interés de Estado o porque se trate en ellas asuntos referidos al decoro de las personas.

Artículo 108.- En las sesiones de las Asambleas Locales del Poder Popular se requiere para su validez la presencia de mas de la mitad del numero total de sus integrantes. Sus acuerdos se adoptan por mayoría simple de votos.

Artículo 109.- Las entidades que se organizan para la satisfacción de las necesidades locales a fin de cumplir sus objetivos específicos, se rigen por las leyes, decretos-leyes y decretos; por acuerdos del Consejo de Ministros; por disposiciones que dicten los jefes de los organismos de la Administración Central del Estado en asuntos de su competencia, que sean de interés general y que requieran ser regulados nacionalmente; y por los acuerdos de los órganos locales a los que se subordinan.

Artículo 110.- Las comisiones permanentes de trabajo son constituidas por las Asambleas Provinciales y Municipales del Poder Popular atendiendo a los intereses específicos de su localidad, para que las auxilien en la realización de sus actividades y especialmente para ejercer el control y la fiscalización de las entidades de subordinación local y de las demás correspondientes a otros niveles de subordinación, que se encuentren radicadas en su demarcación territorial. Las comisiones de carácter temporal cumplen las tareas especificas que les son asignadas dentro del termino que se les señale.

Artículo 111.- Las Asambleas Provinciales del Poder Popular se renovaran cada cinco años, que es el periodo de duración del mandato de sus delegados.

Las Asambleas Municipales del Poder Popular se renovaran cada dos años y medio, que es el periodo de duración del mandato de sus delegados.

Dichos mandatos solo podrán extenderse por decisión de la Asamblea Nacional del Poder Popular, en los casos señalados en el Artículo 72.

Artículo 112.- El mandato de los delegados a las Asambleas Locales es revocable en todo momento. La ley determina la forma, las causas y los procedimientos para ser revocados.

Artículo 113.- Los delegados cumplen el mandato que les han conferido sus electores, en interés de toda la comunidad, para lo cual deberán coordinar sus funciones como tales, con sus responsabilidades y tareas habituales. La ley regula la forma en que se desarrollan estas funciones.

Artículo 114.- Los delegados a las Asambleas Municipales del Poder Popular tienen los derechos y las obligaciones que les atribuyan la Constitución y las leyes y en especial están obligados a:

        a) dar a conocer a la Asamblea y a la Administración de la localidad las opiniones, necesidades y dificultades que les trasmitan sus electores;

        b) informar a sus electores sobre la política que sigue la Asamblea y las medidas adoptadas para la solución de necesidades planteadas por la población o las dificultades que se presentan para resolverlas;

        c) rendir cuenta periódicamente a sus electores de su gestión personal, e informar a la Asamblea o a la Comisión a la que pertenezcan, sobre el cumplimiento de las tareas que les hayan sido encomendadas, cuando estas lo reclamen.

Artículo 115.- Los delegados a las Asambleas Provinciales del Poder Popular tienen el deber de desarrollar sus labores en beneficio de la colectividad y rendir cuenta de su gestión personal según el procedimiento que la ley establece.

Artículo 116.- Las Asambleas Provinciales y Municipales del Poder Popular eligen de entre sus delegados a su Presidente y Vicepresidente. La elección se efectúa en virtud de candidaturas propuestas en la forma y según el procedimiento que la ley establece.

Artículo 117.- Los Presidentes de las Asambleas Provinciales y Municipales del Poder Popular son a la vez presidentes de los respectivos Órganos de Administración y representan al Estado en sus demarcaciones territoriales. Sus atribuciones son establecidas por la ley.

Artículo 118.- Los órganos de Administración que constituyen las Asambleas Provinciales y Municipales del Poder Popular funcionan de forma colegiada y su composición, integración, atribuciones y deberes se establecen en la ley.

Artículo 119.- Los Consejos de Defensa Provinciales, Municipales y de las Zonas de Defensa se constituyen y preparan desde tiempo de paz para dirigir en los territorios respectivos, en las condiciones de estado de guerra, durante la guerra, la movilización general o el estado de emergencia, partiendo de un plan general de defensa y del papel y responsabilidad que corresponde a los consejos militares de los ejércitos. El Consejo de Defensa Nacional determina, conforme a la ley, la organización y atribuciones de estos Consejos.

CAPÍTULO XIII
TRIBUNALES Y FISCALÍA

Artículo 120.- La función de impartir justicia dimana del pueblo y es ejercida a nombre de este por el Tribunal Supremo Popular y los demás Tribunales que la ley instituye.

La ley establece los principales objetivos de la actividad judicial y regula la organización de los Tribunales; la extensión de su jurisdicción y competencia; sus facultades y el modo de ejercerlas; los requisitos que deben reunir los jueces, la forma de elección de estos y las causas y procedimientos para su revocación o cese en el ejercicio de sus funciones.

Artículo 121.- Los tribunales constituyen un sistema de órganos estatales, estructurado con independencia funcional de cualquier otro y subordinado jerárquicamente a la Asamblea Nacional del Poder Popular y al Consejo de Estado.
 El Tribunal Supremo Popular ejerce la máxima autoridad judicial y sus decisiones, en este orden, son definitivas.
 A través de su Consejo de Gobierno ejerce la iniciativa legislativa y la potestad reglamentaria; toma decisiones y dicta normas de obligado cumplimiento por todos los tribunales y, sobre la base de la experiencia de estos, imparte instrucciones de carácter obligatorio para establecer una practica judicial uniforme en la interpretación y aplicación de la ley.
Artículo 122.- Los jueces, en su función de impartir justicia, son independientes y no deben obediencia mas que a la ley.
Artículo 123.- Los fallos y demás resoluciones firmes de los tribunales, dictados dentro de los limites de su competencia, son de ineludible cumplimiento por los organismos estatales, las entidades económicas y sociales y los ciudadanos, tanto por los directamente afectados por ellos, como por los que no teniendo interés directo en su ejecución vengan obligados a intervenir en la misma.
Artículo 124.- Para los actos de impartir justicia todos los tribunales funcionan de forma colegiada y en ellos participan, con iguales derechos y deberes, jueces profesionales y jueces legos. El desempeño de las funciones judiciales encomendadas al juez lego, dada su importancia social, tiene prioridad con respecto a su ocupación laboral habitual.
Artículo 125.- Los tribunales rinden cuenta de los resultados de su trabajo en la forma y con la periodicidad que establece la ley.
Artículo 126.- La facultad de revocación de los jueces corresponde al órgano que los elige.
Artículo 127.- La Fiscalía General de la República es el órgano del Estado al que corresponde, como objetivos fundamentales, el control y la preservación de la legalidad, sobre la base de la vigilancia del estricto cumplimiento de la Constitución, las leyes y demás disposiciones legales, por los organismos del Estado, entidades económicas y sociales y por los ciudadanos; y la promoción y el ejercicio de la acción penal publica en representación del Estado.
 La ley determina los demás objetivos y funciones, así como la forma, extensión y oportunidad en que la Fiscalía ejerce sus facultades al objeto expresado.
Artículo 128.- La Fiscalía General de la República constituye una unidad orgánica subordinada únicamente a la Asamblea Nacional del Poder Popular y al Consejo de Estado.
 El Fiscal General de la República recibe instrucciones directas del Consejo de Estado.
 Al Fiscal General de la República corresponde la dirección y reglamentación de la actividad de la Fiscalía en todo el territorio nacional.
 Los órganos de la Fiscalía están organizados verticalmente en toda la nación, están subordinados solo a la Fiscalía General de la República y son independientes de todo órgano local.
Artículo 129.- El Fiscal General de la República y los vicefiscales generales son elegidos y pueden ser revocados por la Asamblea Nacional del Poder Popular.

Artículo 130.- El Fiscal General de la República rinde cuenta de su gestión ante la Asamblea Nacional del Poder Popular en la forma y con la periodicidad que establece la ley.

CAPÍTULO XIV
SISTEMA ELECTORAL

Artículo 131.- Todos los ciudadanos, con capacidad legal para ello, tienen derecho a intervenir en la dirección del Estado, bien directamente o por intermedio de sus representantes elegidos para integrar los órganos del Poder Popular, y a participar, con este propósito, en la forma prevista en la ley, en elecciones periódicas y referendos populares, que serán de voto libre, igual y secreto. Cada elector tiene derecho a un solo voto.

Artículo 132.- Tienen derecho al voto todos los cubanos, hombres y mujeres, mayores de dieciséis años de edad, excepto:

    a) los incapacitados mentales, previa declaración judicial de su incapacidad;
    b) los iñabilitados judicialmente por causa de delito.

Artículo 133.- Tienen derecho a ser elegidos los ciudadanos cubanos, hombres o mujeres, que se hallen en el pleno goce de sus derechos políticos.
Si la elección es para diputados a la Asamblea Nacional del Poder Popular, deben, ademas, ser mayores de dieciocho años de edad.

Artículo 134.- Los miembros de las Fuerzas Armadas Revolucionarias y demás institutos armados tienen derecho a elegir y a ser elegidos, igual que los demás ciudadanos.

Artículo 135.- La ley determina el numero de delegados que integran cada una de las Asambleas Provinciales y Municipales, en proporción al numero de habitantes de las respectivas demarcaciones en que, a los efectos electorales, se divide el territorio nacional.
Los delegados a las Asambleas Provinciales y Municipales se eligen por el voto libre, directo y secreto de los electores. La ley regula, asimismo, el procedimiento para su elección.

Artículo 136.- Para que se considere elegido un diputado o un delegado es necesario que haya obtenido mas de la mitad del numero de votos validos emitidos en la demarcación electoral de que se trate. De no concurrir esta circunstancia, o en los demás casos de plazas vacantes, la ley regula la forma en que se procedera.

CAPÍTULO XV
REFORMA CONSTITUCIONAL

Artículo 137.- Esta Constitución solo puede ser reformada por la Asamblea Nacional del Poder Popular mediante acuerdo adoptado, en votación nominal, por una mayoría no inferior a las dos terceras partes del numero total de sus integrantes. Si la reforma se refiere a la integración y facultades de la Asamblea Nacional del Poder Popular o de su Consejo de Estado o a derechos y deberes consagrados en la Constitución, requiere, además, la ratificación por el voto favorable de la mayoría de los ciudadanos con derecho electoral, en referendo convocado al efecto por la propia Asamblea.

DISPOSICIÓN ESPECIAL. El pueblo de Cuba, casi en su totalidad, expresó entre los días 15 y 18 del mes de junio del 2002, su más decidido apoyo al proyecto de reforma constitucional propuesto por las organizaciones de masas en asamblea extraordinaria de todas sus direcciones nacionales que había tenido lugar el día 10 del propio mes de junio, en el cual se ratifica en todas sus partes la Constitución de la República y se propone que el carácter socialista y el sistema político y social contenido en ella sean declarados irrevocables, como digna y categórica respuesta a las exigencias y amenazas del gobierno imperialista de Estados Unidos el 20 de mayo del 2002.

Esta Constitución proclamada el 24 de febrero de 1976, contiene las reformas aprobadas por la Asamblea Nacional del Poder Popular en el XI Periodo Ordinario de Sesiones de la III Legislatura celebrada los días 10, 11 y 12 de julio de 1992.

ARTÍCULOS DEL CÓDIGO PENAL DE CUBA (LEY 62)

TÍTULO I: DISPOSICIONES PRELIMINARES
ARTÍCULO 1.

1. Este Código tiene como objetivos:
-proteger a la sociedad, a las personas, al orden social, económico y político y al régimen estatal;
- salvaguardar la propiedad reconocida en la Constitución y las leyes;
- promover la cabal observancia de los derechos y deberes de los ciudadanos,
- contribuir a formar en todos los ciudadanos la conciencia del respeto a la legalidad socialista, del cumplimiento de los deberes y de la correcta observancia de las normas de convivencia socialista.
2. A estos efectos, especifica cuáles actos socialmente peligrosos son constitutivos de delito y cuáles conductas constituyen índices de peligrosidad y establece las sanciones y medidas de seguridad aplicables en cada caso.

TÍTULO XI: EL ESTADO PELIGROSO Y LAS MEDIDAS DE SEGURIDAD
CAPÍTULO I: EL ESTADO PELIGROSO

ARTÍCULO 72. Se considera estado peligroso la especial proclividad en que se halla una persona para cometer delitos, demostrada por la conducta que observa en contradicción manifiesta con las normas de la moral socialista.
ARTÍCULO 73.
1. El estado peligroso se aprecia cuando en el sujeto concurre alguno de los índices de peligrosidad siguientes:
a) la embriaguez habitual y la dipsomanía;
    b) la narcomanía;
    c) la conducta antisocial.
2. Se considera en estado peligroso por conducta antisocial al que quebranta habitualmente las reglas de convivencia social mediante actos de violencia, o por otros actos provocadores, viola derechos de los demás o por su comportamiento en general daña las reglas de convivencia o perturba el orden de la comunidad o vive, como un parásito social, del trabajo ajeno o explota o practica vicios socialmente reprobables.
ARTÍCULO 74. Se considera también estado peligroso el de los enajenados mentales y de las personas de desarrollo mental retardado, si, por esta causa, no poseen la facultad de comprender el alcance de sus acciones ni de controlar sus conductas, siempre que éstas representen una amenaza para la seguridad de las personas o del orden social.

CAPÍTULO II: LA ADVERTENCIA OFICIAL
ARTÍCULO 75.
1. El que, sin estar comprendido en alguno de los estados peligrosos a que se refiere el artículo 73, por sus vínculos o relaciones con personas potencialmente peligrosas para la sociedad, las demás personas y el orden social, económico y político del Estado socialista, pueda resultar proclive al delito, será objeto de advertencia por la autoridad policiaca competente, en prevención de que incurra en actividades socialmente peligrosas o delictivas.
2. La advertencia se realizará, en todo caso, mediante acta en la que se hará constar expresamente las causas que la determinan y lo que al respecto exprese la persona advertida, firmándose por ésta y por el actuante.

CAPÍTULO III: LAS MEDIDAS DE SEGURIDAD
SECCIÓN PRIMERA: Disposiciones Generales
ARTÍCULO 76.
1. Las medidas de seguridad pueden decretarse para prevenir la comisión de delitos o con motivo de la comisión de éstos. En el primer caso se denominan medidas de seguridad predelictivas; y en el segundo, medidas de seguridad postdelictivas.
2. Las medidas de seguridad se aplican cuando en el sujeto concurre alguno de los índices de peligrosidad señalados en los artículos 73 y 74.
ARTÍCULO 77.
1. Las medidas de seguridad postdelictivas, por regla general, se cumplen después de extinguida la sanción impuesta.
2. Si durante el cumplimiento de una medida de seguridad aplicada a una persona penalmente responsable, a ésta se le impone una sanción de privación de libertad, la ejecución de la medida de seguridad se suspenderá, tomando de nuevo su curso una vez cumplida la sanción.
3. Si, en el caso a que se refiere el apartado anterior, el sancionado es liberado condicionalmente, la medida de seguridad se considerará extinguida al término del período de prueba siempre que la libertad condicional no haya sido revocada.

SECCIÓN SEGUNDA: Las Medidas de seguridad Predelictivas
ARTÍCULO 78. Al declarado en estado peligroso en el correspondiente proceso, se le puede imponer la medida de seguridad predelictiva más adecuada entre las siguientes:
a) terapéuticas;
b) reeducativas;
c) de vigilancia por los órganos de la Policía Nacional Revolucionaria.
ARTÍCULO 79.
1. Las medidas terapéuticas son:
a) internamiento en establecimiento asistencial, psiquiátrico o de desintoxicación;
b) asignación a centro de enseñanza especializada, con o sin internamiento;
c) tratamiento médico externo.
2. Las medidas terapéuticas se aplican a los enajenados mentales y a los sujetos de mentalidad retardada en estado peligroso, a los dipsómanos y a los narcómanos.

3. La ejecución de estas medidas se extiende hasta que desaparezca en el sujeto el estado peligroso.
ARTÍCULO 80.
1. Las medidas reeducativas son:
a) internamiento en un establecimiento especializado de trabajo o de estudio;
b) entrega a un colectivo de trabajo, para el control y la orientación de la conducta del sujeto estado peligroso.
2. Las medidas reeducativas se aplican a los individuos antisociales.
3. El término de estas medidas es de un año como mínimo y de cuatro como máximo.
ARTÍCULO 81.
1. La vigilancia por los órganos de la Policía Nacional Revolucionaria consiste en la orientación y el control de la conducta del sujeto en estado peligroso por funcionarios de dichos órganos.
2. Esta medida es aplicable a los dipsómanos, a los narcómanos y a los individuos antisociales. 3. El término de esta medida es de un año como mínimo y de cuatro años como máximo.
ARTÍCULO 82. El tribunal puede imponer la medida de seguridad predelictiva de la clase que corresponda de acuerdo con el índice respectivo, y fijará su extensión dentro de los límites señalados en cada caso, optando por las de carácter detentivo o no detentivo, según la gravedad del estado peligroso del sujeto y las posibilidades de su reeducación.
ARTÍCULO 83. El tribunal, en cualquier momento del curso de la ejecución de la medida de seguridad predelictiva puede cambiar la clase o la duración de esta, o suspenderla a instancia del órgano encargado de su ejecución o de oficio. En este último caso, el tribunal solicitará informe de dicho órgano ejecutor.
ARTÍCULO 84. El tribunal comunicará a los órganos de prevención de la Policía Nacional Revolucionaria las medidas de seguridad predelictivas acordadas que deben cumplirse en libertad, a los efectos de su ejecución.

LIBRO II: PARTE ESPECIAL
TÍTULO I: DELITOS CONTRA LA SEGURIDAD DEL ESTADO
CAPÍTULO I: DELITOS CONTRA LA SEGURIDAD EXTERIOR DEL ESTADO

SECCIÓN PRIMERA: Actos contra la Independencia o la Integridad Territorial del Estado

ARTÍCULO 91. El que, en interés de un Estado extranjero, ejecute un hecho con el objeto de que sufra detrimento la independencia del Estado cubano o la integridad de su territorio, incurre en sanción de privación de libertad de diez a veinte años o muerte.

SECCIÓN SEGUNDA: Promoción de Acción Armada contra Cuba

ARTÍCULO 92. El que ejecute un hecho dirigido a promover la guerra o cualquier acto de agresión armada contra el Estado cubano, incurre en sanción de privación de libertad de diez a veinte años o muerte.

SECCIÓN TERCERA: Servicio Armado contra el Estado
ARTÍCULO 93.
1. El cubano que tome las armas contra la Patria, bajo las banderas enemigas, incurre en sanción de privación de libertad de diez a veinte años o muerte.
2. En igual sanción incurre el extranjero residente en Cuba que tome las armas contra el Estado cubano, bajo las banderas enemigas.

SECCIÓN CUARTA: Ayuda al Enemigo
ARTÍCULO 94.
1. Incurre en sanción de privación de libertad de diez a veinte años o muerte el que:
a) facilite al enemigo la entrada en el territorio nacional, o la toma o destrucción de instalaciones de defensa, posiciones, armamentos, y demás medios de guerra y de defensa, o buque o aeronave del Estado cubano;
b) suministre al enemigo caudales, armas, municiones, embarcaciones, aeronaves, efectos, provisiones u otros medios idóneos o eficaces para hostilizar al Estado cubano;
c) suministre al enemigo planos, croquis, vistas o informes de campamentos, zonas, instalaciones o unidades militares, obras o medios de defensa o cualquier otro documento o noticia que conduzca eficazmente al fin de hostilizar al Estado cubano o de favorecer el progreso de las armas enemigas;
ch) impida que las tropas nacionales, en situación de guerra, reciban los medios expresados en el inciso b), o la información con respecto al enemigo a que se refiere el inciso c);
d) realice cualquier actividad encaminada a seducir tropas nacional o que se halle al servicio del Estado cubano para que se pase a las filas enemigas o deserte de sus banderas;
e) reclute gente en el territorio nacional o fuera de él, para el servicio armado del enemigo;
f) favorezca el progreso de las armas enemigas de cualquier otro modo no especificado en los incisos anteriores.
2. En igual sanción incurre el que cometa cualquiera de los hechos previstos en el apartado anterior, contra un Estado extranjero aliado del Estado cubano, en el caso de hallarse realizando acciones militares contra un enemigo común.

SECCIÓN QUINTA: Revelación de Secretos Concernientes a la Seguridad del Estado
ARTÍCULO 95.
1. El que, fuera de lo previsto en el artículo 97, revele secretos políticos, militares, económicos, científicos, técnicos o de cualquier naturaleza, concernientes a la seguridad del Estado, incurre en sanción de privación de libertad de cuatro a diez años.
2. La sanción es de privación de libertad de ocho a quince años:
a) si el secreto revelado lo poseía el culpable por razón de su cargo o le había sido confiado;
b) si el culpable llegó a conocer el secreto subrepticiamente o por cualquier otro medio ilegítimo;
c) si, a causa del hecho, se producen consecuencias graves.
3. Las sanciones establecidas en los apartados anteriores se imponen también, en los casos respectivos, al que procure y obtenga la revelación del secreto.

ARTÍCULO 96. El que, por imprudencia, dé lugar a que alguno de los secretos a que se refiere el artículo anterior sea conocido, incurre en sanción de privación de libertad de uno a cuatro años.

SECCIÓN SEXTA: Espionaje

ARTÍCULO 97.
1. El que, en detrimento de la seguridad del Estado, participe, colabore o mantenga relaciones con los servicios de información de un Estado extranjero, o les proporcione informes, o los obtenga o los procure con el fin de comunicárselos, incurre en sanción de privación de libertad de diez a veinte años o muerte.
2. En igual sanción incurre el que proporcione a un Estado extranjero datos de carácter secreto cuya utilización pueda redundar en perjuicio de la República, o los obtenga, reúna o guarde con el mismo fin.
3. El que, sin la debida autorización, practique reconocimientos, tome fotografías, procure u obtenga informes o levante, confeccione o tenga en su poder planos, croquis o vistas de campamentos, emplazamientos, zonas o unidades militares, obras o medios de defensa, ferrocarriles, barcos o aeronaves de guerra, establecimientos marítimos o militares, caminos u otras instalaciones militares o cualquier otro documento o información concernientes a la seguridad del Estado, incurre en sanción de privación de libertad de cinco a veinte años.
4. La sanción es de privación de libertad de diez a veinte años si, para ejecutar su propósito, el culpable penetra clandestinamente o mediante violencia, soborno o engaño cuando este prohibida o limitada la entrada en los lugares mencionados en el apartado anterior o en otros de su mismo carácter.
5. El simple hecho de penetrar clandestinamente, con engaño, violencia o mediante soborno, en alguno de los lugares o zonas indicados en los apartados anteriores, se sanciona con privación de libertad de dos a cinco años.
6. Los delitos previstos en los apartados 4 y 5 se sancionan con independencia de los que se cometan para su ejecución o en ocasión de ella.

Ley 88 de Protección de la Independencia Nacional y la Economía de Cuba

RICARDO ALARCÓN DE QUESADA, Presidente de la Asamblea Nacional del Poder Popular de la República de Cuba.

HAGO SABER: Que la Asamblea Nacional del Poder Popular en su Primera Reunión Extraordinaria de la Quinta Legislatura, celebrada los días 15 y 16 de febrero de 1999, ha aprobado lo siguiente:

POR CUANTO: El Gobierno de Estados Unidos de América se ha dedicado a promover, organizar, financiar y dirigir a elementos contrarrevolucionarios y anexionistas dentro y fuera del territorio de la República de Cuba. Durante cuatro décadas ha invertido cuantiosos recursos materiales y financieros para la realización de numerosas acciones encubiertas con el propósito de destruir la independencia y la economía de Cuba, utilizando para tales fines, entre otros, a individuos reclutados dentro del territorio nacional, como ha reconocido la Agencia Central de Inteligencia desde el año 1961, en informe que fuera divulgado en el año 1998.

POR CUANTO: La Enmienda "Torricelli" incluida en la ley de Gastos para la Defensa de 1992, promulgada por el Gobierno de Estados Unidos de América, previó el suministro de medios materiales y financieros para el desarrollo de actividades contrarrevolucionarias dentro de Cuba, y mediante la Ley de 12 de marzo de 1996, conocida como Ley Helms Burton, se amplió, intensificó y codificó la guerra económica contra Cuba y detalla el suministro de tales recursos a individuos que serían empleados en el territorio nacional para cumplir los propósitos subversivos y anexionistas del Imperio, habiéndose reconocido públicamente, desde esa fecha y en reiteradas ocasiones, la entrega de dichos fondos del Presupuesto Federal de Estados Unidos para esos fines.

POR CUANTO: La Ley del Presupuesto Federal para 1999, promulgada el 21 de octubre de 1998 por el Gobierno de Estados Unidos de América, fijó un límite mínimo de dos millones de dólares para la realización de actividades contrarrevolucionarias dentro de Cuba y el 5 de enero de 1999 el Presidente de ese país anunció planes para engrosar, con recursos de entidades e individuos, los fondos federales que se destinan a la promoción y ejecución de dichas acciones.

POR CUANTO: Las acciones anteriormente mencionadas constituyen una permanente agresión contra la independencia y soberanía de la República de Cuba, violatoria del Derecho Internacional y de los principios y normas que rigen las relaciones entre los Estados, y de manera persistente esta agresión se ha ampliado e intensificado durante cuarenta años, se ha refrendado incluso mediante las decisiones legislativas antes mencionadas y se ha proclamado como política de Estado contra nuestro país, empleándose para su consecución cuantiosos recursos oficiales, a la vez que se promueve el empleo de los que destinen a esos fines otras entidades privadas e individuos.

POR CUANTO: Constituye un deber ineludible responder a la agresión de que es objeto el pueblo cubano, derrotar el propósito anexionista y salvaguardar la independencia nacional, tipificando como delitos las conductas que favorezcan la aplicación de la mencionada Ley "Helms-Burton", el bloqueo, la guerra económica contra Cuba, la subversión y otras medidas similares que hayan sido adoptadas o sean adoptadas en el futuro por el Gobierno de Estados Unidos de América, mediante disposición o regulación, con independencia de su rango normativo, así como otras medidas que propendan a fomentar o desarrollar esa política agresiva contra los intereses fundamentales de la Nación.

POR CUANTO: Es propósito de esta Ley sancionar aquellas acciones que en concordancia con los intereses imperialistas persiguen subvertir el orden interno de la Nación y destruir su sistema político, económico y social, sin que en modo alguno menoscabe los derechos y garantías fundamentales consagrados en la Constitución de la República.

POR CUANTO: En cumplimiento de lo dispuesto en la Ley de Reafirmación de la Dignidad y Soberanía Cubanas, Ley No. 80 de 1996, el Gobierno de la República de Cuba, ha presentado a la consideración de la Asamblea Nacional del Poder Popular, el proyecto correspondiente.

POR TANTO: La Asamblea Nacional del Poder Popular en uso de las atribuciones que le están conferidas en el artículo 75 inciso b) de la Constitución de la República, ha adoptado la siguiente:

LEY No. 88 DE PROTECCIÓN DE LA INDEPENDENCIA NACIONAL Y LA ECONOMÍA DE CUBA

CAPÍTULO I
Generalidades

Artículo 1: Esta Ley tiene como finalidad tipificar y sancionar aquellos hechos dirigidos a apoyar, facilitar, o colaborar con los objetivos de la Ley "Helms-Burton", el bloqueo y la guerra económica contra nuestro pueblo, encaminados a quebrantar el orden interno, desestabilizar el país y liquidar al Estado Socialista y la independencia de Cuba.

Artículo 2: Dado el carácter especial de esta Ley, su aplicación será preferente a cualquier otra legislación penal que le preceda.

Artículo 3.1: A los delitos previstos en esta Ley le son aplicables, en lo atinente, las disposiciones contenidas en la Parte General del Código Penal.

2. En los delitos previstos en esta Ley el tribunal puede imponer como sanción accesoria la confiscación de bienes.

3. Los delitos previstos en esta Ley se sancionan con independencia de los que se cometan para su ejecución o en ocasión de ella.

CAPÍTULO II
De las Infracciones Penales
Artículo 4.1: El que suministre, directamente o mediante tercero, al Gobierno de Estados Unidos de América, sus agencias, dependencias, representantes o funcionarios, información para facilitar los objetivos de la Ley "Helms-Burton", el bloqueo y la guerra económica contra nuestro pueblo, encaminados a quebrantar el orden interno, desestabilizar el país y liquidar al Estado Socialista y la independencia de Cuba, incurre en sanción de privación de libertad de siete a quince años.
2. La sanción es de privación de libertad de ocho a veinte años cuando concurra alguna de las circunstancias siguientes:
a) si el hecho se comete con el concurso de dos o más personas;
b) si el hecho se realiza con ánimo de lucro o mediante dádiva, remuneración, recompensa o promesa de cualquier ventaja o beneficio;
c) si el culpable llegó a conocer o poseer la información de manera subrepticia o empleando cualquier otro medio ilícito;
d) si el culpable conociera o poseyera la información por razón del cargo que desempeñe;
e) si, como consecuencia del hecho, se producen graves perjuicios a la economía nacional;
f) si, como consecuencia del hecho, el Gobierno de Estados Unidos de América, sus agencias o dependencias, adoptan medidas de represalias contra entidades industriales, comerciales, financieras o de otra naturaleza, cubanas o extranjeras, o contra alguno de sus dirigentes y familiares.
Artículo 5.1: El que, busque información clasificada para ser utilizada en la aplicación de la Ley "Helms-Burton", el bloqueo y la guerra económica contra nuestro pueblo, encaminados a quebrantar el orden interno, desestabilizar el país y liquidar al Estado Socialista y la independencia de Cuba, incurre en sanción de privación de libertad de tres a ocho años o multa de tres mil a cinco mil cuotas, o ambas.
2. La sanción es de privación de libertad de cinco a doce años cuando concurra alguna de las circunstancias siguientes:
a) si el culpable llegó a conocer o poseer la información de manera subrepticia o empleando cualquier otro medio ilícito;
b) si el hecho se comete con el concurso de dos o más personas.
3. La sanción es de privación de libertad de siete a quince años si la información obtenida, por la índole de su contenido, produce graves perjuicios a la economía nacional.
Artículo 6.1: El que acumule, reproduzca o difunda, material de carácter subversivo del Gobierno de Estados Unidos de América, sus agencias, dependencias, representantes, funcionarios o de cualquier entidad extranjera, para apoyar los objetivos de la Ley Helms-Burton, el bloqueo y la guerra económica contra nuestro pueblo, encaminados a quebrantar el orden interno, desestabilizar el país y liquidar al Estado Socialista y la independencia de Cuba, incurre en sanción de privación de libertad de tres a ocho años o multa de tres mil a cinco mil cuotas o ambas.
2- En la misma sanción incurre el que con iguales propósitos introduzca en el país los materiales a que se refiere el apartado anterior.

3- La sanción es de privación de libertad de cuatro a diez años cuando concurra en los hechos a que se refieren los apartados anteriores, alguna de las circunstancias siguientes:
a) si los hechos se cometen con el concurso de dos o más personas;
b) si los hechos se realizan con ánimo de lucro o mediante dádiva, remuneración, recompensa o promesa de cualquier ventaja o beneficio.
4. La sanción es de privación de libertad de siete a quince años si el material, por la índole de su contenido, produce graves perjuicios a la economía nacional.
Artículo 7.1: El que, con el propósito de lograr los objetivos de la Ley "Helms-Burton", el bloqueo y la guerra económica contra nuestro pueblo, encaminados a quebrantar el orden interno, desestabilizar el país y liquidar al Estado Socialista y la independencia de Cuba, colabore por cualquier vía con emisoras de radio o televisión, periódicos, revistas u otros medios de difusión extranjeros, incurre en sanción de privación de libertad de dos a cinco años o multa de mil a tres mil cuotas o ambas.
2. La responsabilidad penal en los casos previstos en el apartado que antecede será exigible a los que utilicen tales medios y no a los reporteros extranjeros legalmente acreditados en el país, si fuese esa la vía empleada.
3. La sanción es de privación de libertad de tres a ocho años o multa de tres mil a cinco mil cuotas o ambas si el hecho descrito en el apartado 1 se realiza con ánimo de lucro o mediante dádiva, remuneración, recompensa o promesa de cualquier ventaja o beneficio.
Artículo 8.1: El que perturbe el orden público con el propósito de cooperar con los objetivos de la Ley "Helms-Burton", el bloqueo y la guerra económica contra nuestro pueblo, encaminados a quebrantar el orden interno, desestabilizar el país y liquidar al Estado Socialista y la independencia de Cuba, incurre en sanción de privación de libertad de dos a cinco años o multa de mil a tres mil cuotas o ambas.
2. El que, promueva, organice o incite a realizar las perturbaciones del orden público a que se refiere el apartado anterior incurre en sanción de privación de libertad de tres a ocho años o multa de tres mil a cinco mil cuotas o ambas.
Artículo 9.1: El que, para favorecer los objetivos de la Ley "Helms-Burton", el bloqueo y la guerra económica contra nuestro pueblo, encaminados a quebrantar el orden interno, desestabilizar el país y liquidar al Estado Socialista y la independencia de Cuba, realice cualquier acto dirigido a impedir o perjudicar las relaciones económicas del Estado cubano, o de entidades industriales, comerciales, financieras o de otra naturaleza, nacionales o extranjeras, tanto estatales como privadas, incurre en sanción de privación de libertad de siete a quince años o multa de tres mil a cinco mil cuotas o ambas.
2. La sanción es de privación de libertad de ocho a veinte años cuando concurra alguna de las circunstancias siguientes:
a) si en la realización del hecho se emplea violencia, intimidación, chantaje u otro medio ilícito;
b) si el hecho se realiza con ánimo de lucro o mediante dádiva, remuneración, recompensa o promesa de cualquier ventaja o beneficio;
c) si, como consecuencia del hecho, el Gobierno de Estados Unidos de América, sus agencias o dependencias, adoptan medidas de represalias contra entidades industriales, comerciales o financieras, cubanas o extranjeras, o contra alguno de sus dirigentes y familiares.

Artículo 10: Incurre en sanción de privación de libertad de dos a cinco años o multa de mil a tres mil cuotas o ambas, el que:
a) proponga o incite a otros, por cualquier medio o forma, a ejecutar alguno de los delitos previstos en esta Ley;
b) se concierte con otras personas para la ejecución de alguno de los delitos previstos en esta Ley.
Artículo 11: El que, para la realización de los hechos previstos en esta Ley, directamente o mediante tercero, reciba, distribuya o participe en la distribución de medios financieros, materiales o de otra índole, procedentes del Gobierno de Estados Unidos de América, sus agencias, dependencias, representantes, funcionarios o de entidades privadas, incurre en sanción de privación de libertad de tres a ocho años o multa de mil a tres mil cuotas o ambas.
Artículo 12: El que incurra en cualquiera de los delitos previstos en los artículos anteriores con la cooperación de un tercer Estado que colabore a los fines señalados con el Gobierno de Estados Unidos de América, será acreedor a las sanciones establecidas.

DISPOSICIONES FINALES
PRIMERA: La Fiscalía General de la República, respecto a los delitos previstos y sancionados en la presente Ley, ejerce la acción penal pública en representación del Estado en correspondencia con el principio de oportunidad, conforme a los intereses de la Nación.
SEGUNDA: Los Tribunales Provinciales Populares son competentes para conocer de los delitos previstos en esta Ley.
TERCERA: Se derogan cuantas disposiciones legales o reglamentarias se opongan a lo establecido en esta ley, que comenzará a regir desde la fecha de su publicación en la Gaceta Oficial de la República.
DADA en la sala de sesiones de la Asamblea Nacional del Poder Popular, Palacio de las Convenciones, en la Ciudad de La Habana a los dieciséis días del mes de febrero de mil novecientos noventa y nueve, "Año del 40 Aniversario del Triunfo de la Revolución".

Fundamentación del Proyecto Varela

(Presentado el día 14 de mayo de 2002 ante la Asamblea Nacional del Poder Popular y reuniendo un total de 11.020 firmas)

La Constitución de la Republica de Cuba garantiza a los ciudadanos el derecho a proponer cambios en el orden jurídico también ofrece los procedimientos para que mediante la consulta popular, el pueblo decida soberana y democráticamente sobre la realización de los cambios y el contenido de los mismos. Este valor de las leyes actuales, de contener en si mismas la llave para cambiar la ley, para que estas se ajusten a las necesidades y demandas de mejoramiento de la sociedad, se completa, si el pueblo, que está legítimamente dotado para hacerlo, puede accionar esta llave.

Esta forma de acción cívica es el enlace por excelencia entre la voluntad popular y las estructuras políticas y jurídicas de la sociedad que practica la democracia. El funcionamiento de este enlace es signo de la capacidad de evolución pacifica y gradual de la sociedad, de su capacidad para transformarse y avanzar progresivamente en un desarrollo armónico e integral, en la elevación de la calidad de vida.

Por esto proponemos hacer los cambios desde la ley. La ley es siempre perfectible y debe estar en función del bien común y de la realización integral de la persona. Pero existen diversos criterios sobre los cambios que son necesarios en nuestra sociedad en las esferas políticas, sociales y económicas e inclusive opiniones encontradas sobre la pertinencia de estos cambios.

La respuesta no es sencilla y demanda de la buena voluntad y la postura responsable de todos los cubanos.

Entonces, **¿son necesarios los cambios?**

Resolver esta cuestión es clave. Pero la respuesta sabia y justa solo puede darla el pueblo soberano, en una **Consulta Popular**, en un **Referendo**.

Pero, ¿por qué estas preguntas, estas propuestas?

Por la respuesta a estas propuestas el pueblo se proporciona a sí mismo los instrumentos legales para, mediante el ejercicio de sus derechos, la practica de la solidaridad y el cumplimiento de sus deberes, tener una participación más plena en las decisiones que le afectan, en la determinación del rumbo que tome nuestra Nación y en la construcción de una sociedad mejor.

Con estas bases es el propio pueblo quien decide si hay cambios o no y quien realiza los cambios como protagonista y sujeto de su historia.

No estamos ofreciendo un proyecto o modelo de sociedad, sino proponiendo el primer paso para crear nuevas y mejores condiciones de derecho. Y que así, entre todos los cubanos, creen y desarrollen si propio proyecto de sociedad según su voluntad soberana, a partir de los valores espirituales de nuestra Nación y las experiencias de su historia y para responder a los desafios que nos plantea la llegada del nuevo milenio.

Firmar esta solicitud no significa, en modo alguno, apoyar o vincularse a ninguna asociación o agrupación y tampoco establecer compromisos con las personas que la redactaron y la proponen. Cuando un cubano firma esta solicitud de Consulta Popular esta haciendo uso de los derechos que le da la Constitución actual para hacer peticiones y contribuyendo libre y solidariamente a mejorar nuestra sociedad, a la solución de los problemas que sufre nuestro pueblo y a preparar un futuro mejor para nuestros hijos, **aquí, en nuestra Patria**.

LAS CINCO PROPUESTAS se explican por sí mismas.

LOS DERECHOS A LA LIBRE EXPRESIÓN Y LIBRE ASOCIACION:
Estos derechos y todos los **Derechos Humanos** existen antes de que nadie los formulara o los escribiera, usted y todos sus semejantes tienen estos derechos porque son personas, porque son humanos. Las leyes no crean estos derechos, pero deben garantizarlos. La practica de estos derechos de asociación y expresión, concreta la participación digna y responsable del ciudadano en la sociedad. Cuando en la propuesta se aclara que la ley debe garantizar estos derechos preservando el respeto a la dignidad humana, a los Derechos Humanos y al bien común, nos anticipamos a cualquier temor infundado contra la libre expresión y la libre asociación, ya que nadie puede ejercer sus derechos atentando contra la dignidad humana y los derechos de los demás, ni tampoco contra el bien común. A su vez nadie puede decir que defiende el bien común anulando el ejercicio de estos derechos, ya que la búsqueda del bien común es trabajar por condiciones de vida en una sociedad donde las personas se realicen plenamente y esto es imposible si no se garantizan los derechos humanos. Además de un derecho es una necesidad que en la sociedad existan organizaciones independientes, ya sean de carácter temporal o permanente, para que los ciudadanos defiendan sus intereses, para participar en las decisiones del Estado y en todo el quehacer social aportando sus esfuerzos e iniciativas en todos los campos. El pluralismo no se impone por decreto, pero debe respetarse y ser garantizado por la ley, porque es una realidad el que no todos piensan igual acerca de todo ni en lo particular y es un derecho de las personas, el asociarse y expresarse, según sus ideas e intereses, sin que nadie por sus propias ideas o por cualquier condición pueda anular este derecho en los demás. Si la ley garantizara la libre asociación y expresión, se ajustaría más a la **Constitución**, se reconocería el hecho de la diversidad de opiniones presentes en la sociedad, se abrirían los espacios a la critica, se potenciaría la creatividad, el dialogo, **una democracia más participativa, el ejercicio de la soberanía popular** y por lo tanto se fortalecen las bases de **La Independencia Nacional**.

LA AMINISTIA:
La existencia en nuestro país de encarcelados por motivos políticos obedece tanto a hechos en los que las personas involucradas violaron la ley, como abusos de poder, arbitrariedades

y también a violaciones de la ley por parte de las autoridades. Muchos han sido detenidos por practicar **Derechos Humanos** que las leyes actuales no reconocen. Este paso no es una revisión, es un paso de renovación de toda la sociedad, que toma conciencia de esta necesidad. **La reconciliación** tampoco puede darse por decreto pero, si es deseada por nuestro pueblo y éste así lo señala en el **Referendo**, aprobando la Amnistía, abriría, por este acto de perdón y justicia, una nueva etapa para una comunidad que quiere superar todo lo negativo del pasado y darse a sí misma la oportunidad de renacer. Si los cubanos ahora no podemos ponernos de acuerdo acerca del pasado, sí debemos ponernos de acuerdo sobre el futuro, para que éste sea de **paz, fraternidad y libertad, por el bien de nuestros hijos**.

EL DERECHO DE LOS CUBANOS A FORMAR EMPRESAS:
Con la aprobación de esta propuesta se logra una mayor participación de los ciudadanos en la tarea de satisfacer las necesidades de bienes y servicios de la población, liberándose las capacidades humanas para trabajar por la elevación del nivel y la calidad de vida, la independencia de las personas y las familias y contribuir al desarrollo de la Nación.
El ejercicio de ejercer este derecho dentro de las regulaciones que marque la ley en aras del bien común, será un factor determinante en la superación de la inseguridad y la inestabilidad en la actividad económica de los ciudadanos y eliminaría en gran medida las malversaciones, las apropiaciones indebidas y robos, la corrupción de empleados y funcionarios, los privilegios por abuso de poder, el parasitismo, la especulación y muchas de las causas de las diferencias, hasta ahora insalvables, entre el trabajador que trata de sobrevivir con un salario y aquel que por la especulación o posición de autoridad se da un nivel de vida económicamente muy superior. Esta apertura será un estímulo para dejar atrás la improductividad, las negligencias tan costosas, el desempleo en todas sus formas y la pobreza en que van hundiéndose cada vez mas cubanos al quedar sin opciones o con un salario de muy poco valor real. Esta pobreza y la falta de opciones es una de las causas del deseo de emigrar de muchos cubanos, fenómeno que trae tantos desajustes a la familia cubana. A partir de aquí la moneda, y con ello el salario de los trabajadores, comenzarían a su justo valor.
La satisfacción de las necesidades del consumo del pueblo y el control y la propiedad democrática por los trabajadores de los medios de producción, no se reducen a la propiedad estatal, que es una y no la única forma de propiedad social. Las largas etapas de escasez, ineficiencia y precariedad que hemos vivido demuestran que **es necesaria una apertura a la participación ciudadana en la actividad económica, en la gestión y la propiedad**. Esta apertura tiene que garantizar el derecho de los cubanos a formar empresas privadas tanto de propiedad individual como cooperativa, así como empresas mixtas entre trabajadores y el Estado. ¿Será esto más difícil de lograr como derecho para los cubanos y entre cubanos, que lo que ha sido conceder a empresas extranjeras, el derecho, no solo a participar sino a tener, en algunos casos, la propiedad total de una empresa, tal como lo hace la ley que regula las inversiones extranjeras?
La ley podrá armonizar la participación de los ciudadanos, responsable y creativa, en el quehacer económico con una orientación social de la empresa privada, con el respeto al

consumidor, con la humanización del trabajo, con las garantías de los derechos de los trabajadores y con la seguridad social. De esta forma el Estado podrá contar con más recursos para garantizar, sin depender de la ayuda extranjera, los servicios gratuitos de salud pública y educación y los demás servicios sociales y los brindaría, no como estructura paternalista, sino como administrador de los bienes comunes, a los que aportan todos los ciudadanos, responsablemente, ejerciendo sus derechos y practicando la solidaridad.

UNA NUEVA LEY ELECTORAL:
Para comprender esta propuesta es necesario fijarse en los dos elementos claves del proceso electoral:
1. Las candidaturas o nominación de candidatos, es decir, la forma de determinarse quienes serán los ciudadanos entre los cuales los electores elegirán sus representantes, ya sean como delegados o como diputados.
2. Las elecciones. Recomendamos el estudio de la Ley Electoral actual si no recuerda sus planteamientos y analizar esta propuesta antes de tomar una decisión.
Según la ley actual, los candidatos a Delegados a las Asambleas Municipales del Poder Popular, se nominan por votación en asambleas publicas de los electores de la circunscripción correspondiente. Sin embargo, los candidatos a Delegados a las Asambleas Provinciales y los candidatos a Diputados a la Asamblea Nacional del Poder Popular son nominados por cada Asamblea Municipal del Poder Popular a partir de proposiciones de la Comisión de Candidaturas Municipal correspondiente, que a su vez recibe propuestas de las Comisiones de Candidaturas Provincial y Nacional. Los electores, según la ley actual no participan directamente en la nominación de los candidatos a Delegados a las Asambleas Provinciales, ni de los candidatos a Diputados a la Asamblea Nacional del Poder Popular y además, se nomina un solo candidato por cada cargo de Delegado a las Asambleas Provinciales y un candidato por cargo de Diputado a la Asamblea Nacional del Poder Popular. Por ejemplo, si a un municipio le corresponden cinco diputados en la Asamblea Nacional del Poder Popular en la boleta electoral aparecen solamente cinco candidatos y cada elector puede votar por uno, por algunos, por ningunos o por los cincos. Los electores no pueden escoger sus cinco diputados de entre un número mayor de candidatos. Lo mismo ocurre si el Municipio se divide en distritos, habrá un solo candidato por cada plaza para Diputado.
En las elecciones para Delegados a las Asambleas Municipales, los electores de cada circunscripción eligen a su Delegado votando cada elector por un solo candidato, aquel a quien quiera escoger entre varios que aspiran a representar esa circunscripción. En las elecciones provinciales y nacionales, como ya vimos, existe un solo candidato por cada cargo, a razón de uno por circunscripción, por lo que habrá en cada municipio, igual numero de candidatos a Delegados Provinciales que de circunscripciones que se determinaron en ese municipio para las elecciones provinciales e igual numero de candidatos a Diputados que de circunscripciones que se determinaron en ese municipio para las elecciones nacionales.
¿En qué consiste la petición que hacemos?
En que los **candidatos** a Delegados a la Asamblea Municipal, los **candidatos** a Delegados a la Asamblea Provincial y los **candidatos** a Diputados a la Asamblea Nacional **sean**

nominados, es decir propuestos y escogidos directamente por los electores de la circunscripción correspondiente mediante sus firmas de apoyo, sin intermediarios y sólo de esta forma.
Que también **puedan existir varios candidatos para cada uno de los cargos** de Delegados a las Asambleas Provinciales y de Diputados a la Asamblea Nacional, de forma que los electores de cada circunscripción tengan las opciones para escoger entre varios al de su preferencia, posibilidad que no ofrece la ley actual. Que los electores de cada circunscripción determinada elijan solamente a su Delegado a la Asamblea Municipal, a su Delegado de la Asamblea Provincial y a su Diputado de la Asamblea Nacional del Poder Popular y sólo a uno en cada caso, de forma que cada elegido responda ante a esos electores, a los cuales representa.
Que dentro del respeto al orden y por acuerdo de los electores, entre sí y los aspirantes a candidatos, los candidatos y los Delegados y Diputados con los electores puedan reunirse libremente y sin tutela, en asambleas democráticas y también usar los medios de comunicación que son de propiedad estatal y por tanto deben estar al servicio de la libre expresión de los ciudadanos. Con la aprobación de esta propuesta avanzamos en el camino de la **Democracia Participativa** en uno de sus pilares básicos: la participación ciudadana en la determinación de sus representantes y en las decisiones de los órganos del Poder Popular. (Ver anexo: Demanda presentada a la Asamblea Nacional del Poder Popular, donde demostramos como la Ley Electoral, Ley No. 72, viola la Constitución de Cuba)

FUNDAMENTACIÓN LEGAL:
"YO QUIERO QUE LA LEY PRIMERA DE NUESTRA REPUBLICA SEA EL CULTO DE LOS CUBANOS A LA DIGNIDAD HUMANA".
Esta declaración de los ciudadanos cubanos en el preámbulo de la **Constitución de la Republica, hereda de nuestro Apóstol** y colector del amor derramado por los buenos cubanos de todos los tiempos, canta a la libertad, a la democracia, a la justicia y a la solidaridad y las decreta de forma tremenda. La ley no puede traicionar, sino consagrar estos valores del espíritu y la voluntad de nuestro pueblo.
Estos valores, se proclaman en el **Articulo Primero de la Constitución**:
Art.1. "Cuba es un Estado socialista de trabajadores, independiente y soberano, organizado con todos y para el bien de todos, como republica unitaria y democrática, para el disfrute de la libertad política, la justicia social, el bienestar individual y colectivo y la solidaridad humana."
Este artículo define los principios y cualidades fundamentales de este Estado socialista de trabajadores y con esta definición, deben ser coherentes los demás artículos de la **Constitución**, y también las leyes para que se realicen estos principios y cualidades.
Esta propuesta se apoya desde el punto de vista legal, en este articulo primero, en el conjunto de la **Constitución** y en la frase de **José Martí** proclamada en su preámbulo.
Procuramos el perfeccionamiento de las leyes cubanas para que, en lo que debe ser un proceso ascendente, estas leyes permitan lograr con mas plenitud la organización de este Estado, con todos; es decir, sin exclusiones, para el bien de todos, o sea, con igualdad en los derechos y el bienestar, en la democracia, en el disfrute real de la libertad política y la

justicia social. Las leyes deben corresponder en espíritu y letra a estos enunciados de la **Constitución**.

No es este el caso de una discusión académica, ni un problema de interpretación, **sino de la exigencia por vías legales de derechos que tenemos como personas y que además la Constitución describe claramente**, por tanto, las leyes deben transformarse para que garanticen estos derechos. Pero como el criterio más legítimo para decidir sobre todas las leyes, es la voluntad del pueblo expresada democráticamente en **Consulta Popular**, proponemos este **Referendo**.

Primero es necesario que aquellos ciudadanos que después de estudiar esta propuesta consideren, libre y conscientemente, que deben apoyarla, firmen la solicitud dirigida a la Asamblea Nacional del Poder Popular. **La Constitución vigente** garantiza el derecho de cada persona a firmar esta solicitud, por lo que ningún ciudadano, funcionario o institución, puede obstruir esta gestión o tomar represalias en su contra por este motivo. Quien lo hiciere violaría la **Constitución** y la ley, por lo que pudiera ser demandado ante las autoridades pertinentes, las cuales tienen además la obligación de proteger al ciudadano y garantizarle el ejercicio de sus derechos constitucionales.

Respetamos el derecho de las personas a no firmar esta propuesta, inclusive a no leerla, por eso sólo será entregada a personas con derecho al voto, después de explicarle su contenido y que ésta consienta en recibir los documentos. La persona que la reciba decidirá, después de estudiarla, si la firma o si no la firma y en ambos casos debe devolverla a quien se la entregó con el fin de que todas las solicitudes firmadas puedan ser presentadas en las oficinas de la Asamblea Nacional del Poder Popular. Esta propuesta no atenta, ni contra leyes, ni contra el Estado socialista, no contra las decisiones del pueblo cubano, ni contra lo establecido en la **Constitución**. Es una petición que propone cambios a las leyes y para esto, sin violar ningún artículo, se apoya en los derechos que nos otorga la misma **Constitución**. Además la propia **Constitución** contiene la posibilidad de ser reformada parcialmente e inclusive totalmente y ofrece en su Artículo 137, las vías para reformarla. Pero esta propuesta busca cambios a la Carta Magna, sino a las leyes para que garanticen los derechos que esta Carta Magna proclama.

Recomendamos el estudio de la Constitución de la República en su conjunto y además les exponemos a continuación algunos de los artículos en que se fundamenta esta propuesta:

Leer Art.1
Art. 63. Todo ciudadano tiene derecho a dirigir quejas y peticiones a las autoridades y a recibir la atención o respuestas pertinentes y en plazo adecuado, conforme a la ley.
Art. 88. La iniciativa de las leyes compete:
Inc.g) a los ciudadanos. En este caso será requisito indispensable que ejerciten la iniciativa diez mil ciudadanos, por lo menos, que tengan derecho al voto.

Art. 75. Son atribuciones de la Asamblea Nacional del Poder Popular:
Inc. b) aprobar, modificar o derogar las leyes y someterlas previamente a la consulta popular cuando lo estime procedente en atención a la índole de la legislación de que se trate:

Inc. t) conceder amnistías:
Inc.u) disponer la convocatoria de referendos en los casos previstos en la Constitución y en otros que la propia Asamblea considere procedente:
Art. 53. Se reconoce a los ciudadanos la libertad de palabra y prensa conforme a los fines de la sociedad socialista. Las condiciones materiales para su ejercicio están dadas por el hecho de que la prensa, la radio, la televisión, el cine y otros medios de difusión masiva son de propiedad estatal o social y no pueden ser objeto, en ningún caso, de propiedad privada, lo que asegura su uso al servicio exclusivo del pueblo trabajador y del interés de la sociedad. La ley regula el ejercicio de estas libertades.
(Estos medios de difusión masiva, los sostenemos o pagamos todos los ciudadanos, por lo que la Ley debe garantizar el acceso a estos, de todos los ciudadanos y opiniones y no ser exclusivos de un partido, del Gobierno o de opiniones y doctrinas de un sector, aunque este sea el oficial) (nota del redactor)
Art. 54. Los derechos de reunión, manifestación y asociación, son ejercidos por los trabajadores manuales e intelectuales, los campesinos, las mujeres, los estudiantes y demás sectores del pueblo trabajador, para lo cual disponen de los medios necesarios a estos fines.
Las organizaciones de masas y sociales disponen de todas las facilidades para el desenvolvimiento de dichas actividades en las que sus miembros gozan de la más amplia libertad de palabra y opinión.
Art. 66. El cumplimiento estricto de la Constitución y de las leyes es deber inexcusable para todos.
Art. 9. El Estado:
Inc.a) realiza la voluntad del pueblo trabajador y garantiza la libertad y la dignidad plena del hombre, el disfrute de sus derechos, el ejercicio y cumplimiento de sus deberes y el desarrollo integral de su personalidad.
Art. 41. Todos los ciudadanos gozan de iguales derechos y están sujetos a iguales deberes.
Art. 42. La discriminación por motivo de raza, color de la piel, sexo, origen nacional, creencias religiosas y cualquier otra lesiva a la dignidad humana está proscrita por la ley.
    Las instituciones del Estado educan a todos, desde la más temprana edad, en el principio de la igualdad de los seres humanos.

NOTA: Usted debe completar la lectura de los artículos 9, 75 y 88, que por razones de espacio no hemos copiado en su totalidad. Además le recomendamos, para una mejor comprensión de los fundamentos legales de esta propuesta, el estudio de los siguientes artículos de la **Constitución**:
Art. 15, 16, 17, 21 y 23.
Art. 10, 41, 42, 43, 55 y 64.
Art. 68, 70, 71 y 84
Art. 131, 132, 133, 134, 135 y 136
También recomendamos la consulta del **Código Penal,** al cual pertenecen los artículos siguientes:

Capítulo 5. Delitos contra derechos de reunión, manifestación, asociación, quejas y petición.
Art. 292.
1. Se sanciona con privación de libertad de tres meses a un año o multa de trescientas cuotas, o ambas al que con infracción de las disposiciones legales:
Inc. c) impida u obstaculice que una persona dirija quejas o peticiones a las autoridades.
2. Si el delito se comete por un funcionario público con abuso de su cargo, la sanción es de privación de libertad de seis meses a dos años o multa de doscientas a quinientas cuotas.

(La petición titulada Proyecto Varela fue redactada por el ciudadano Oswaldo Payá Sardiñas. Dir: Calle Peñón #276, entre Monasterio y Ayuntamiento Cerro, C. Habana. El Proyecto Varela no es de una organización en particular, es una demanda de todos los ciudadanos cubanos que deseen participar. La inmensa mayoría de las Organizaciones No Gubernamentales dentro de Cuba impulsan el Proyecto Varela y llaman a los ciudadanos a firmar esta solicitud de Referendo).

CUBA: 71 PRESOS DE CONCIENCIA AGUARDAN LA LIBERTAD

Informe presentado por Amnistía Internacional en la Asociación de la Prensa de Madrid, a propósito del segundo aniversario de la ola represiva de 2003.

INTRODUCCIÓN

En marzo del año 2003 el gobierno cubano llevó a cabo la ola de represión de la disidencia más dura desde los años siguientes a la revolución de 1959. Decenas de disidentes fueron detenidos, 75 de los cuales fueron sometidos a juicios sumarios y condenados con gran rapidez a penas de entre 26 meses y 28 años de prisión.

Esta ola de represión pilló por sorpresa a muchos observadores que creían que Cuba parecía ir encaminada a adoptar un enfoque más abierto y tolerante de los opositores del régimen: el número de presos de conciencia había disminuido y había sido sustituido por detenciones por períodos breves, interrogatorios, citaciones, amenazas, intimidaciones, desalojos, despidos laborales, restricciones a la libertad de circulación, registros de viviendas o actos de agresión verbal o física.

En abril del año 2000, el gobierno cubano comenzó a añadir a las medidas anteriores una suspensión de facto de las ejecuciones, que cesó en abril del 2003 con la ejecución de tres hombres condenados por el secuestro de una lancha para salir de la Isla, secuestro en el que nadie sufrió daños.

Los acontecimientos de marzo y abril del 2003 marcaron un paso atrás para Cuba en cuestión de respeto de los derechos humanos. Las autoridades trataron de justificar la represión alegando que respondía a la provocación y agresión de los Estados Unidos. Amnistía Internacional declaró que los 75 disidentes condenados eran presos de conciencia (1) y pidió su puesta en libertad inmediata y sin condiciones, visto que la conducta de la que se acusaba a los disidentes era pacífica y se insertaba dentro de los parámetros del ejercicio legítimo de las libertades fundamentales que garantizan las normas internacionales. Amnistía Internacional considera, además, que los cargos que se les imputaron tenían motivación política y eran desproporcionados a los presuntos delitos.

Los cargos que se imputaron a las personas detenidas en la represión del 2003 no fueron los utilizados comúnmente para reprimir la disidencia —"propaganda enemiga", "desacato" o "desórdenes públicos"—. Más bien se hizo hincapié en delitos que conllevaban penas

más duras en el Código Penal del país. La mayoría de los disidentes fueron acusados en virtud bien del artículo 91 del Código Penal o de la Ley 88, o en virtud de ambos. El artículo 91 del Código Penal prevé "sanción de privación de libertad de diez a veinte años o muerte" para el que "en interés de un Estado extranjero, ejecute un hecho con el objeto de que sufra detrimento la independencia del Estado cubano o la integridad de su territorio". La Ley 88, promulgada en febrero de 1999 pero que no había sido utilizada todavía, dispone largas penas de prisión para las personas declaradas culpables de apoyar la política de Estados Unidos sobre Cuba con hechos "encaminados a quebrantar el orden interno, desestabilizar el país y liquidar al Estado Socialista y la independencia de Cuba".
Según se desprende de la documentación disponible sobre el juicio, las pruebas en que se basaron las acusaciones de marzo del 2003 y las condenas incluían:
- publicar artículos o conceder entrevistas —a medios de comunicación financiados por Estados Unidos u otros medios de comunicación— que presuntamente criticaran cuestiones económicas, sociales o de derechos humanos de Cuba;
- comunicarse con organizaciones internacionales de derechos humanos;
- tener contacto con entidades o individuos considerados hostiles hacia los intereses de Cuba, incluidos funcionarios estadounidenses en Cuba y miembros de la comunidad cubana exiliada en los Estados Unidos o en Europa;
- distribuir o poseer artículos tales como radios, cargadores de baterías eléctricas, equipo de vídeo, o publicaciones de la Sección de Intereses de Estados Unidos en La Habana (2);
- participar en grupos no reconocidos oficialmente por las autoridades cubanas o a los que se acusaba de actividades contrarrevolucionarias, entre los que figuraban: sindicatos no oficiales; asociaciones profesionales como las de médicos y educadores; instituciones universitarias; asociaciones de prensa o bibliotecas independientes.
En el 2003, el gobierno cubano declaró que las actividades mencionadas supra representaban una amenaza para la seguridad nacional y justificaban por tanto que se las persiguiera judicialmente. Amnistía Internacional considera que estas actividades constituyen el ejercicio legítimo de la libertad de expresión, la libertad de reunión y la libertad sindical. En Cuba estas libertades están sujetas a severas restricciones tanto en la ley como en la práctica. Los que se arriesgan a expresar sus opiniones o a organizar reuniones que se oponen a la política gubernamental o a los objetivos del Estado suelen ser objeto de medidas punitivas como el encarcelamiento, la pérdida de empleo, el hostigamiento o la intimidación.
El derecho a un juicio con las debidas garantías procesales también es objeto de restricciones en Cuba, donde los tribunales y los fiscales se encuentran bajo el control del gobierno. La Asamblea Nacional del Poder Popular elige al presidente, al vicepresidente y a los demás jueces del Tribunal Supremo Popular, así como al fiscal general de la República y vicefiscales generales. Además, todos los tribunales dependen de la Asamblea Nacional del Poder Popular y del Consejo de Estado, lo que da lugar a motivos de preocupación con respecto a las normas internacionalmente reconocidas para un juicio justo y al derecho a ser juzgado por un tribunal de justicia independiente e imparcial (3).
El respeto del derecho de los disidentes a preparar una defensa justa y adecuada también es discutible ya que los abogados son empleados del gobierno cubano y como tales pueden

mostrarse reacios a contradecir a los fiscales o impugnar las pruebas de cargo presentadas por los servicios de inteligencia del Estado.

En los juicios de abril del 2003 contra los disidentes se negó al parecer a los abogados defensores el derecho de acceso a los acusados o sólo se les permitió el acceso durante cinco minutos antes del juicio, imposibilitando así la preparación de su defensa, y en algunos casos se negó totalmente el derecho del acusado a un abogado de su elección. Aunque se permitió la entrada en la sala a algunos familiares y otras personas, se negó a los diplomáticos extranjeros y a algunos periodistas (4).

Según los informes recibidos por Amnistía Internacional durante el 2004, algunos de los presos encarcelados durante la represión del 2003 han sido objeto de un trato particularmente severo: por ejemplo, han sido recluidos en condiciones sumamente duras, muchos de ellos en prisiones ubicadas lejos de sus hogares, y algunos han sido sometidos a malos tratos.

Entre el año 2004 y principios del 2005, un total de 19 presos de conciencia han recobrado la libertad, 14 de ellos sólo mediante "licencia extrapenal", excarcelación condicional que les permite cumplir el resto de sus penas fuera de la prisión por motivos de salud, pero sabiendo que pueden volver a detenerlos. Asimismo, el gobierno cubano ha suavizado la dureza de las condiciones penitenciarias de algunos presos de conciencia trasladándolos a prisiones más próximas a sus hogares y ofreciendo exámenes médicos a todos ellos, excepto a dos.

Transcurridos dos años desde la represión de marzo del 2003, y pese a las excarcelaciones y mejoras limitadas, el número de presos que Amnistía Internacional considera presos de conciencia asciende a 71 e incluye dos casos más. También ha habido algunos informes sobre malos tratos a manos de guardias penitenciarios. Más de una docena de presos continúan recluidos en prisiones ubicadas al otro extremo de la Isla respecto de sus hogares, dificultando enormemente las visitas de sus familiares.

La organización pide al gobierno cubano que ponga en libertad a todos los presos de conciencia que siguen encarcelados en el país, que proporcione atención médica adecuada a todos los presos de conciencia, que inicie investigaciones independientes e imparciales sobre las alegaciones de malos tratos que se describen en este informe, y que haga públicos los resultados de estas investigaciones. Los funcionarios de prisiones presuntamente implicados en casos de malos tratos, o que inflijan deliberadamente tratos crueles y degradantes a los presos, deben ser suspendidos de sus funciones hasta que se investiguen las alegaciones y los responsables deben comparecer ante la justicia.

EXCARCELACIÓN CONDICIONAL DE PRESOS DE CONCIENCIA

Desde junio del 2004 se ha puesto en libertad a 19 presos de conciencia. Amnistía Internacional acoge con satisfacción estas excarcelaciones pero reitera su llamamiento al gobierno cubano para que la puesta en libertad de todos los presos de conciencia sea incondicional, y para que cese de encarcelar a ciudadanos cubanos por el ejercicio pacífico de sus libertades fundamentales.

Cuatro de los presos excarcelados habían estado en detención preventiva durante más de dos años. Leonardo Bruzón Ávila, Alberto Domínguez González, Emilio Leyva Pérez y Lázaro Miguel Rodríguez Capote fueron excarcelados el 8 de junio del 2004 habiendo sido detenidos en febrero del 2002. Miguel Sigler Amaya fue puesto en libertad el 12 de enero del 2005 habiendo ya casi cumplido una condena a dos años y dos meses de prisión. En el 2004 y principios del 2005, se concedió "licencia extrapenal" a 14 de los 75 disidentes detenidos en la represión del año 2003, es decir se los puso en libertad condicional, por motivos de salud. Los presos de conciencia liberados fueron:
Osvaldo Alfonso Valdés, liberado el 30 de noviembre del 2004
Margarito Broche Espinosa, liberado el 29 de noviembre del 2004
Juan Roberto de Miranda Hernández, liberado el 23 de junio del 2004
Carmelo Agustín Díaz Fernández, liberado el 18 de junio del 2004
Oscar Espinosa Chepe, liberado el 29 de noviembre del 2004
Orlando Fundora Álvarez, liberado el 18 de junio del 2004
Edel José García Díaz, liberado el 2 de diciembre del 2004
Marcelo Manuel López Bañobre, liberado el 29 de noviembre del 2004
Jorge Olivera Castillo, liberado el 6 de diciembre del 2004
Raúl Rivero Castañeda, liberado el 30 de noviembre del 2004
Marta Beatriz Roque Cabello, liberada el 22 de julio del 2004
Julio Antonio Valdés Guevara, liberado el 14 de abril del 2004
Miguel Valdés Tamayo, liberado el 9 de junio del 2004
Manuel Vázquez Portal, liberado el 23 de junio del 2004

Dos nuevos presos de conciencia

A los restantes 69 casos ya reconocidos por Amnistía Internacional como presos de conciencia, la organización ha añadido ahora dos casos más, por considerar que la detención de estas dos personas se ha debido únicamente a haber intentado ejercitar pacíficamente su derecho a la libertad de expresión, de asociación y sindical.
- Raúl Arencibia Fajardo, de 41 años de edad, condenado a: 3 años
Fecha de la detención: 6 de diciembre del 2002
Lugar de residencia: la ciudad de La Habana
Establecimiento penitenciario: Prisión 1580, provincia de La Habana
Raúl Arencibia Fajardo es miembro de la Fundación Lawton de Derechos Humanos (5), y del Club de Amigos de los Derechos Humanos. También es delegado del Movimiento 24 de Febrero, un grupo político no oficial.
Raúl Arencibia Fajardo fue detenido el 6 de diciembre del 2002 en su domicilio, cuando estaba reunido con Oscar Elías Biscet (6) y Virgilio Marante Güelmes. Lo dejaron libre al cabo de tres meses, pero seguía en espera de juicio. Según parece, su juicio se pospuso en tres ocasiones. Finalmente, el 18 de mayo del 2004, Raúl Arenciba Fajardo fue condenado a tres años de prisión por "desórdenes públicos", "desacato" y "resistencia". Se encuentra recluido según parece en la Prisión 1580, en el municipio de San Miguel del Padrón, en La Habana.

- Virgilio Marante Güelmes, de edad desconocida
Condenado a: 3 años
Fecha de la detención: 6 de diciembre del 2002
Lugar de residencia: ciudad de La Habana
Establecimiento penitenciario: Prisión Melena 2, provincia de La Habana
Virgilio Marante Güelmes es delegado del Movimiento 24 de Febrero, grupo político no reconocido oficialmente, en Güines, municipio del sureste de La Habana. Lo detuvieron el 6 de diciembre del 2002 junto con Oscar Elías Biscet y Raúl Arenciba Fajardo. Lo recluyeron en la Prisión Valle Grande de La Habana. El 7 de marzo del 2003 fue puesto en libertad en espera de juicio. Según las informaciones recibidas, el 19 de mayo del 2003 fue detenido brevemente por agentes de seguridad para someterlo a interrogatorio. Durante dicho interrogatorio le dijeron que pusiera fin a sus actividades en el Movimiento 24 de Febrero, y se impusieron restricciones a las visitas de sus familiares. El 18 de mayo del 2004, Virgilio Marante Güelmes fue juzgado y condenado a tres años de prisión por "desobediencia, desórdenes públicos y resistencia" y trasladado a la Prisión Melena 2, donde se encuentra en la actualidad.

Amnistía Internacional está investigando otros siete casos de disidentes detenidos según parece en los últimos tres años. La organización está recabando información sobre sus actividades, las circunstancias en que se produjo su detención y su situación jurídica actual, a fin de determinar si también debe considerarlos presos de conciencia.

El trato de los presos de conciencia

En este apartado se describen los aspectos que preocupan a Amnistía Internacional actualmente en relación con el trato que reciben los presos de conciencia durante su encarcelamiento en el sistema penitenciario estatal cubano. En los últimos doce meses, se han denunciado a Amnistía Internacional malos tratos, condiciones de gran dureza en régimen de aislamiento que la organización considera constituyen trato cruel, inhumano y degradante, así como la imposición de castigos a algunos presos mediante la restricción o supresión arbitraria de las visitas, las comunicaciones o los cuidados médicos.

Casos de malos tratos a presos de conciencia

En los últimos doce meses se ha denunciado a Amnistía Internacional que algunos presos de conciencia han sido golpeados por guardias penitenciarios.
Juan Carlos Herrera Acosta, que cumple una condena de 20 años en la Prisión Kilo 8, en la provincia de Camagüey, fue golpeado el 13 de octubre del 2004 por un grupo de guardias, mientras se encontraba esposado. Según las informaciones, los guardias le pisotearon el cuello, haciéndole perder el conocimiento. El preso se declaró en huelga de hambre como protesta.

En otro caso denunciado a Amnistía Internacional, un agente de policía del Centro Correccional "La Bamba" agarró a Néstor Rodríguez Lobaina por detrás, lo golpeó en la cabeza y lo arrojó al piso cuando se estaba despidiendo de una persona que había ido a visitarlo, en noviembre del 2004. Estando esposado, otros dos agentes de policía lo sujetaron contra el suelo y le dieron una paliza. Seguidamente estuvo recluido cuatro días en un cuartel de Baracoa. Según los informes se encuentra actualmente en la Prisión Paso de Cuba, en el municipio de Baracoa y se ha abierto un proceso de instrucción para acusar a Néstor Rodríguez Lobaina de "resistencia" y "desacato".

También se ha denunciado que el 14 de septiembre del 2004 Arnaldo Ramos Lauzarique fue golpeado en la Prisión Provincial de Holguín. Durante un registro, los guardias de la prisión sustrajeron algunos papeles y su diario privado. Cuando protestó, se lo llevaron al parecer a otra celda, lo arrojaron al suelo y le dieron una paliza que le causó dolor en la espalda durante varios días. El 18 de septiembre se informa que lo sacaron de la ducha y amenazaron con volver a golpearlo.

También se han recibido informes de que en octubre del 2004, Luis Enrique Ferrer García, el más joven de los 75 disidentes detenidos en marzo del 2003, fue desnudado y golpeado por guardias y funcionarios de la Prisión de Jóvenes de Santa Clara.

Amnistía Internacional no tiene constancia de que se haya realizado ninguna investigación de estos informes de malos tratos. Las normas internacionales de derechos humanos exigen que se investiguen todas las alegaciones de tortura y malos tratos. El artículo 9 de la Declaración sobre la Protección de Todas las Personas contra la Tortura y Otros Tratos o Penas Crueles, Inhumanos o Degradantes exige la realización de tales investigaciones incluso en ausencia de queja formal de la víctima o sus familiares.

Amnistía Internacional reconoce que las autoridades penitenciarias tienen la responsabilidad de mantener la disciplina y el orden en los establecimientos penitenciarios a fin de protegerse ellas mismas y a otras personas, y están obligadas a hacer cumplir las reglas y reglamentos apropiados. Toda medida tomada como sanción por infracciones disciplinarias debe no obstante ajustarse a las normas internacionales, entre ellas la Convención de la ONU contra la Tortura y Otros Tratos o Penas Crueles, Inhumanos o Degradantes que Cuba ratificó en 1995 (7) (véase infra), y las Reglas Mínimas de la ONU para el tratamiento de los reclusos.

Reclusión en régimen de aislamiento y celdas de castigo

En Cuba, las infracciones del reglamento interno de la prisión pueden sancionarse con períodos prolongados de reclusión en régimen de aislamiento, a veces en "celdas tapiadas". Los informes indican que las condiciones en estas celdas constituyen trato cruel, inhumano y degradante: son al parecer de tamaño muy reducido (2 m x 1 m), y no tienen luz ni muebles; tampoco disponen de mínimos sanitarios, incluida agua potable, y están frecuentemente infestados de ratas, ratones y cucarachas; a los presos no se les permite salir, ni recibir visitas, ni hacer ejercicio; a veces no disponen de ropa de cama y en ocasiones se los obliga a ir desnudos.

Amnistía Internacional considera que ningún preso debe ser recluido de forma prolongada en régimen de aislamiento y de reducción de estímulos sensoriales, y que las condiciones deben ajustarse a las dispuestas en las Reglas Mínimas de la ONU para el tratamiento de los reclusos y otras normas internacionales de derechos humanos. Amnistía Internacional considera que, de recurrirse al régimen de aislamiento, deben imponerse límites estrictos a su práctica, entre los que figure la supervisión regular y adecuada de la salud del preso por un médico. Amnistía Internacional considera que la reclusión prolongada en régimen de aislamiento, la reducción de estímulos sensoriales que puede causar este régimen y las condiciones de las celdas en que se recluye a los presos cubanos, constituyen trato cruel, inhumano y degradante. La Regla 31 de las Reglas Mínimas de la ONU para el tratamiento de los reclusos dispone que:
- "Las penas corporales, encierro en celda oscura, así como toda sanción cruel, inhumana o degradante quedarán completamente prohibidas como sanciones disciplinarias".
Durante el año 2004, se supo que por lo menos nueve presos habían estado permanentemente recluidos en celdas tapiadas por periodos de dos a cuatro meses. Normando Hernández González pasó cuatro meses en una celda de castigo al término de su huelga de hambre de 17 días, huelga que había realizado en protesta por haber sido trasladado y recluido con presos comunes en la Prisión Kilo 5. Igualmente, Nelson Moliné Espino pasó 60 días en una celda de castigo de la Prisión de Kilo 8 por negarse a comer la comida de la prisión.
En julio del 2004 Oscar Elías Biscet González fue recluido en una celda de aislamiento en la que permaneció tres meses. Según parece en numerosas ocasiones a lo largo del 2004 le negaron el acceso a visitas de su familia, llamadas telefónicas, correspondencia, material de lectura y la luz del sol.

El lugar de detención

Amnistía Internacional ya ha manifestado su preocupación anteriormente por la práctica de encarcelar a los presos en centros ubicados a gran distancia de sus lugares de residencia. Esta práctica contraviene el Principio 20 del Conjunto de Principios para la protección de todas las personas sometidas a cualquier forma de detención o prisión (8):
- "Si lo solicita la persona detenida o presa, será mantenida en lo posible en un lugar de detención o prisión situado a una distancia razonable de su lugar de residencia habitual".
Amnistía Internacional teme que encarcelar a los presos de conciencia lejos de sus lugares de residencia pueda ser una sanción adicional que se impone al preso y a sus familiares. Sin embargo, durante la segunda mitad del 2004, las autoridades cubanas trasladaron a algunos de los presos mencionados en este informe a centros de reclusión más próximos a sus hogares. Aproximadamente un tercio de los presos de conciencia detenidos en la represión del 2003 han sido trasladados a prisiones ubicadas en la misma provincia que sus hogares, aliviando el largo viaje que tenían que hacer sus familiares para visitarlos. Los casos que causan preocupación a Amnistía Internacional actualmente incluyen los de los hermanos Sigler Amaya, ambos encarcelados en prisiones situadas a mucha distancia

la una de la otra; el de Víctor Rolando Arroyo Carmona, encarcelado en la provincia de Guantánamo, a más de 1.000 km de distancia de la provincia de Pinar del Río donde vive; los de los presos de conciencia encarcelados en prisiones ubicadas a más de 500 km de sus hogares —Antonio Ramón Díaz Sánchez, Juan Adolfo Fernández Sainz, José Daniel Ferrer García ,Iván Hernández Carrillo, Normando Hernández González—, así como los de los siguientes presos de conciencia que también se encuentran lejos de sus hogares: Eduardo Díaz Fleitas, José Luis García Paneque, Ricardo Severino González Alfonso, Luis Milán Fernández, Félix Navarro Rodríguez, Fabio Prieto Llorente, José Gabriel Ramón Castillo y Arnaldo Ramos Lauzarique.

Contacto y comunicación con familiares

Un principio básico expresado en el Conjunto de Principios de la ONU para la protección de todas las personas sometidas a cualquier forma de detención o prisión es el derecho de toda persona detenida o presa a comunicarse con el mundo exterior, especialmente con miembros de su familia. Sin embargo, los informes recibidos indican que a veces se restringen arbitrariamente las comunicaciones telefónicas, las visitas y la correspondencia de los presos o incluso se les niegan, por ejemplo si se quejan de las condiciones penitenciarias o del trato que reciben.

Principio 19:

"Toda persona detenida o presa tendrá el derecho de ser visitada, en particular por sus familiares, y de tener correspondencia con ellos y tendrá oportunidad adecuada de comunicarse con el mundo exterior, con sujeción a las condiciones y restricciones razonables determinadas por ley o reglamentos dictados conforme a derecho".

Principio 15:

"A reserva de las excepciones consignadas en el párrafo 4 del principio 16 y el párrafo 3 del principio 18, no se mantendrá a la persona presa o detenida incomunicada del mundo exterior, en particular de su familia o su abogado, por más de algunos días".

Según las informaciones, la norma general que rige actualmente para los presos de conciencia respecto a las visitas es una cada tres o cuatro meses. En el 2004 se nos informa que las visitas, correspondencia y comunicación telefónica se han suspendido a veces por períodos de tiempo indefinidos cuando los familiares de los presos hacen declaraciones en la prensa local o internacional o a organizaciones de derechos humanos sobre el trato recibido por el familiar encarcelado. Aunque las visitas se anuncian oficialmente, parece que en varias ocasiones se ha negado a los familiares permiso para ver al preso a pesar de haber viajado muchos kilómetros para ese fin o se los ha obligado a esperar durante muchas horas antes de permitir la visita.

El acceso a material de lectura, incluida la Biblia o calendarios religiosos, también parece estar restringido para la mayoría de los presos de conciencia.

Falta de atención médica

Los informes recibidos por Amnistía Internacional durante la mayor parte del 2004 causaron preocupación a la organización pues indicaban que varios presos de conciencia de Cuba no habían recibido una atención médica adecuada. Muchos presos de conciencia se encontraban en mal estado de salud que podía agravarse durante su privación de libertad. Algunos recibían poco más que un examen médico superficial y en varios casos los funcionarios de la prisión se habían negado al parecer a responder a las reiteradas peticiones de atención médica de los reclusos. Sin embargo, en diciembre del 2004 todos los presos de conciencia encarcelados en la represión del 2003 —excepto dos— recibieron exámenes médicos en los hospitales penitenciarios de La Habana.

Amnistía Internacional reconoce que el bloqueo económico impuesto por Estados Unidos socava las posibilidades que tiene Cuba de proporcionar una nutrición adecuada y un cuidado médico adecuado a los reclusos. Sin embargo, también parece que en algunos casos en que los familiares procuraron medicinas, las autoridades penitenciarias las incautaron sin motivo razonable. Amnistía Internacional considera que la retención de atención médica puede constituir una forma de castigo empleada contra algunos presos de conciencia debido a sus opiniones políticas. La organización insta al gobierno cubano a tomar medidas para garantizar que los reclusos tienen acceso al tratamiento médico y a las medicinas que precisen tal como dispone la Regla 22 de las Reglas Mínimas de la ONU para el tratamiento de los reclusos:

Regla 22:

1) "Todo establecimiento penitenciario dispondrá por lo menos de los servicios de un médico calificado que deberá poseer algunos conocimientos psiquiátricos. Los servicios médicos deberán organizarse íntimamente vinculados con la administración general del servicio sanitario de la comunidad o de la nación. Deberán comprender un servicio psiquiátrico para el diagnóstico y, si fuere necesario, para el tratamiento de los casos de enfermedades mentales".

2) Se dispondrá el traslado de los enfermos cuyo estado requiera cuidados especiales, a establecimientos penitenciarios especializados o a hospitales civiles. Cuando el establecimiento disponga de servicios internos de hospital, éstos estarán provistos del material, del instrumental y de los productos farmacéuticos necesario para proporcionar a los reclusos enfermos los cuidados y el tratamiento adecuados. Además, el personal deberá poseer suficiente preparación profesional".

La falta de atención médica adecuada en los lugares de reclusión infringe directamente tanto las normas internacionales de derechos humanos como la legislación cubana. El Principio 24 del Conjunto de Principios para la protección de todas las personas sometidas a cualquier forma de detención o prisión dice:

"Se ofrecerá a toda persona detenida o presa un examen médico apropiado con la menor dilación posible después de su ingreso en el lugar de detención o prisión y, posteriormente, esas personas recibirán atención y tratamiento médico cada vez que sea necesario. Esa atención y ese tratamiento serán gratuitos".

La Regla 25 de las Reglas Mínimas dice:
1) El médico estará de velar por la salud física y mental de los reclusos. Deberá visitar diariamente a todos los reclusos enfermos, a todos los que se quejen de estar enfermos y a todos aquellos sobre los cuales se llame su atención.
2) El médico presentará un informe al director cada vez que estime que la salud física o mental de un recluso haya sido o pueda ser afectada por la prolongación, o por una modalidad cualquiera de la reclusión".
El Principio 1 de los Principios de Ética Médica aplicables a la función del personal de salud en la protección de las personas presas o detenidas también dispone que:
"El personal de salud, especialmente los médicos, encargado de la atención médica de personas presas o detenidas tiene el deber de brindar protección a la salud física y mental de dichas personas y de tratar sus enfermedades al mismo nivel de calidad que brindan a las personas que no están presas o detenidas".

Recomendaciones al gobierno de Cuba

Amnistía Internacional insta al gobierno de Cuba a:
- ordenar la puesta en libertad inmediata y sin condiciones de todos los presos de conciencia;
- asegurar que se realiza una investigación independiente e imparcial de las alegaciones de malos tratos a manos de guardias penitenciarios y que los funcionarios implicados en dichas alegaciones son suspendidos de sus funciones y los responsables comparecen ante la justicia;
- trasladar a todos los presos de conciencia, especialmente a los que se encuentran enfermos, a prisiones más próximas al lugar de residencia de sus familias;
- aplicar plenamente el Conjunto de Principios de la ONU para la protección de todas las personas sometidas a cualquier forma de detención o prisión, y las Reglas Mínimas de la ONU para el tratamiento de los reclusos;
- ofrecer plenas garantías procesales para que, en cumplimiento de las normas internacionales de derechos humanos, todos los detenidos tengan acceso a un juicio justo, lo que incluye acceso a un abogado;
- suspender la Ley 88 y otras leyes similares que facilitan el encarcelamiento de personas como presos de conciencia mediante la ilegítima restricción de su derecho a ejercer sus libertades fundamentales;
- ratificar el Pacto Internacional de Derechos Económicos, Sociales y Culturales; el Pacto Internacional de Derechos Civiles y Políticos; el Protocolo Facultativo al Pacto Internacional de Derechos Civiles y Políticos; y el Segundo Protocolo Facultativo de este Pacto, destinado a abolir la pena de muerte.

Apéndice: 71 presos de conciencia

1. Nelson Alberto Aguiar Ramírez, 59
Condena: 13 años
Fecha de detención: 20 de marzo de 2003
Natural de: La Habana
Prisión: Prisión del Combinado del Este, La Habana

2. Pedro Pablo Álvarez Ramos, 57
Condena: 25 años
Fecha de detención: 19 de marzo de 2003
Natural de: La Habana
Prisión: Hospital de la prisión del Combinado del Este, La Habana

3. Raúl Arencibia Fajardo, 41
Condena: 3 años
Fecha de detención: 6 de diciembre de 2002
Natural de: La Habana
Prisión: Prisión 1580, provincia de La Habana

4. Pedro Argüelles Morán, 56
Condena: 20 años
Fecha de detención: marzo de 2003
Natural de: Ciego de Ávila
Prisión: Prisión Provincial de Sancti Spiritus (Nieves Morejón)

5. Víctor Rolando Arroyo Carmona, 53
Condena: 26 años
Fecha de detención: 18 marzo de 2003
Natural de: Pinar del Río
Prisión: Prisión Provincial de Guantánamo, Guantánamo

6. Mijail Barzaga Lugo, 36
Condena: 15 años
Fecha de detención: 20 de marzo de 2003
Natural de: La Habana
Prisión: Prisión de Agüica, provincia de Matanzas

7. Oscar Elías Biscet González, 43
Condena: 25 años
Fecha de detención: 6 de diciembre de 2002
Natural de: La Habana
Prisión: Prisión del Combinado del Este, La Habana

8. Marcelo Cano Rodríguez, 38
Condena: 18 años
Fecha de detención: 25 de marzo de 2003
Natural de: La Habana
Prisión: Prisión Provincial de Ariza, provincia de Cienfuegos

9. Francisco Chaviano González, 52
Condena: 15 años
Fecha de detención: 7 de mayo de 1994
Natural de: La Habana
Prisión: Prisión del Combinado del Este, La Habana
10. Rafael Corrales Alonso, 36
Condena: 5 años
Fecha de detención: 28 de febrero de 2002
Natural de: La Habana
Prisión: Prisión de Valle Grande, La Habana
11. Eduardo Díaz Fleitas, 51
Condena: 21 años
Fecha de detención: 18 de marzo de 2003
Natural de: Pinar del Río
Prisión: Prisión Kilo 5, provincia de Camagüey
12. Antonio Ramón Díaz Sánchez, 41
Condena: 20 años
Fecha de detención: 18 de marzo de 2003
Natural de: La Habana
Prisión: Prisión Provincial de Holguín (Cuba Sí)
13. Alfredo Rodolfo Domínguez Batista, 43
Condena: 14 años
Fecha de detención: 19 de marzo de 2003
Natural de: Puerto Padre, Las Tunas
Prisión: Prisión Provincial de Holguín (Cuba Sí)
14. Alfredo Felipe Fuentes, 55
Condena: 26 años
Fecha de detención: 18 de marzo de 2003
Natural de: Artemisa, provincia de La Habana
Prisión: Prisión de Guamajal, Santa Clara, provincia de Villa Clara
15. Efrén Fernández Fernández, 54
Condena: 12 años
Fecha de detención: 18 de marzo de 2003
Natural de: La Habana
Prisión: Prisión de Guanajay, provincia de La Habana
16. Juan Adolfo Fernández Sainz, 56
Condena: 14 años
Fecha de detención: 18 de marzo de 2003
Natural de: La Habana
Prisión: Prisión Provincial de Holguín (Cuba Sí)
17. José Daniel Ferrer García, 33
Condena: 25 años
Fecha de detención: 19 de marzo de 2003

Natural de: Santiago de Cuba
Prisión: Prisión del Combinado del Este, La Habana
18. Luis Enrique Ferrer García, 30
Condena: 28 años
Fecha de detención: 19 de marzo de 2003
Natural de: Puerto Padre, provincia de Las Tunas
Prisión: Hospital Carlos J. Finlay, La Habana
19. Próspero Gaínza Agüero, 47
Condena: 25 años
Fecha de detención: 18 de marzo de 2003
Natural de: Moa, provincia de Holguín
Prisión: Prisión Provincial Boniato, provincia de Santiago de Cuba
20. Miguel Galván Gutiérrez, 39
Condena: 26 años
Fecha de detención: 18 de marzo de 2003
Natural de: Güines, provincial de La Habana
Prisión: Prisión de Agüica, Colón, provincia de Matanzas
21. Julio César Gálvez Rodríguez, 59
Condena: 15 años
Fecha de detención: 19 de marzo de 2003
Natural de: La Habana
Prisión: Prisión del Combinado del Este, La Habana
22. José Luis García Paneque, 39
Condena: 24 años
Fecha de detención: 18 de marzo de 2003
Natural de: Las Tunas
Prisión: Hospital de la prisión de Combinado del Este, La Habana
23. Ricardo Severino González Alfonso, 53
Condena: 20 años
Fecha de detención: 18 de marzo de 2003
Natural de: La Habana
Prisión: Prisión Especial de Máxima Severidad "Kilo 8", provincia de Camagüey
24. Diosdado González Marrero, 42
Condena: 20 años
Fecha de detención: 18 de marzo de 2003
Natural de: El Roque, Perico, provincia de Matanzas
Prisión: Prisión Kilo 5, provincia de Pinar del Río
25. Léster González Pentón, 26
Condena: 20 años
Fecha de detención: 18 de marzo de 2003
Natural de: Santa Clara
Prisión: Hospital Carlos J. Finlay, La Habana

26. Alejandro González Raga, 46
Condena: 14 años
Fecha de detención: 18 de marzo de 2003
Natural de: Camagüey
Prisión: Prisión Kilo 7, provincia de Camagüey
27. Jorge Luis González Tanquero , 33
Condena: 20 años
Fecha de detención: 19 de marzo de 2003
Natural de: provincia de Las Tunas
Prisión: Prisión Provincial de Las Mangas, provincia de Granma
28. Leonel Grave de Peralta Almenares, 27
Condena: 20 años
Fecha de detención: 18 de marzo de 2003
Natural de: Juan Antonio Mella, provincia de Santiago de Cuba
Prisión: Prisión Provincial Ciego de Ávila "Canaleta"
29. Iván Hernández Carrillo, 33
Condena: 25 años
Fecha de detención: 18 de marzo de 2003
Natural de: Colón, provincia de Matanzas
Prisión: Prisión Provincial de Holguín (Cuba Sí)
30. Normando Hernández González, 35
Condena: 25 años
Fecha de detención: 24 de marzo de 2003
Natural de: Vertientes, provincia de Camagüey
Prisión: Hospital Abel Santamaría, provincia de Pinar del Río
31. Juan Carlos Herrera Acosta, 38
Condena: 20 años
Fecha de detención: 19 de marzo de 2003
Natural de: Guantánamo
Prisión: Prisión Especial de Máxima Severidad "Kilo 8", provincia de Camagüey
32. Regis Iglesias Ramírez, 34
Condena: 18 años
Fecha de detención: 21 de marzo de 2003
Natural de: La Habana
Prisión: Prisión del Combinado del Este, La Habana
33. José Ubaldo Izquierdo Hernández, 37
Condena: 6 años
Fecha de detención: 18 de marzo de 2003
Natural de: Güines, provincia de La Habana
Prisión: Prisión de Guanajay, provincia de La Habana
34. Rolando Jiménez Posada, 33
Condena: Esperando juicio.
Fecha de detención: 25 de abril de 2003

Natural de: Nueva Gerona, Isla de la Juventud
Prisión: Prisión de Guayabo, Isla de la Juventud
35. Reinaldo Miguel Labrada Peña, 41
Condena: 6 años
Fecha de detención: 19 de marzo de 2003
Natural de: Las Tunas
Prisión: Prisión Provincial de Guantánamo, Guantánamo
36. Librado Ricardo Linares García, 43
Condena: 20 años
Fecha de detención: 18 de marzo de 2003
Natural de: Camajuaní, provincia de Villa Clara
Prisión: Prisión de Ariza, provincia de Cienfuegos
37. Virgilio Marante Guelmes, age unknown
Condena: 3 años
Fecha de detención: 6 de diciembre de 2002
Natural de: La Habana
Prisión: Prisión Melena 2, provincia de La Habana
38. Héctor Fernando Maseda Gutiérrez, 62
Condena: 20 años
Fecha de detención: 18 de marzo de 2003
Natural de: La Habana
Prisión: Prisión Provincial de Villa Clara ("El Pre"), provincia de Villa Clara
39. José Miguel Martínez Hernández, 40
Condena: 13 años
Fecha de detención: 18 de marzo de 2003
Natural de: Quivicán, provincia de La Habana
Prisión: Prisión Guanajay, provincia de La Habana
40. Mario Enrique Mayo Hernández, 40
Condena: 20 años
Fecha de detención: 19 de marzo de 2003
Natural de: Camagüey
Prisión: Hospital de la prisión de Combinado del Este, La Habana
41. Luis Milán Fernández, 35
Condena: 13 años
Fecha de detención: 18 de marzo de 2003
Natural de: Santiago de Cuba
Prisión: Hospital de la prisión de Combinado del Este, La Habana
42. Rafael Millet Leyva, 34
Condena: esperando juicio.
Fecha de detención: 21 de marzo de 2003
Natural de: Nueva Gerona, Isla de la Juventud
Prisión: Prisión El Guayabo, Isla de la Juventud

43. Nelson Moliné Espino, 40
Condena: 20 años
Fecha de detención: 20 de marzo de 2003
Natural de: San Miguel del Padrón, provincia de La Habana
Prisión: Prisión Kilo 5°, provincia de Pinar del Río
44. Ángel Juan Moya Acosta, 40
Condena: 20 años
Fecha de detención: 18 de marzo de 2003
Natural de: La Habana
Prisión: Hospital Carlos J. Finlay, La Habana
45. Jesús Miguel Mustafá Felipe, 59
Condena: 25 años
Fecha de detención: 1 de marzo de 2003
Natural de: Palma Soriano, provincia de Santiago de Cuba
Prisión: Prisión Provincial Ciego de Ávila "Canaleta"
46. Félix Navarro Rodríguez, 50
Condena: 25 años
Fecha de detención: 18 de marzo de 2003
Natural de: Perico, provincia de Matanzas
Prisión: Prisión Provincial de Guantánamo, Guantánamo
47. Pablo Pacheco Ávila, 34
Condena: 20 años
Fecha de detención: 18 de marzo de 2003
Natural de: Ciego de Ávila
Prisión: Prisión Municipal de Morón, provincia de Ciego de Ávila
48. Héctor Palacios Ruiz, 63
Condena: 25 años
Fecha de detención: 20 de marzo de 2003
Natural de: La Habana
Prisión: Hospital de la prisión de Combinado del Este, La Habana
49. Arturo Pérez de Alejo Rodríguez, 53
Condena: 20 años
Fecha de detención: 18 de marzo de 2003
Natural de: Manicaragua, provincia de Villa Clara
Prisión: Prisión de Ariza, provincia de Cienfuegos
50. Omar Pernet Hernández, 57
Condena: 25 años
Fecha de detención: 19 de marzo de 2003
Natural de: Placeta, Villa Clara
Prisión: Hospital Carlos J. Finlay, La Habana
51. Horacio Julio Piña Borrego, 37
Condena: 20 años
Fecha de detención: 19 de marzo de 2003

Natural de: Sandino, provincia de Pinar del Río
Prisión: Prisión Kilo 5, provincia de Pinar del Río
52. Fabio Prieto Llorente, 38
Condena: 20 años
Fecha de detención: 18 de marzo de 2003
Natural de: Nueva Gerona, Isla de Pinos
Prisión: Prisión Kilo 8, provincia de Camagüey
53. Alfredo Manuel Pulido López, 43
Condena: 14 años
Fecha de detención: 18 de marzo de 2003
Natural de: La Mascota, provincia de Camagüey
Prisión: Prisión Kilo 7, provincia de Camagüey
54. José Gabriel Ramón Castillo, 46
Condena: 20 años
Fecha de detención: 19 de marzo de 2003
Natural de: Santiago de Cuba
Prisión: Hospital Carlos J. Finlay, La Habana
55. Arnaldo Ramos Lauzerique, 63
Condena: 18 años
Fecha de detención: 18 de marzo de 2003
Natural de: La Habana
Prisión: Prisión Provincial de Holguín (Cuba Sí)
56. Ricardo Ramos Pereira, 33
Condena: 4 años
Fecha de detención: 28 de febrero de 2002
Natural de: La Habana
Prisión: Prisión del Combinado del Este, La Habana
57. Blas Giraldo Reyes Rodríguez, 47
Condena: 25 años
Fecha de detención: 19 de marzo de 2003
Natural de: provincia de Sancti Spíritus
Prisión: Prisión Provincial de Sancti Spiritus (Nieves Morejón)
58. Alexis Rodríguez Fernández, 34
Condena: 15 años
Fecha de detención: 18 de marzo de 2003
Natural de: Palma Soriano, provincia de Santiago de Cuba
Prisión: Prisión Provincial de Mar Verde, provincia de Santiago de Cuba
59. Néstor Rodríguez Lobaina, 38
Condena: 6 años y 6 meses.
Fecha de detención: 2 de marzo de 2000
Natural de: Baracoa, provincial de Guantánamo
Prisión: Prisión Paso de Cuba, provincia de Guantánamo

60. Omar Rodríguez Saludes, 39
Condena: 27 años
Fecha de detención: 19 de marzo de 2003
Natural de: La Habana
Prisión: Prisión de Agüica, provincia de Matanzas
61. Omar Moisés Ruiz Hernández, 57
Condena: 18 años
Fecha de detención: 18 de marzo de 2003
Natural de: Santa Clara
Prisión: Prisión Provincial Ciego de Ávila "Canaleta"
62. Claro Sánchez Altarriba, 51
Condena: 15 años
Fecha de detención: 19 de marzo de 2003
Natural de: Santiago de Cuba
Prisión: Prisión Provincial de Guantánamo, Guantánamo
63. José Enrique Santana Carreira, 29
Condena: 4 años
Fecha de detención: 28 de febrero de 2002
Natural de: La Habana
Prisión: Prisión de Valle Grande, La Habana
64. Ariel Sigler Amaya, 40
Condena: 20 años
Fecha de detención: 18 de marzo de 2003
Natural de: Pedro Betancourt, provincia de Matanzas
Prisión: Prisión Provincial Santa Clara, provincia de Villa Clara
65. Guido Sigler Amaya, 51
Condena: 20 años
Fecha de detención: 18 de marzo de 2003
Natural de: Pedro Betancourt, provincia de Matanzas
Prisión: Prisión de Agüica, provincia de Matanzas
66. Ricardo Silva Gual, 31
Condena: 10 años
Fecha de detención: 18 de marzo de 2003
Natural de: Palma Soriano, provincia de Santiago de Cuba
Prisión: Prisión de Boniato, provincia de Santiago de Cuba
67. Fidel Suárez Cruz, 34
Condena: 20 años
Fecha de detención: 18 de marzo de 2003
Natural de: provincia de Pinar del Río
Prisión: Prisión de Agüica, provincia de Matanzas
68. Manuel Ubals González, 35
Condena: 20 años
Fecha de detención: 20 de marzo de 2003

Natural de: provincia de Guantánamo
Prisión: Prisión de Boniato, provincia de Santiago de Cuba
69. Héctor Raúl Valle Hernández, 36
Condena: 12 años
Fecha de detención: 18 de marzo de 2003
Natural de: San José de las Lajas, provincia de La Habana
Prisión: Prisión de Guanajay, provincia de La Habana
70. Antonio Augusto Villareal Acosta, 56
Condena: 15 años
Fecha de detención: 18 de marzo de 2003
Natural de: Villa Clara
Prisión: Prisión Provincial Santa Clara, provincia de Villa Clara
71. Orlando Zapata Tamayo, 36
Condena: 3 años
Fecha de detención: 20 de marzo de 2003
Natural de: La Habana
Prisión: Prisión de Quivicán, provincia de La Habana

Notas:
(1) Amnistía Internacional considera "presos de conciencia" a las personas encarceladas en cualquier parte del mundo por sus convicciones políticas, religiosas o cualquier otro motivo de conciencia, o en razón de su origen étnico, sexo, color, idioma, origen nacional o social, situación económica, nacimiento u otras circunstancias, siempre que no hayan recurrido a la violencia ni propugnado su uso.
(2) Cuba y Estados Unidos no mantienen relaciones diplomáticas. Sin embargo, desde 1977, Estados Unidos posee una Sección de Intereses dentro de la Embajada Suiza en La Habana.
(3) Artículo 14 del Pacto Internacional de Derechos Civiles y Políticos.
(4) Para más información consulten Cuba: "Medidas Esenciales". Los derechos humanos en peligro en nombre de la seguridad, AMR 25/017/2003.
(5) La Fundación Lawton de Derechos Humanos es una organización que promueve la defensa de todos los derechos humanos, particularmente el derecho a la vida, por medios no violentos. La organización no está reconocida por las autoridades cubanas.
(6) Oscar Elías Biscet lleva encarcelado desde el 6 de diciembre del 2002 y Amnistía Internacional lo considera preso de conciencia.
(7) Cuba ratificó la Convención contra la Tortura y Otros Tratos o Penas Crueles, Inhumanos o Degradantes en 1995 y en noviembre de 1997 presentó su primer informe periódico al Comité contra la Tortura, el órgano que se encarga de vigilar la aplicación de la Convención por los Estados Partes.
(8) Conjunto de Principios para la protección de todas las personas sometidas a cualquier forma de detención o prisión, Resolución de la Asamblea General G.A. res. 43/173, anexo, 43 U.N. GAOR Supp. (No. 49) en 298, Documento de la ONU A/43/49 (1988).

18 de marzo de 2005

CADAL
CENTRO PARA LA APERTURA
Y EL DESARROLLO DE
AMÉRICA LATINA

El Centro para la Apertura y el Desarrollo de América Latina (CADAL), con sede en Buenos Aires, Argentina, se constituyó como Fundación el 26 de febrero de 2003 con el objetivo de promover el fortalecimiento de la democracia, el estado de derecho y las libertades económicas en los países de la región. Para tal fin, CADAL realiza actividades de análisis, investigación, difusión y capacitación trabajando en las siguientes áreas: Política Latinoamericana, Derechos Humanos, Periodismo y Democracia, Economía y Estado de Derecho, Modernización de los Partidos Políticos, y Desarrollo y Comunicación Institucional. CADAL ha recibido dos premios internacionales por su labor: "2005 Templeton Freedom Award Grant for Institute Excellence" y "2005 Francisco De Vitoria Prize for Ethics and Values".

Av. Roque Sáenz Peña 628 piso 2º Of. R
(C1035AAO) Buenos Aires – Argentina
Tel/Fax: (54-11) 4343-1447
e-mail: centro@cadal.org
website: www.cadal.org

La Fundación Konrad Adenauer es una organización política alemana fundada en el año 1964, que se inspira y compromete con el pensamiento y movimiento demócrata cristiano y se honra con el nombre del primer Canciller Federal. Las actividades de la Fundación, tanto en Alemania como en el resto del mundo, se rigen por los principios que determinaron la obra de Konrad Adenauer.

En la cooperación internacional los objetivos de la Fundación Konrad Adenauer se centran en mantener la paz y la libertad en todo el muno, fortalecer la democracia, luchar contra la pobreza y conservar el entorno de vida natural para las generaciones venideras.

Suipacha 1175 piso 3º
(C1008AAW) Buenos Aires - Argentina
Tel: (54-11) 4326-2552
Fax: (54-11) 4326-9944
www.kas.org.ar

Fundación Friedrich A. von Hayek

La Fundación *Friedrich A. von Hayek* es una asociación civil sin fines de lucro constituida en 2001, con el propósito de fomentar las investigaciones, el desarrollo de programas educativos y la difusión de los principios rectores de la sociedad libre en los campos de la filosofía, la economía, el derecho, la historia, la ética y la política.

Para el logro de sus objetivos, la Fundación patrocina, coordina y fomenta programas de investigación, seminarios, cursos, publicación de libros y actividades afines, que ofrezcan herramientas intelectuales, tanto para la formación y crecimiento personal -especialmente para los jóvenes estudiantes- como para la elaboración de políticas públicas y reformas institucionales concretas

Av. del Libertador 6550 - 5° piso- (C1428ARV)
Buenos Aires – Argentina
Tel.: (54-11) 4706-0500 - Fax: (54-11) 4706-0182
fundacionhayek@hayek.org.ar
www.hayek.org.ar